guang gao ce hua

媒体创意专业核心课程系列教材

宫承波 主编

广告策划

田 卉
齐立稳 编著

中国广播电视出版社
CHINA RADIO & TELEVISION PUBLISHING HOUSE

代总序

拥抱创意时代

在传媒业界，所谓"媒体创意"现象早已是司空见惯的客观现实，但若要问什么是媒体创意，人们却大多说不清楚。作为一种新生事物，人们对其语焉不详，甚至有些疑惑，都是正常现象。由于我们创办了一个媒体创意专业，所以也就时常有人向我询问，作为该专业的负责人，当然是回避不了的。

从逻辑学的角度说，一个事物的概念可以分为内涵性的概念和外延性的概念，内涵性的概念是对所指示事物的特征和本质属性的概括，外延性的概念则是对所指示的事物的集合的概括。关于媒体创意，我们不妨把两者结合起来做一个界定：即创新性、创造性思维在传媒领域的运用，其要旨在于因势而变、不断推陈出新，它是市场化时代媒介生存与发展的必要手段，是传媒发展的第一生产力；其基本内涵，指现代传媒面向市场需求和变化，在信息建构与传播和媒介经营与管理的各个领域、各个层面、各个环节所采取的具有创新性或创造性的策略和构思——其视野开阔，内涵丰富，涉及传媒运作的方方面面，对此，可简要地概括为创意传播、创意经营和创意管理三大领域和范畴。

为什么要进行媒体创意呢？有人说是媒介竞争的产物，这当然没有错，但仅仅认识至此还是粗浅的。其更为深层的原因，是随着经济发展和物质生活水平的提高，广大受众的精神文化需求提高了，这当然也包括对大众传媒的需求——正是广大受众这种不断增长的精神文化需求引发了媒介竞争，由媒介竞争进而催生了媒体创意。事实上，这是媒体创意热兴的根本原因，也是近年来媒体创意产业以至整个文化创意产业迅速崛起的根本原因。

创意产业的发展呼唤创意产业人才，呼唤创意产业教育。笔者认为，文化创意产业的发展大体上可以说需要三方面的人才，即创意方面的人才、创意经营方面的人才和创意管理方面的人才，这也就决定了创意产业教育的三大领域，即创意教育、创意经营教育和创意管理教育。媒体创意专业正是应媒体创意产业发展需求，由中国传媒大学创办的一个面向传媒领域的属于创意教育方面的专业，可以说是回应业界需求、拥抱创意时代的产物。本专业自2003年起开始招生，经过几年来的努力和探索，如今专业定位已经明确，办学模式已基本成型，专业培养方案和教学计划已基本稳定。

我们的媒体创意专业是如何定位的呢？

笔者认为，所谓媒体创意教育，从整体上说，其终极目标应当是培养面向传媒市场需求和变化，能够为大众传媒的信息建构与传播和媒介经营与管理等不断地提供创新性、创造性策略和构思的专业的职业化的媒体“创意人”，也即人们常说的所谓“媒介军师”。从人才规格上说，这是一种以创新性、创造性思维为核心，集人文艺术素养、传播智慧以及媒介经营策略、管理策略等等于一体，面向现代传媒整体运营的素质高、能力强的现代复合型人才。这是我们媒体创意专业的教育理想。然而，教育是循序渐进的、是分层次的，作为本科层次的媒体创意专业，其教育目标的设定还应当实事求是、从实际出发，目标过高、过大，不仅不能够顺利实现，而且实施起来容易失去重点和方位感，容易在办学上流于宽泛。

正是因此，我们采取了适当收拢、收缩培养口径，同时与一定的职业岗位相结合的思路。根据业界需求和本校、本专业优势，目前我们将媒体创意专业教育的重点定位在“创意传播”领域。所谓创意传播，根据笔者的理解和界定，它既包括信息传播与媒介运用的策略和智慧，也应当包括媒介信息建构的技能、技巧，即我手达我心，想到了就能做到——比如，为了强化视觉冲击力，利用现代电子技术、数字技术创造新潮的视觉语言，进行超现实、跨媒体的艺术表现、特技表现，等等。这样的专业定位，意在与当前传媒业界兴起的所谓创意策划职业相结合，同时兼顾到多数本科生毕业后要从操作层面的具体工作做起的现实。这样的专业定位，无疑也蕴含了抓创意产业教育“牛鼻子”的意图。根据上文所述创意产业教育的三大范畴，所谓创意传播，无疑属于创意教育范畴——创意教育是以培养创意人才为目标的，应当说是整个文化创意产业教育的基础和核心。因为，如果没有创意人才、没有创意，那么所谓创意经营、创意管理也就成了一句空话。

总之，媒体创意专业是一个以培养专业的媒体"创意人"为目标的专业，是一个创意智慧与创意的技术、技能相融合、相交叉的专业，其培养目标可以做这样的简要概括和表述：培养现代大众传媒创新发展所需要的传播"创意人"（也可以称作初级媒体"创意人"）。从人才规格上说，这是一种以创造性、创新性思维为核心，集人文艺术素养、传播策略和智慧以及现代传播的技能、技巧于一体的面向现代传媒传播业务的现代复合型人才。

从上述培养目标出发，本专业秉持中国传媒大学新闻传播学科多年来积淀而成的"宽口径、厚基础、高素质、强能力"的教育理念，同时结合本专业的内在要求，在办学模式上也就自然地体现出以下几方面的特色：

其一是综合性、交叉性。

智慧源于心胸，心胸源于眼界。创意不是从天上掉下来的，靠所谓天分，靠小聪明、小火花或许能竞一时之秀，但却不能长久。没有开阔的知识视野和理论视野，智慧往往就会陷于黔驴技穷的困境，创意就会成为无源之水、无本之木。只有在丰富的信息交流与碰撞中，在多学科知识、多维理论的交叉与融合中，智慧之树才能常青，创意活水才会"汩汩"而来。

为贯彻上述思想，我们认为，必须倡导学生广开视野、广取思维、广泛接触社会人生，即"读万卷书，行万里路"。在培养方式上，我们一直强调和重视基础知识与基本理论教学：一方面，以创新、创意能力的培养为核心、为旨归，打破现有的专业壁垒，强调多学科知识、多学科理论的交叉与融合；另一方面，则引导学生对大众传媒的信息建构与传播以及媒介经营与管理等现代传媒运作的主体领域及其前沿动态进行全面、深入的了解，对现代传媒运营有一个整体性、综合性把握。总之，我们要求学生应具有相对开阔的知识视野，较为扎实的理论功底，对现代传媒及其运营的全面了解和把握，并掌握创新思维原理，这是从事创意传播的必要前提。只有具备这样的前提和基础，才能进一步将创新思维原理成功地应用到现代传媒领域，形成相关领域的创意策划能力。

其二是艺术性。

我们知道，大众传媒的一个重要功能是消遣、娱乐，文艺、艺术传播是其中的重要组成部分，不懂艺术何谈创意？著名美学家王朝闻先生就曾经指出："不通一艺莫谈艺。"更为重要的是，想象力是创意之母，而艺术与美学教育则是培养想象力的重要手段。大家都知道英国是发展创意产业的先驱，在那里，作为创意教育的手段，文学艺术教育受到高度重视。1998 年英国国会的一个报告就曾指出："想象力主要源于文学熏陶。文艺可以使数学、科学与技术更加多彩……"

因此我们认为，艺术与美学教育是媒体创意教育不可或缺的重要组成部分，并坚持从以下两个方面予以保证：其一，在生源选拔方面按艺术类招生，从选才上把好艺术素养关；其二，从培养措施上对艺术素养和美学教育予以着重加强，设置一大批文学、艺术和美学类课程，从而使学生通晓文学艺术以及大众文化领域的基础知识、基本观念，并掌握有关必要的技能、技巧。

其三是实践性。

不言而喻，媒体创意专业是一个实践性较强的专业，加强实践教学本是专业教学的题中应有之意。所以，本专业教育的一个重点，就是要面向传媒业界实践，开展强有力的职业化的模拟训练，强调高素质教育和强职业技能教育的互补与互助，从而有效地促进学生由知识向能力的转化。尤其对于本科生，将来一般都要从具体工作做起，为了有利于就业，操作层面的技能、技巧教育就更是必不可少的。

因此，我们充分发扬中国传媒大学的传统优势，重视媒介信息建构与传播的具体操作能力的培养，重视案例教学，通过一系列实践教学和职业化的模拟训练，努力使学生具备较强的传媒文本读解能力，熟练掌握对色彩、声音、画面、图形、文字等传播符号的操控技术，并能够在创造性、创新性思维指导下灵活运用媒介信息建构与传播的技能、技巧。另一方面，我们还通过"请进来"、"送出去"等措施，密切跟踪业界前沿，同时与业界展开必要的互动。几年来，我们曾聘请大量业界专家、校友走进校园授课或举办讲座，带来业界前沿的动态信息；同时，还借助于多年来中国传媒大学与传媒业界所结成的良好的业务联系，利用每年暑假时间成建制地安排学生到业界实习。经过几年来的实践，学生们普遍反映，摸一摸真刀真枪，感觉就是不一样！

其四是个性化。

所谓个性化，也即教育"产品"多向出口。现代传媒运营是一个庞大的系统，面对这样一个庞大、复杂的系统，作为本科教育，笔者认为，其教育目标还应当实事求是，有放有收。因此，在广播、电视、网络、报刊等多种媒体中，在信息建构与传播的多个领域，我们提倡学生既有专业共性，又有个性专长，倡导学生根据个人兴趣，自主选择主攻方向，发展创新思维，努力形成个人的业务专长和优势。

为支持和促进学生的个性化成长与发展，本专业在一、二年级主要学习公共基础课和有关现代传媒教育的平台性课程，从三年级开始则多向开设选修课，并全面实行导师制。几年来的实践证明，这些做法都是务实的、有效的，受到学生、家长的欢迎，得到传媒业界的肯定。

上述这些认识，已经成为我们建设媒体创意专业的指导思想。2005 年上半年以来，在学校支持下，我们承担了校级教改立项“媒体创意专业建设研究”项目。在该项目推动下，笔者与同事们一道，在研究、探索基础上，经过群策群力，已连续推出三个不断完善的培养方案版本以及相应的教学计划。

但是，我们也应当看到，对于一个新专业建设来说，有了成型的培养方案，还只能说是迈出了第一步，是起码的一步。如果说培养方案相当于一个人的躯干，那么它还需要两条强健的腿，才能成为一个健全的人，才能立起来、走起来，以至跑起来——这“两条腿”，笔者认为，也即当前贯彻实施该专业培养方案、确保培养目标实现的两大当务之急：其一是教材建设；其二是实践教学机制建设。

关于教材建设。

自成体系的知识构架和核心课程是一个新专业得以确立和运行的基本支撑，因此，要想使该专业真正得以确立，就必须构建一个具有本专业特点的核心课程体系，同时还必须编撰一套相应的适应本专业教学需要的教材。

由于媒体创意专业具有交叉性、综合性特点，所以该专业教材编写的重点，也是难点在于，要以创意传播能力的培养为核心、为旨归，解决好多学科知识、多学科理论的交叉与融合问题。在深入研讨的基础上，我们通过组织、整合有关师资力量，关于“媒体创意专业核心课程系列教材”的出版已经启动。根据我们的计划，两年内将至少推出 15 部具有本专业特点的核心课程教材。但目前面临的困难还相当大、相当多，最为核心和关键的是人的问题，也即师资问题。

关于实践教学机制建设。

如上所述，媒体创意专业是一个实践性较强的专业，所以实践教学必须置于重要地位，贯穿教学工作的全过程。这不仅仅是几种措施的简单相加，还应当是一整套的有机体系。为了使实践教学切实有效，就必须保证这一体系的科学化和规范化。所以，对这一体系的构成及其运行机制作出全面探索，将本专业实践教学科学化并进一步制度化，是本专业教学基本建设中重要的一维。目前，虽然已经建立了几个实践教学基地，但还远远满足不了本专业全面开展实践教学工作的需要。

以上两个方面既是当前我们贯彻实施媒体创意专业培养方案、确保培养目标实现的两大当务之急，也可以说是媒体创意专业建设的“两条腿”。笔者认为，只有这“两条腿”强健起来了，该专业建设才能够获得实质性、突破性进展。

综上所述，媒体创意专业是适应创意时代需要而创办的一个崭新的专业，是一个新型、特色的专业，我们的办学模式和教学建设的方方面面都是既具探索性，又具示范性的。正是基于这样的认识和责任感，我们一直坚持既小心翼翼、深入研究，又实事求是、大胆实践、大胆探索，坚持在实践中探索、在探索中创新、在创新中发展的原则。在校方的领导和支持下，经过几年来的群策群力，目前该专业已基本创立成型。可以这样说，媒体创意专业抓住了创意时代大众传媒的本质，适应了市场经济条件下传媒竞争与发展的需要，是一个有时代感、有活力的专业，它有效地利用、整合了中国传媒大学的资源优势——如良好的传媒教育基础和丰厚的业界资源等，体现了中国传媒大学的办学特色。

当然也应当看到，我们的探索还是初步的，同任何新生事物一样，目前该专业还是幼小的、稚嫩的，它目前需要的是理解和呵护。我们殷切地希望学界、业界同仁们能够从事业大局出发，都来浇水施肥，遮风挡雨。我们相信，在传媒事业发展和文化创意产业大潮的双重促动下，这样一个新型、特色专业一定会尽快成长起来，我们也一定能够探索出一套既适应传媒市场需要，又符合教育规律且切合我校实际的专业办学模式，从而使它成为我校教学改革的一个亮点，成为中国传媒大学的一个品牌，成为我国传媒教育的一道新的风景，同时，也为专业扩张提供规范和标杆。

宫承波

2006 年 9 月 30 日初稿

2007 年 5 月 10 日修订

于中国传媒大学

目　录

第一篇　原理篇

第二篇　调研篇

第三篇 策略篇

GUANGGAOCEHUA

第一篇

原理篇

CHAPTER 1

第一章

广告策划概述

第一节　策划与广告策划

一、策划的含义

随着文化创意产业的日益兴盛，“策划”一词越来越多地被人们所提及，从广告策划、形象策划，到公关策划、会展策划、新闻策划等等，与策划相关的词汇开始层出不穷地涌现出来。那么，究竟什么是策划，广告策划与策划又有什么样的联系呢？

其实，“策划”一词并非现代新词汇，策划思想与策划活动在古代就已经出现。在我国，《后汉书·隗嚣传》中“是以功名终申，策画复得”是“策划”一词的最早雏形。其中“画”与“划”相通互代，“策画”即“策划”，意指谋划、筹划、计策。早在两千多年前，中国就曾出现过一个辉煌的策划时代——春秋战国，当时出现了很多高明的策划大师和策划案例，比如苏秦、张仪的合纵连横之术，孙膑的田忌赛马等。

在国外，“策划”一词发源于“strategy”（策略），后又演变为“strategy”和“plan”（计划）的综合体。策划作为一个概念性的词汇最初出现于公共关系领域，1955年，美国公共关系学家爱德华·伯纳斯在其著作《策划同意》中最先提出了策划的概念。随后，策划思想开始在文化创意产业相关的领域中迅速普及开来。

（一）众说纷纭说策划

由于策划被广泛应用于社会的各个领域，这导致了不同领域的学者对策划的定义众说纷纭，莫衷一是。比如：

管理学领域的学者将策划视为管理的内容之一，认为策划是一种有效的管理方法；

营销领域的专家则将策划看作是一种技巧，即将合适的产品用合适的方法、在合适的时间、合适的地点卖给合适的消费者的技巧（叶茂中）；

孙武在《孙子兵法》中指出:“夫未战而庙算胜者,得算多也,未战而庙算不胜者,得算少也。多算胜,少算不胜,而况于无算乎!”这里的“算”便是事先谋划即策划的意思,同时孙武还主张“凡战者,以正合,以奇胜”,将策划视为不断的创新;

日本策划家和田创认为:策划是通过实践活动获取更佳效果的智慧,是一种智慧创造行为。

总之,不同领域的专家对策划的内涵进行了不同的阐释,但其共同之处在于,他们都将策划视为一种有目的性的、面向未来的活动。美国哈佛“企业管理丛书”编纂委员会综合了上述种种说法,将策划定义为:策划是一种程序,在本质上是一种运用脑力的理性行为。基本上所有的策划都是关于未来的事物,也就是说,策划是针对未来要发生的事情作当前的决策。换言之,策划是找出事物的因果关系,衡量未来可采取之途径,作为目前决策之依据,亦即策划是预先决定做什么、何时做、如何做、谁来做。这是目前对策划所作的较为全面的定义。

(二)策划的界定

策划概念有广义和狭义之分。广义的策划是指人类利用自己的智慧在政治、经济、军事、文化、科技、生活等各个领域所进行的筹划和计划活动,涉及的内容非常广泛,大至营销策划、社会策划、外交策划、军事策划、庆典策划、演出策划等大型策划,小到个人在生活和工作中对具体事务的谋划等私人策划。古有苏秦、张仪的合纵连横之术,今有北京奥运会的成功举办等,都属于广义策划的范畴。狭义的策划专指经济和文化创意领域的策划,指为推动经济和社会发展,策划人为现代企业或组织机构所进行的智慧性活动。按照策划手段的不同,可以将狭义策划分为营销策划、广告策划、公关策划、形象策划和会展策划等类型。需要指出的是,上述广义策划与狭义策划之分是出于本书需要所做的主观界定。如不特别指出,本书中所提及的策划均为狭义的策划。

此外,许多人常把计划、点子、谋略等词语与策划相混淆使用,误认为三者与策划是一回事,其实不然,策划虽与计划、点子、谋略有一些相通之处,但几者又存在明显的区别(表 1-1)。

表 1-1　策划与计划、点子、谋略的区别①

	策划	计划	点子	谋略
是否须有创意	须	不须	须	须
是否有长期性	长期	可长可短	短	可长可短
是否具系统性	具有	具有	不具有	具有
是否具科学性	具有	具有	不一定	不一定
思维方式	掌握原则和方向	处理程序与细节	重视灵光一现	集合多个点子

① 余阳明、陈先红主编:《广告策划创意学》(第三版),复旦大学出版社 2007 年版,第 9-10 页。

首先，从是否须具备创意来说，策划、点子和谋略都属于以创意为核心的智力活动，均离不开人的创造性思维，只不过策划注重的是对创意的长期整体运作，点子强调的是单个创意的灵光一现，谋略则是一系列点子的战略组合。而计划则不同，它是一项机械性的工作，只需在一定范围内按部就班地拟定具体步骤即可，无需创意。

其次，从运作的长期性来看，策划是在一个目标统摄下进行的一系列策略规划，往往需要较长的运作周期；点子常是以单一灵感或零散创意的面目出现，只针对某一具体的事物，且出现的时间较短；而计划和谋略则可长可短，比如有年度计划，也有每日计划；有田忌赛马反败为胜的短期谋略，也有越王勾践"君子报仇，十年不晚"的长期谋略。

再次，从运作的系统性方面看，除点子外，策划、计划和谋略均有一定的系统性，即三者均注重全局思维和整体思维，重视创意过程的前后关联。而点子只针对个别事物，因此不具有系统性。

第四，从运作的科学性来说，策划和计划都是在科学指导之下，经过前期训练和后期的团队合作来完成，不论是操作过程还是思维方式，都有一定的科学性。点子和谋略往往依靠个别人的力量，以新奇制胜，其思维方式的科学性往往因人而异。

第五，从思维方式上看，策划着眼于宏观，关注整体性，把握原则和方向；谋略着眼于中观，重视随机应变；点子着眼于微观，关注零散性和个性化，重视创意的灵光一现；计划往往也着眼于微观和具体的事物，重视具体环节的处理和细节的运用。

二、广告策划及其演进

由上述策划的发展历程可以看出，文化创意产业领域的策划是经济发展到一定程度才出现的，作为策划学科的一个分支，广告策划也不例外，它并不是伴随广告一同出现的，而是广告活动发展到一定阶段的产物，是现代广告活动科学化、规范化的标志之一。

广告策划的概念源于西方广告界，其提出距今不足五十年，但广告策划的实践活动却在一个世纪前就展开了。

（一）广告策划的演进

1. 广告策划的萌芽期

1869 年，美国"艾耶父子广告公司"在费城成立，这是广告史上公认的全球第一个具有现代意义的专业广告代理公司，艾耶父子把公司的业务重点从为报纸推销版面转到为广告主服务，包括为广告主撰写文案，设计、制作广告以及制定广告策略与计划等。到 1902 年，艾耶父子广告公司专门设立了一个组织严密的、为国民饼干公司和标准石油公司策划公关活动的机构①。美国史学家拉菲·豪威尔在《广告史》一书中曾提出："从那时起，广告代理公司充分证实了自己策划和实施广告的能力。"正是从这时起，广告公司的角色发生了根本性转变——从为媒体服务向为广告主提供专业服务转变，广告策划的雏形开始逐渐显现。

① 张翔、罗洪程编著：《广告策划》，中南大学出版社 2003 年版，第 3 页。

与此同时，广告策划的前期环节——市场调查活动开始兴盛。1879年，艾耶父子广告公司进行了首次市场调查；1915年，J. 沃尔特·汤普逊首次在广告公司中设立了市场调查部门①。随后，市场调查凭借其科学性和准确性被广泛地引入广告活动之中，用于广告效果的分析研究，并因此成为开展广告活动不可缺少的一部分，许多大型广告公司开始设立市场调查部门，市场调查在广告活动中的地位由此确立。

在此阶段，广告公司开始由媒体协同者角色向专业广告服务者角色进行转变，市场调查在广告活动中的地位也逐渐确立，这些都为后来广告策划的诞生提供了丰厚的实践土壤，这一时期因此成为广告策划的萌芽期。

2. 广告策划的诞生期

广告策划的实践和萌芽虽早已出现，但真正意义上的广告策划概念的提出却是在20世纪60年代。1965年，英国BMB广告公司创始人斯坦利经过研究发现，市场调查虽为广告公司提供了足够的资料和数据，但由于业务人员未参与一线调查，对这些数据的利用并不充分；而调查人员虽参与了调查并熟悉数据，但却没权力介入决策。为此，他率先提出了“广告策划”（Account Planner，也称业务策划）这一概念，并指出，广告公司应让专门的经过特殊训练的研究人员来开展客户策划过程（Account Planning Process）的工作，以此将调查研究获得的信息运用到广告策划的过程中②。随后，广告策划理念及方法在西方广告界迅速推广，成为广告运作中必不可少的重要环节，同时也成为广告公司中不可或缺的职位。在我国，大约是在1984年引入了广告策划的概念，当时有部分学者撰文呼吁，要把现代广告策划引入中国的广告实践中，树立“以调查为先导，以策划为基础，以创意为灵魂”的现代广告运作观念。

3. 广告策划的成长期

广告策划的观念和方法一诞生，便显示了其巨大能量。在发展之初，往往一个简单合适的广告诉求就能为广告主带来轰动效果和可观的利润。然而，随着市场和营销观念的变化，先前较为简单、粗放的广告策划理念已不适应新情况，广告策划观念开始随时代的发展而愈加科学、丰富。

以广告策划的学科来源之一市场营销为例，自20世纪50年代以来，市场营销的概念发生了很大变化，从4P理论发展到4C理论、整合营销传播理论，直至今日面向新媒介时代的关系营销、病毒式营销等新型营销理念与方式，这些不断演变的市场营销理念引导着广告策划观念向更新的方向前进。广告策划工作者也与时俱进，完成了从关注企业本身到关注企业、消费者和社会的转变。从感性广告过渡到实证广告、从产品策划延伸至品牌策划、从单一媒介传播发展到整合传播，纵观广告策划一系列观念的变迁，不难看出经济和时代发展的影子。

在广告策划观念发展的同时，广告策划的内容和方法也在日益完善。在内容上，广告策

---

① 杨晓明著：《论世界广告业的逻辑发展轨迹》，《西南民族大学学报》2006年第3期。
② 高丽华、丛珩编著：《广告策划》，机械工业出版社2009年版，第9页。

划由早期的简单粗放式发展为系统整合式，由单一分散的广告活动策划发展为整体的系列广告活动策划，这为广告公司系统化、全方位地服务广告主提供了强有力的内容保障。在方法上，广告策划的程序越来越丰富、规范，从最初的点子式策划发展为包括广告调查、市场策略、定位策略、产品策略、表现策略、媒体策略、实施策略、效果评估等广告运作全过程的科学操作与规划。同时，广告策划还将多学科的研究方法引入进来，如市场营销学中的市场研究方法、传播学中的定性定量及效果分析法、社会学中的经验性研究法等，这使广告策划的研究方法更加规范科学。

(二)广告策划的概念

如前所述，广告策划这一概念来源于西方，与英文中的 plan（计划）和 strategy（策略）相对应，而在中国港台地区又被译为“广告企划”。关于广告策划的概念，在中国内地广告界使用较多的有以下两种：

“广告策划是根据广告主的营销策略，按照一定的程序对广告运动或者广告活动的总体战略进行前瞻性规划的活动。它以科学、客观的市场调查为基础，以富于创造性和效益性的定位策略、诉求策略、表现策略和媒体策略为核心内容，以具有可操作性的广告策划文本为直接结果，以广告活动的效果调查为终结，追求广告运动（活动）进程的合理化和广告效果的最大化，是广告公司内部业务运作的一个重要环节，是现代广告运作科学化、规范化的重要标志之一。”①

“所谓广告策划，是根据广告主的营销计划和广告目标，在市场调查的基础上，制定出一个与市场情况、产品状态、消费群体相适应的经济有效的广告计划方案，并加以评估、实施和检验，从而为广告主的整体经营提供良好服务的活动。”②

上述两种表述均强调了广告策划来源于广告主的营销策略，以客观的市场调查为基础，是一个由非常明确的目标和多个策略环节构成的动态过程。由此来说，广告策划实质上就是一个经过周密构思和精心设计的广告运作方案，此方案在广告主的市场营销策略指导下，生发对应的广告策略和实施方法，以此确保整体广告活动的成功。实际上，我们还可以从宏观和微观两个方面来分析广告策划。

宏观广告策划又叫整体广告策划，它是广告主基于长远的广告战略，在同一广告目标下开展的主题统一的系列广告活动。宏观广告策划周期往往较长，涉及的地域范围较广，内容通常涉及促销、公共关系、广告等多种手段的组合运用，同时所运用的媒介数量和组合也非常复杂，广告费用投入较大，对广告主能产生长期、深远的影响。

微观广告策划亦即单项广告活动策划，指的是针对单一明确目标的单项广告活动。微观广告策划周期较短，通常在一年以内，最短可至一个月；涉及的地域较狭窄，往往只针对一个地区，一个产品甚至某一个经销商；内容通常只包括广告和直接的促销活动；运用的媒介组合简单；广告投入费用较少，往往给广告主带来立竿见影的实际效果，如媒介策划、公关策

① 徐智明、高志宏著：《广告策划》，中国物价出版社 1997 年版，第 16 页。
② 黄升民、段晶晶著：《广告策划》，中国传媒大学出版社 2006 年版，第 3 页。

划、促销策划等。

不论是宏观还是微观广告策划，都是在科学客观的市场调查基础上，结合市场、企业、竞争、产品、消费者和媒介状况进行的创造性活动。同时，任何一个完整的广告策划，基本都离不开策划主体、策划对象、策划依据、策划方法、策划方案和策划结果这六个要素，这六个要素相互制约，构成一个完整的广告运作体系，广告策划因此成为连接广告公司和广告主的主要桥梁。

【案例 1-1】 蒙牛“酸酸乳”与《超级女声》的广告联姻

一、2005 年蒙牛“酸酸乳”广告策划背景

1.“酸酸乳”——乳业利润点的突破口

2005 年，国内乳业品牌集中度提高，由于产品的同质化而导致利润大幅下滑的现象开始普遍出现。蒙牛选定了乳饮料作为突破口，把优酸乳重新定位，以“酸酸乳”的概念推出。这个概念既与液态奶市场相关，又与饮料市场有所关联。但“酸酸乳”类产品同质化程度也很高，消费者忠诚度却较低，所以要采用合适的策略，提高市场的覆盖率。

2.《超级女声》——湖南卫视娱乐品牌突破口

湖南卫视 2004 年诞生的娱乐节目《超级女声》是一档大众娱乐选秀节目，在湖南卫视的收视率排行榜上排列第 8，冠名费为 2800 万元。

3. 合作利益点

蒙牛集团与湖南卫视通过《超级女声》实现强强联手，其利益点体现在：蒙牛集团将利用湖南卫视在中国娱乐节目中的专业和高收视率，利用 2004 年《超级女声》的运作经验，强化蒙牛“酸酸乳”之青春、时尚的女性化产品形象，从而提高产品的销售量。

4. 蒙牛“酸酸乳”与《超级女声》广告联姻的基础

(1) 目标市场吻合。《超级女声》的主要受众群体是 12－24 岁的女性，蒙牛“酸酸乳”乳酸菌饮料品面对的目标顾客也是青涩可爱的少男少女们，两者目标受众十分吻合。

(2) 产品品类吻合。蒙牛借助《超级女声》代言的产品是乳酸菌饮料，该品类正是《超级女声》目标受众主要消费的乳品品类。

(3) 广告目标吻合。蒙牛不仅要冠名《超级女声》，还要通过蒙牛的销路和营销整合，把《超级女声》推广到全国。蒙牛以 1400 万元的价格赢得了《超级女声》的冠名权，并包括角标、比赛现场的广告牌等项目，然后蒙牛又追加了 2 亿元去帮助推广《超级女声》，合作双方真正站在一条船上，获得了真正的共赢。

二、广告定位

1. 广告目标

目标一：品牌知名度超越伊利“优酸乳”，成为第一。

目标二:强化品牌形象的塑造,使蒙牛"酸酸乳"成为更具青春、时尚、活力的乳饮料品牌,从而以品牌形象强力拉动销量的大幅度攀升,实现跨越性增长。

2. 目标对象

核心消费者:15－18 岁的女生。她们勇敢、自信、做我想做的"我"。

3. 产品概念的突破

从最初的"美味加倍,让自己更可口"产品属性与功能诉求,到酸酸乳"什么不可以当饮料喝呢"的战略思考,最后终于找到"酸酸甜甜就是我"的心理属性突破口。

三、蒙牛"酸酸乳"广告策略

1. 蒙牛"酸酸乳"与《超级女声》合二为一

蒙牛"酸酸乳"突破传统的冠名赞助,将产品与《超级女声》融为一体,紧密捆绑。在视觉传达上,表现为两者合二为一的 Logo,并将相关元素进行利用:角标、舞台背景板、评委台卡、评委牌、评委席上的产品陈列、舞台背景的主色调等。同时,在所有蒙牛"酸酸乳"包装上印有《超级女声》节目的信息,用非常规的方式去推广节目。

2. 代言人——张含韵

2004 年《超级女声》的季军——张含韵,清纯、可爱、真实、天真,人气很旺,是蒙牛"酸酸乳"目标消费群的典型代表。

3. 广告主题

蒙牛"酸酸乳":酸酸甜甜就是我。

《超级女声》:想唱就唱。

4. 电视广告

蒙牛"酸酸乳"以代言人张含韵为主角,内容完全与《超级女声》的内容相吻合,表现女孩想唱就唱的个性,并以其主题广告歌曲作为背景音乐。

5. 产品包装——产品作为重要的宣传媒体

蒙牛"酸酸乳"增加了四种新口味,为配合冠名《超级女声》,采用了新产品包装,在以前单纯利乐纸包的基础上增添了瓶装和袋装。20 亿包印有"蒙牛酸酸乳超级女声"字样的蒙牛"酸酸乳"上市。上亿张海报、无数卖场堆头的形象上都印有《超级女声》的活动信息。

6. 网络广告

设立"蒙牛酸酸乳超级女声"的活动网站,网上设有与产品或者活动有关的有奖游戏,开辟了"蒙牛酸酸乳超级女声"视频聊天室;与此同时,在新浪、搜狐、网易、TOM 四大门户网站投放蒙牛"酸酸乳"的活动及产品广告,在百度专门创立了"张含韵吧",众多网友将自己品尝蒙牛"酸酸乳"后的感想、对张含韵的关注以及对《超级女声》比赛的看法都集中表达在这里,将"势"巧妙地造到了最大。此外,专门开发的互动游戏"蒙牛连连看"与"超级 Fans"极具亮点,这两款小游戏在蒙牛乳业网站及相关活动网站上可提供下载。

7. 平面媒体的宣传及应用

在媒体运作上与平面媒体充分配合，将“蒙牛酸酸乳超级女声”以软性消息在全国各大媒体上不断进行发送，提高消费者对于品牌及产品的喜好度。蒙牛在《南方都市报》、《潇湘晨报》、《东方今报》、《成都商报》等平面媒体上对活动及产品进行了大范围的宣传。

同时，蒙牛乳业集团与湖南卫视在《国际广告》等各大广告、财经杂志上也进行了一定力度的宣传，使广告界的传媒都兴奋起来，使其主动关注本次赛事活动，扩大了宣传的效应。

8. 促销活动

蒙牛集团利用自身的销路优势，加大了产品铺货率。在具体促销方面，蒙牛统一了堆头外观，全部采用四方及环形的包装，使张含韵的形象十分鲜明。同时，大量的 POP 贴在超市入口及生鲜卖场、奶品角落中，使消费者很容易看到，加大了随机购买率。此外，还推出了买六送一的促销活动等。

9. 主题活动

(1)蒙牛在 5－8 月规划执行了“蒙牛酸酸乳超级女声夏令营”的活动，以及购买蒙牛“酸酸乳”就有机会到长沙观看《超级女声》全国总决赛的活动。

(2)在《超级女声》的主赛区长沙等地，蒙牛适时推出了许多大型义演活动。

(3)《超级女声》落幕后，在《超级女声》全国巡演的同时，又在 9－12 月继续进行蒙牛“酸酸乳”“有酸就有甜，有梦就能圆”的主题活动，使《超级女声》热潮继续在全国蔓延。

四、广告效果

1. 销售量与品牌美誉度

AC 尼尔森的调查结果表明，2005 年 6 月，蒙牛“酸酸乳”在广州、上海、北京、成都四城市的销售量超过 1 亿升，是 2004 年同期的 5 倍。

蒙牛在品牌美誉度方面也尝到了甜头。2005 年 5 月蒙牛“酸酸乳”的品牌第一提及率跃升为 18.3%，反超竞争对手 3.8 个百分点，无论是从品牌力还是从市场占有率看，蒙牛“酸酸乳”都已经成为乳饮料方面的第一品牌。

2. 蒙牛“酸酸乳”与《超级女声》的品牌效应

CTR 数据显示，在其评定的四项指标即第一提及率、品牌力、品牌渗透率、品牌广告到达率方面，蒙牛“酸酸乳”均领先其他品牌。

（资料来源：李霞、王蕾主编：《广告策划案例教程》，高等教育出版社 2008 年版）

第二节　广告策划的作用与原则

一、广告策划的作用

一个完整的广告运作系统主要包括广告调查、广告策划、广告创意与表现、媒介发布和效果评估五大环节，广告策划处于其中最关键的第二环节，它承上启下，在第一环节广告调查的基础上对广告活动进行战略决策，为后续环节形成策略、拟定计划，并指导其具体执行。因此，广告策划是整个广告运作的核心和精髓，它贯穿于广告运作的各个环节，在广告运作中处于指导和决定地位。

具体来说，广告策划在广告运作中的作用主要表现在（见表 1-2）：

表 1-2　广告策划对广告公司和广告主的作用①

作用	对广告公司	对广告主
战略指导	为广告表现、发布、效果评估环节提供战略指导	为广告活动的开展乃至促销组合提供战略指导
实施规划	为广告运作的其他环节提供具体的实施计划	为广告活动提供具体的实施计划
进程控制	制约广告公司内部业务运作的进程	制约广告活动的实施进程
效果掌控	控制广告公司提供的全面广告服务的质量	保证广告活动的效果和效益
规范运作	促进内部业务运作的专业化、规范化	促进广告活动的科学有效

对广告公司来说，广告策划能为其项目运作提供战略指导和实施规划，即广告策划集项目指挥者和执行者于一身，既为其内部人员提供宏观的战略，又为其提供微观的实施计划。同时，广告策划的内容与流程还能控制公司内部业务运作的进程和质量，进而提升广告公司服务的科学化和专业化。

对于广告主而言，通过广告策划，可以使广告活动实现最大程度的简捷化、高效化，也可以使广告功能发挥到最极致，进而降低成本、节约广告费用，形成广告的规模效应，实现最佳效益。

二、广告策划的基本原则

广告策划虽是一个动态的创造性活动，但这并不代表它可以随心所欲、肆意而为。实际上，广告策划是有规律可循的，策划者必须遵循这些规律进行广告运作。而恰恰是这些规律的存在，才反映了广告策划的科学性和专业性。

（一）目标性原则

任何一个广告策划都是有目标的，这是广告策划存在的意义，也是制定广告策划的基本依据。目标性原则对于广告策划来说有两层含义：其一，广告策划的目标即为广告主开展广告活动的目标，这一目标并非是一成不变的，面对不同时期、不同市场、不同消费者以及不同产品，广告主的广告目标会有所差异，这些目标通常会被表述为增加销售量、提高市场占有率、增强知名度、树立企业/品牌形象、建立消费者的某种观念等；其二，无论是何种具体的广告目标，都要以符合企业的营销目标为前提，广告目标是企业营销目标的一部分，背离企业营销策略的广告目标是无效的。

---

① 徐智明、高志宏著：《广告策划》，中国物价出版社 1997 年版，第 20 页。

(二)系统性原则

广告策划的系统性主要表现在两个方面：一是在外在形式上，策划主体、策划对象、策划依据、策划方法、策划方案和策划结果等要素构成了一个完整的广告运作系统，缺少其中任何一个要素，这个系统将不复存在。同时，即使具备了这六个要素，如若六要素间不能协调统一，这个系统也将不能正常运行；二是在内部构成上，广告策划由市场调查、市场分析、广告战略决策、广告诉求策略、表现策略、媒体策略、广告预算、广告策划书的撰写、广告策划的实施、效果评估等近十个环节构成，这些环节环环相扣、相互关联，构成了一个协调统一的系统。

系统性原则要求广告策划的各要素、各环节完整齐备且协调配合，广告策划人员要具备全局眼光，从整体协调的角度来考虑问题，注意系统与系统之间的关联，切忌相互分割，各行其是。

(三)灵活性原则

《孙子兵法》中说“兵无常势，水无常形，能因敌变化而取胜者，谓之神”，这是指战术上要具备一定的灵活性。在广告策划中，虽然广告战略具有相对的稳定性，但广告战术应保持一定的灵活性，可以随现实变化而调适。在市场竞争中，市场环境、产品情况、竞争对手等并非一成不变，策划活动只有不断调整，与复杂多变的市场状况保持同步，才能取得成功。

对广告策划的调整通常在以下三种情形下进行：当广告诉求对象发生变化时；当广告创意不准确时；当广告发布策略出现变动时，此时，相应的广告诉求策略、广告表现策略、广告发布计划等就要及时进行有针对性的调整，以适应不断变化的广告环境，从而提高广告效果。

(四)可操作性原则

广告策划不是天马行空的空想，它要能解决现实中存在的难题，并提出行之有效的解决方法，获得具有实际执行力的操作方案。这种执行力体现在广告策划的每一个环节：以广告诉求策略为例，它的制定必须以现实的市场情况和目标消费者为前提，引导广告诉求在市场中准确命中目标市场并产生实际效益。同时，策划方案中还要考虑到广告发布计划与广告活动实施的具体环境是否相符、广告预算与企业的实际承受能力是否相符等，不具有执行力的策划方案，无论多么华丽独特，都只是毫无价值的空想。

(五)有效性原则

有效性原则是任何策划或计划须具备的基本原则，广告策划也不例外。广告策划不是走过场，提高广告效果才是广告策划的最终目的。当然，广告效果不单指给企业带来的经济效果，也包括社会效果和心理效果。广告策划的有效性就是要做到这三种效果的协调。过分强调形式而忽视产品的实际诉求、只追求经济利益而忽视社会效应、只顾眼前不顾长远发展等都不能产生好的广告效应。同时，广告策划还要考虑到企业的实际情况，不能一味搞理想主义而不顾及企业的承受能力。

第三节　广告策划的运作流程

广告策划是一个富有创造性的动态系统，策划人员必须打破藩篱，寻找新意；同时，广告策划也是一个科学的系统，策划人员必须遵循科学有效的程序来运作。广告公司在接到广告策划的任务后，一般都会按照其既定的程序进行作业，许多专业性广告公司已经形成了自己成熟的广告策划运作流程，这些流程成为其在众多广告公司中脱颖而出的制胜法宝。一般来说，广告策划的整体运作流程大致包括以下九个阶段（表1-3）。

表1-3　广告策划的流程及其内容

序号	流程	内　容
1	整体安排与规划阶段	1. 成立广告策划项目专组 2. 拟定工作计划，规定任务和人员安排
2	市场调查与分析阶段	1. 开展市场调查和资料搜集 2. 根据调查结果，对营销环境、消费者、产品、竞争对手进行分析
3	战略思考与规划阶段	1. 制定广告战略目标 2. 制定广告战略
4	广告策略形成阶段	1. 形成目标市场策略、广告定位策略、广告诉求策略，进而发展广告创意和表现策略，以及有效的媒体组合策略和其他传播策略 2. 广告时机与地域的选择、广告活动的预算安排以及其他传播活动的配合
5	制定广告计划阶段	制定出具体的活动实施表，如媒体排期表、广告预算表等
6	形成策划文本阶段	1. 撰写广告策划书文本 2. 内部对广告策划书进行检查与修改
7	广告提案与比稿阶段	1. 准备广告提案，制作提案演示稿 2. 在提案会上演示并解释方案 3. 比稿成功，与广告主签订广告合同，广告主审核、定稿
8	活动具体实施阶段	广告策划所有环节的具体实施
9	效果评估与总结阶段	1. 策划专组实时监控，并根据实际需要进行及时修正 2. 依据广告目标对广告运作的效果进行测定和评估 3. 对整个策划工作进行总结

一、整体安排与规划阶段

这是广告策划的第一阶段，也是广告公司在接到广告主的委托后首先要进行的工作。这一阶段的工作主要包括：

(一)成立广告策划项目专组

广告策划需要团队合作才能完成,因此广告公司在接受委托后的首要任务是成立一个广告策划项目专组,专门负责项目的广告策划工作。一般来说,策划专组的成员包括:项目主管、客户执行、策划创意人员、设计制作人员、媒介公关人员和市场调查人员等。

(二)拟定工作计划,规定任务和人员安排

广告公司召开项目说明会,项目主管向团队成员介绍客户情况,共同商讨制定任务期的工作计划,明确每个成员的任务,并向公司相关部门如市场部、策划部、媒介部等下达任务。

二、市场调查与分析阶段

开展市场调查和信息搜集工作,最大限度地占有相关资料,对全部数据和资料进行总结整理、研究分析,为后续阶段的策略制定提供依据和方向。

三、战略思考与规划阶段

战略规划是广告策划的核心和灵魂,它决定着整个广告活动的前途和命运,并为后续的策略制定和计划执行指明道路与方向。由于战略决策的责任重大,战略规划的方案通常由企业高层管理者和广告公司决策层确定。

具体来说,这一阶段的任务主要有两个:一是制定广告战略目标,这是广告策划的重中之重,可谓核心的核心,其他所有内容均围绕这一目标而展开;二是制定广告战略,为广告策划提出基本战略构想。

四、广告策略形成阶段

在已形成的广告战略基础上,以策划创意人员、设计人员为核心,确定目标市场策略、广告定位策略、广告诉求策略,进而发展出广告创意和表现策略,以及有效的媒体组合策略和其他传播策略。此外,还包括广告时机与地域的选择、广告活动的预算安排,以及其他传播活动的配合。

五、制定广告计划阶段

这一阶段将第三、第四阶段形成的抽象战略、策略思想具象化,制定出具体的活动实施表,如制定媒体排期表、广告预算表等,为后面策划活动的具体施行提供实施依据。

六、形成策划文本阶段

将广告策划的全部内容以文本的形式表达出来,成为广告活动的行动大纲。当然,广告策划书编制出来后并非固定不变,它有可能在执行过程中被不断修正调整。

七、广告提案与比稿阶段

很多情况下,广告公司编制的策划方案并不一定会被客户所采纳。广告客户为了寻求

最佳方案，往往会通过比稿的形式在众多广告代理公司之间进行选择，同时召开专门的提案会，通过提案会选择最适合的方案。因此，策划人员在提交文本形式的广告策划书的同时，还需准备提案会上的报告，亦即广告提案。在比稿成功后，还要根据客户的意见对策划方案进行修改，最后提交广告客户审核、批准。

八、活动具体实施阶段

策划方案在经客户批准后，便可以交付各个相关部门实施，如设计制作部门将广告创意制作为可视(可听)的广告作品、媒介部门进行媒介购买和广告发布、公关部门按照策划方案的要求实施相关公关活动等。

九、效果评估与总结阶段

实施阶段并不是广告策划的终点，在广告方案实施一段时期之后，策划专组要进行实时监督，并根据实际需要进行及时修正。同时，在广告策划运作过程中和运作完毕后，依据广告目标对广告运作的效果进行测定和评估，并对整个策划工作进行总结。

上述九个阶段的划分明确了广告策划各个环节的具体工作流程，阶段之间依次施行，相辅相成，但美中不足的是程序略显繁琐。鉴于此，我们把这九个阶段重新分类、归纳，并参考现代营销学之父菲利普·科特勒对企业市场营销阶段的划分①，将广告策划运作过程划分为分析、规划、执行和控制四个环节。各环节的内容参见表 1-4。

表 1-4　广告策划运作的阶段划分

序号	环节	阶　段
1	分析环节	整体安排与规划阶段 市场调查与分析阶段
2	规划环节	战略思考与规划阶段 广告策略形成阶段 制定广告计划阶段 形成策划文本阶段 广告提案与比稿阶段
3	执行环节	活动具体实施阶段
4	控制环节	效果评估与总结阶段

① 在《市场营销管理——分析、规划、执行和控制》一书中，菲利普·科特勒认为，企业的市场营销要经过分析、规划、执行和控制四个阶段。在分析阶段，企业根据收集到的信息分析其面临的机会和挑战；在规划阶段，企业根据市场地位和产品状况制定营销战略；在执行阶段，企业按照营销策略开展营销活动；在控制阶段，企业通过营销监控体系检测活动的执行情况，并对其作出评估。

总的来说，广告策划运作是一个较为长期的过程，在这个过程中，不同阶段的广告目标、活动内容和侧重点均有所不同，这种不同恰恰保证了广告策划的程序性和科学性，因此，策划人员应将每个阶段的目标和任务了然于胸，并根据各个阶段的特殊性进行适时调整和变动，这样才能使一次完整的广告策划活动取得成功。

本章小结

随着文化创意产业的日益兴盛，“策划”一词越来越多地被人们所提及，究竟什么是策划与广告策划，广告策划的作用是什么，广告策划有哪些基本原则，广告策划的运作流程又是怎样的，这些是本章重点探讨的几个问题。

策划作为一个概念性的词汇最早出现于20世纪50年代的公共关系领域，随后，策划思想便在广告领域迅速普及开来。广告策划的概念源于西方广告界，其提出距今不足50年，经历了萌芽期、诞生期和成长期。广告策划实质上就是一个经过周密构思和精心设计的广告运作方案，此方案在广告主市场营销策略的指导下，生发对应的广告策略和实施方法，以此确保整体广告活动的成功。

广告策划是整个广告活动的核心和精髓，它贯穿于广告活动的各个环节，在广告运作中处于指导和决定地位。广告策划虽是一个动态的创造性活动，但仍是有一些原则需要遵循，这些原则包括目标性原则、系统性原则、灵活性原则、可操作性原则和有效性原则。

广告公司在接到广告策划的任务后，一般都会按照其既定的程序进行作业。一般来说，广告策划的整体运作流程大致包括以下九个阶段：整体安排与规划阶段、市场调查与分析阶段、战略思考与规划阶段、广告策略形成阶段、制定广告计划阶段、形成策划文本阶段、广告提案与比稿阶段、活动具体实施阶段、效果评估与总结阶段。不同阶段的广告目标、活动内容和侧重点均有所不同，而这种不同恰恰保证了广告策划的程序性和科学性。

一、思考题

1. 根据广告策划的内容，思考广告策划的基本含义。
2. 广告策划的有效性原则是指什么？
3. 广告策划不同阶段的工作重点是什么？
4. 广告策划操作流程的提出是否会对策划工作形成限制？
5. 试结合具体广告案例谈谈对广告策划的认识。

二、课外资源

1. [美]威廉·F. 阿伦斯著:《当代广告学》,丁俊杰等译,人民邮电出版社2006年版
2. 李霞、王蕾主编:《广告策划案例教程》,高等教育出版社2008年版
3. 朱海松著:《国际4A广告公司基本操作流程》,广东经济出版社2004年版
4. 《中国广告》杂志
5. 《现代广告》杂志
6. 《国际广告》杂志
7. 中华广告网(http://www.a.com.cn)

第二章

广告策划与营销

CHAPTER 2

第一节 广告与市场营销

一、市场营销的含义及其观念演进

（一）市场营销的概念

市场营销是西方营销学中一个至关重要的概念，译自英文“marketing”，简称“营销”，台湾称作“行销”。人们对市场营销的认识随社会经济的发展而不断深入，市场营销的定义也因此不断被修正和更新。最经典的表述有以下两种：

市场营销是通过个人和组织对思想（或主意、计策）、产品和劳务的构想、定价、促销和分销的计划和执行过程，以达到个人和组织的预期目标的交换过程。

——AMA（美国市场营销协会），1985 年

市场营销是个人和集体通过创造提供出售，并同别人交换产品和价值，以获得其所需所欲之物的一种社会和管理过程。

——美国市场营销学之父菲利普·科特勒

上述两个定义比较相近，但角度略有不同。在美国市场营销协会的定义中，市场营销不是单一的活动，而是一系列要素和活动的综合，它包括产品（劳务）、定价、促销和分销等的规划与组合，这四要素的组合构成了市场营销最早的组合策略——4P 策略，即产品（Product）策略、价格（Price）策略、促销（Promotion）策略和分销/渠道（Place）策略，这一定义强调了市场营销过程中的要素组合，使我们对营销的过程有所了解。菲利普·科特勒的定义从营销哲学的角度对市场营销进行阐释，他认为，消费者的需求和欲望是营销活动产生的前提，消费者对产品的满足程度和价值判断是营销活动的基础，市场交换则是实现上述前提和基础的桥梁。也就是说，科特勒的这一定义涵盖了市场营销的起源——消费者的需求和欲望、

市场营销的途径——市场交换、市场营销的目标——满足需求并促成交换，使我们从更深广的层次对市场营销的本质有了清晰的认识。

（二）营销观念的演进

营销观念，又称为营销理念或营销哲学，诞生于20世纪初的美国，是企业从事营销活动的思想理念和行为准则。随着社会经济的发展，企业的营销观念不断演进，经历了从最初的生产观念、产品观念、推销观念到市场营销观念、社会市场营销观念、新营销观念等几个阶段的变迁。其中，真正意义上的市场营销观念形成于第四个阶段即市场营销阶段，这可以说是营销观念发展史上的一个里程碑。

1. 生产观念（Production Concept）

这是最为古老的企业经营理念之一，诞生于20世纪初。生产观念认为，消费者的需求是被动的，他们只对产品是否能购买得到且价格低廉感兴趣，企业经营应从产品生产出发，着眼于提高生产效率、增加产量、降低成本。在生产力水平低下、产品供不应求的卖方市场时期，这种观念颇为流行。最有代表性的生产观念是"我生产什么，就卖什么"，最典型的言论是美国福特汽车公司创办人亨利·福特所说的"不管顾客需要什么颜色的汽车，我只有一种黑色的"，这种在当今看来不可思议的观念却在当时风靡一时，这种观念只重视了企业生产，却无视消费者的实际需要，更轻视市场营销的重要作用，因此，又被称为"生产中心论"。

2. 产品观念（Product Concept）

这是从生产观念中派生出来的一种观念。产品观念认为，消费者喜欢质量良好、功能繁多和具有特色的产品，企业经营应致力于生产高质量、有特色的产品，这样才会受到消费者的欢迎。在当时产品供不应求的卖方市场条件下，这种盲目追求产品质量、无视市场与消费者需求的实际变化，往往会导致企业患上"营销近视症"，即由于把过度的注意力放在产品而非市场需要上，致使企业在市场营销中缺乏远见。

不过，在对于消费者需求的关注上，产品观念无疑向前迈进了一步，它开始重视产品质量，以满足消费者需要。然而，从另一个角度看，产品观念对消费者需求的关注又并非真正意义上的关注，而只是企业主观角度的关注，即"想当然"的消费者需求，实际上这种需求与消费者的实际需求存在很大的偏差，这也是许多企业声称生产最好的产品而消费者不买账的原因。

3. 推销观念（Selling Concept）

推销观念产生于20世纪20年代末，到20世纪50年代逐渐被市场营销观念所替代，由于十分注重推销的作用，这种观念至今仍被一些企业所运用和推崇。推销观念认为，消费者在购买商品时具有惰性和抗衡心理，他们通常不会购买非渴求商品，也不会足量购买某产品，企业应当开展营销活动，千方百计地通过人员推销和促销去刺激需求，争取消费者大量购买。在这一观念指导下，企业经营者往往在抓产品生产的同时，开始重视产品的推销，千方百计运用各种方法和技巧说服潜在消费者购买。

与前两种观念相比，推销观念又前进了一步，它不仅重视产品生产，也关注产品销售，重视推销和广告在产品销售中的作用。然而，推销观念的本质仍是以生产为中心，只重视"销售生产出来的产品",不关注市场需求和消费者的实际利益。除此之外,如果推销手段不当,推销方法过于生硬,也会引起消费者的反感,经常能看到的"谢绝推销"字样即为典型例证,这种强行推销不仅不会促进销售,反而会引起消费者的不满,降低营销效果。因此,对于推崇推销观念的企业来说,着重研究市场和消费者的实际需求,运用恰当的、易被消费者接受的推销方式就显得极为重要。

4. 市场营销观念(Marketing Concept)

不同于上述三种观念,市场营销观念是一种全新的企业经营哲学。尽管市场营销思想的萌芽早已出现,但其核心原则真正成形却是在20世纪50年代。营销观念的提出主要是基于四大支柱:目标市场、顾客需求、整合营销和赢利能力。它认为,企业营销应将满足消费者需求作为营销的出发点,树立"消费者需要什么,企业就生产什么"的营销理念,同时还要准确把握市场需求,并根据市场需求的变化及时调整企业的营销策略。

市场营销观念是营销观念发展史上最具突破性的观念,从营销观念开始,企业真正开始视顾客为上帝,千方百计地通过产品与服务的改进,满足消费者的需求。纵观当今的成功企业,无论是宝洁、可口可乐、耐克、宜家、芝华士等国外企业,还是联想、海尔等国内企业,无一不是市场营销观念的践行者。以宝洁为例,作为全球最大的日用消费品公司,宝洁所经营的300多个品牌在160多个国家受到消费者的追捧和青睐,这其中离不开宝洁持之以恒的消费者洞察,比如在洗发水市场,有些消费者注重个人形象,希望摆脱头屑的困扰,宝洁便推出了专业去屑的海飞丝;有些消费者因为头发受到损伤,渴求拥有健康亮泽的秀发,于是定位于健康亮泽的潘婷横空出世;有些消费者喜欢柔顺、不毛躁的发质,宝洁便适时推出了定位于柔软顺滑的飘柔;有些消费者崇尚个性、时尚,于是专门针对从事时尚事业或渴望时尚的人群而设计的沙宣应运而生;有些消费者追求纯天然,宝洁便推出了定位于"草本精华"的伊卡璐。可以说,宝洁的每个品牌自诞生起就有明确的定位,而这些定位往往是基于前期大量的消费者调查与研究。正是这些基于消费者需求的定位,才使得宝洁旗下的洗发水品牌散发出独特的魅力。

5. 社会市场营销观念(Societal Marketing Concept)

社会市场营销观念是对市场营销观念的修改和补充,其基本思想是:既要满足消费者的需求,又要符合消费者和整个社会的长期利益。这一思想产生于20世纪70年代,当时的社会由于一味提倡市场营销观念,虽满足了消费者的短期需求,但却造成了资源浪费、能源短缺、环境污染加剧、社会服务被忽视等问题,为了弥补市场营销观念的缺陷,菲利普·科特勒提出了社会市场营销的概念,即要求企业经营者在制定市场营销政策时,既要满足消费者需求又要履行一定的社会责任,即统筹兼顾三方面的利益:消费者利益、企业利益和社会利益,并把三者有机地协调起来。

6. 新营销观念(New Marketing Concept)

营销观念发展到市场营销和社会市场营销阶段并非抵达终点,随着经济的发展,营销观念仍一路向前地更新与前进,以期更好地满足消费者的需要。20世纪末以来,经济和科技的高速发展、竞争的白热化、人口与环境问题的恶化等促使营销观念发生新的变化。其中,影响较大的新营销观念有整合营销、关系营销、网络营销和绿色营销等。这四种营销观念虽各有侧重，但共同点在于通过增加消费者价值，获得更好的企业利益和社会利益。

(1) 整合营销(Integrated Marketing)

进入20世纪80年代，单一的传统广告促销方式越来越难以在市场上奏效，而其他促销方式的运用往往与传统广告发生冲突，于是一种对各种营销工具和手段进行系统化整合，使信息在传播本质上一致，并根据环境进行即时修正的营销理念开始出现，这种理念即整合营销传播理念。

整合营销所整合的营销工具不仅包括广告、公关、直接营销、销售促进、人员推销等传统意义上的促销手段，还包括事件营销、赞助、商品设计与包装、店堂陈列、店头促销及售后服务等其他能够传递产品信息的手段，通过将这些各自独立的营销手段综合成一个整体，使其成为整个营销流程中的一环，并发出在本质上一致的信息，从而产生协同效应。在整合营销传播中，消费者始终处于最核心的地位，营销流程的每一个环节都在与消费者沟通，逐渐培养并传播着消费者的价值观。

值得一提的是，在整合营销传播理念的影响之下，广告一改往日单向诉求和纯粹灌输的方式，开始以双向沟通的"新广告"面貌出现，尤其是进入互联网时代之后，直接推销类广告逐渐退出舞台，而化身为消费者资讯的互动广告成为广告业新宠。

(2) 关系营销(Relationship Marketing)

所谓关系营销即通过建立、维系与各类公众的长期良好的伙伴关系，充分强化和利用各种形式的关系及网络来开展营销活动。[①] 1985年，美国营销学专家巴巴拉·本德·杰克逊提出这一概念，之后关系营销思想迅速风靡全球。关系营销把营销活动看成是一个企业与消费者、供应商、分销商、竞争者、政府机构及其他公众发生互动作用的过程，其实质便是与这些组织和个人建立长期稳定的相互依存的营销关系，以求彼此共赢。关系营销学认为，对于一个现代企业来说，关系至关重要，除了要处理好企业内部关系外，还要正确处理与顾客、关联企业、政府和公众四个层面的关系，这是企业营销制胜的关键。

(3) 网络营销(E－Marketing)

网络营销是以国际互联网络为基础，以数字化的信息和网络媒介的交互性为手段而进行的各种营销活动的总称，它伴随全球互联网时代的到来而出现，是一种全新的市场营销方式。从信息收集到信息发布，再到开展网上交易和售后服务等，网络营销贯穿于企业开展网上经营的全过程。与传统营销相比，网络营销最大的优势是其可以超越时空限制，随时随地提供全球性营销服务，同时还可以通过互联网的交互性实现供需互动与双向沟通。此外，低成本与个性化的促销方式、前所未有的便利性和高效性都成为网络营销区别于传统营销的不同之处。因此可以说，网络营销是对传统营销的扩展和延伸。

在我国，网络营销逐渐发展成为诸多营销方式中风头最盛的一种。有数据显示，2009年，我国仅网络购物市场交易规模已达2647.5亿元，用户规模突破1亿人。[②] 以国内最大的

---

① 纪华强主编.《广告策划》，高等教育出版社2006年版，第19页。

② 数据来源：《网络购物用户规模突破1亿》，《新快报》2010年4月30日。

C2C 网络购物平台——淘宝网为例，它占据了超过 80% 的国内 C2C 市场，以致淘宝几乎成为网络购物的代名词。巨大的网上消费群体为网络营销提供了广阔空间，对于企业来说，如何利用网络的优势，开展各种网络营销活动，将成为其在互联网时代的必修课程。

(4) 绿色营销(Green Marketing)

绿色营销观念是在当今社会环境污染、生态失衡、资源浪费、自然灾害威胁人类生存的背景下提出来的营销新观念。它强调，企业在生产经营过程中，应将企业自身利益、消费者和环境保护利益三者有机统一起来，并以此为中心，在产品的设计、生产、销售直至使用的各个营销环节都要考虑到资源的节约利用和环境保护。总之，绿色营销非常注重经济与生态的协同发展，因此，它被视为市场营销观念的升华。

目前，西方发达国家对于绿色产品的需求非常强烈，而发展中国家因种种原因，还无法真正实现绿色产品的普及与推广。尽管如此，绿色营销仍然是一种备受关注的营销方式，可以说，它代表了 21 世纪的消费需求和营销趋势，相信在不远的未来，绿色营销方式必将深入人心。

二、广告与市场营销的关系

市场营销是企业经营活动的总称，从传统的 4P 理论——产品、价格、渠道和促销来看，它涵盖了包括市场调查、新产品开发、价格制定、渠道选择、促销方式选择以及售后服务开展等一系列内容，其中，选择合适的促销方式是市场营销策略中必不可少的一环。这里的促销并非是日常生活中所说的超市促销，而是一种信息沟通方式或营销传播活动。它包括人员销售和非人员销售两种方式，其中非人员销售中包含了广告、销售促进、公关宣传等促销方式，如图 2-1 所示。因此，可以说广告仅仅是企业市场营销组合的四个要素之一——促销中的一种手段，而不是可以与销售并驾齐驱的唯一因素。因此，无限夸大广告对于市场营销的作用，忽视其他因素，认为“广告万能”的观点是十分错误的。

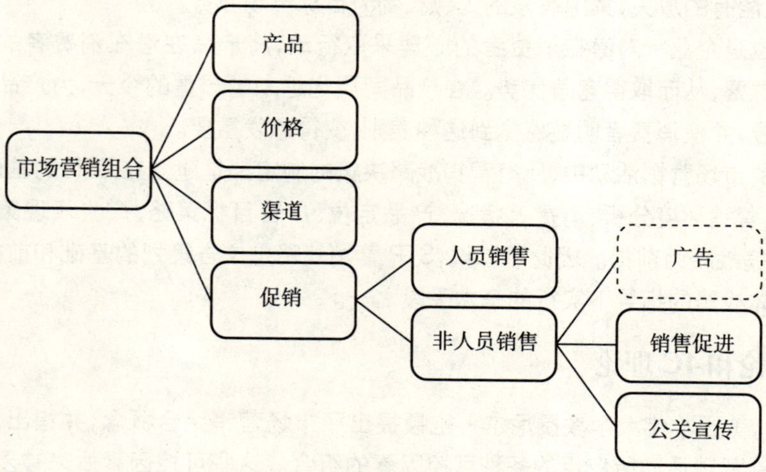

图 2-1　广告在市场营销中的地位

不过,无论是在 4P 理论还是在 4C 理论中,与消费者的沟通(Communication),又称促销(或营销沟通、营销传播)都是不可或缺的。也就是说,无论营销的要素如何变化,促销始终是不可缺少的一环。与此同时,广告作为一种重要的促销手段,也成为市场营销活动的重要组成部分之一。从这个意义上说,广告与市场营销之间体现了一种整体与局部的关系。

总之,企业既要重视广告的作用,又不能在产品价格、销售渠道等都没有合理组合的前提下片面地依赖广告。在广告策划中,广告策划人员更要明确广告在市场营销中的位置,自觉地将企业的广告活动与营销组合的其他要素相配合,这样,广告策划才能收到应有的效果。

第二节 广告策划与市场营销

一、营销理论在广告策划中的作用

(一)STP 营销战略

早在 20 世纪 90 年代,市场营销学之父菲利普・科特勒便在其专著《营销管理》一书中提出了 STP 营销战略,这一战略可以说是现代市场营销理论的核心,它包括三个要素:S—Segmentation(市场细分);T—Targeting(目标市场);P—Positioning(市场定位)。

市场细分是依据消费者的需求与欲望、购买行为和购买习惯等方面的差异,把某一产品的市场整体划分为若干消费者群的市场分类过程。市场细分是 STP 营销战略的第一步,它为后续的目标市场选择和市场定位提供了指导与依据。

目标市场是在市场细分的基础上,企业准备进入的最佳细分市场。企业只有在明确目标市场后,才能有的放矢,集中有限的人、财、物为目标市场服务。

市场定位是企业针对潜在消费者的心理采取行动,将产品在潜在消费者的心目中确定一个适当的位置,从而取得竞争优势。在产品同质化越来越严重的今天,为产品寻找一个合适的市场地位,并使消费者明显感觉到这种差别,变得愈发重要。

在企业的市场营销活动中,所有营销战略决策的制定都是建立在 STP 的基础之上,而在广告策划中,营销环境分析、消费者状况、产品定位、广告目标策略、广告表现策略等环节也均以 STP 营销战略为前提。因此可以说,STP 营销战略是广告策划的基础和前提,广告策略是在这种总体战略的指导下实行的基本手段之一。

(二)4P 理论和 4C 理论

1964 年,美国哈佛大学教授尼尔・鲍顿提出了市场营销组合概念,并指出,市场营销组合是企业开展营销活动所应用的各种可控因素的组合。这些可控因素后来被麦卡锡教授归纳为四类,即产品(Product)、价格(Price)、渠道(Place)和促销(Promotion),这就是 4P 理论。1984 年,菲利普・科特勒将市场营销组合中的"4P"发展为"6P",增加了政治力量

(Political Power)和公共关系(Public Relations),但人们普遍接受的是4P理论,它是企业营销策略的基础,为营销策略的制定提供了一个有用的框架。

在4P理论的四个营销工具中,产品(Product)是指企业提供给目标市场并被他们使用和消费以满足其需求的任何东西,包括有形产品、包装、服务、人员及观念等,或者它们的组合;价格(Price)是指消费者购买产品时的价格,包括基本价格、折扣价格、支付期限等,价格策略关系到企业的利润、成本补偿以及是否有利于产品销售等问题;渠道(Place)即销售通路,指商品从生产企业到达消费者手中所经历的各种途径、环节、场所之和,主要包括分销渠道、储存设施、运输设施等,它代表企业为使其产品到达目标市场所实施的各种措施;促销(Promotion)是指企业利用各种信息载体向消费者传递企业与产品信息,说服其购买,以达到扩大销售的目的,促销的本质是沟通,手段包括广告、人员推销、销售促进、公关宣传等,对于消费品来说,广告的影响力最大。上述四个营销工具(产品、价格、渠道、促销)是市场营销过程中可以控制的因素,也是企业进行市场营销活动的主要工具,对它们的组合和具体运用,形成了企业的市场营销战略。

随着市场竞争的加剧,媒介传播速度和传播方式日新月异,一度风行营销界的4P理论受到了巨大挑战。1990年,美国学者罗伯特·劳伯恩教授提出了与传统4P理论相对应的4C理论。4C分别指代消费者的需求(Consumer)、满足需求的成本(Cost)、购买商品的便利性(Convenience)、沟通(Communication)。可以看出,与4P理论相比,4C理论最大的突破是变产品(企业)导向为消费者导向,它以消费者的需求为关注点重新设定了市场营销组合的四要素。

在4C理论中,Consumer主要指消费者的需求和欲望,企业必须首先了解消费者的需求,才能根据其需求提供合适的产品;Cost是指满足消费者需求的成本,这里的成本不单指企业的生产成本,还包括消费者的购买成本,如消费者的货币支出、耗费的时间与精力、购买风险等,这意味着企业在进行产品定价时,既要低于消费者的心理价格,尽量降低消费者的购买成本,又能获得一定的赢利;Convenience即消费者购买商品时的便利性,这种便利性不仅体现在消费者购物时的便利性,还包括售前和售后服务享受到的便利;Communication是指与消费者的双向沟通,企业不再进行单向说服,而是在互动、沟通中实现促销目标。可以看出,4C理论完全是以消费者需求为中心,营销组合的每一个环节都是建立在对消费者需求确认的基础之上,与市场导向的4P理论相比,有了很大的进步。

无论是市场导向的4P理论,还是消费者导向的4C理论,对广告策划都具有非常强的指导意义,尤其是4C理论中的沟通(Communication)环节,更是使得广告策划从"请消费者注意"走向"请注意消费者",开始真正地关注起目标消费者的消费心理和行为,并以此为出发点,制定各项广告策略。

(三)产品生命周期理论(PLC理论)

产品生命周期理论(Product Life Cycle,简称PLC)由美国学者西奥多·李维特于1965年提出,他认为,一种产品进入市场后,其销售量和利润会随时间推移而发生改变,呈现出由少到多再由多到少的过程,就如同人的生命一样,由诞生、成长到成熟,最终走向衰亡,这就是产品的生命周期现象。因此，产品生命周期是指一个产品从研究开发、投入生产、进入市场直至在市场上消失，被另一个产品取代的循环过程。在这个过程中，根据销售量的变化和获利能力，可将产品生命周期分为四个阶段：导入期、成长期、成熟期和衰退期（如图2-2）。

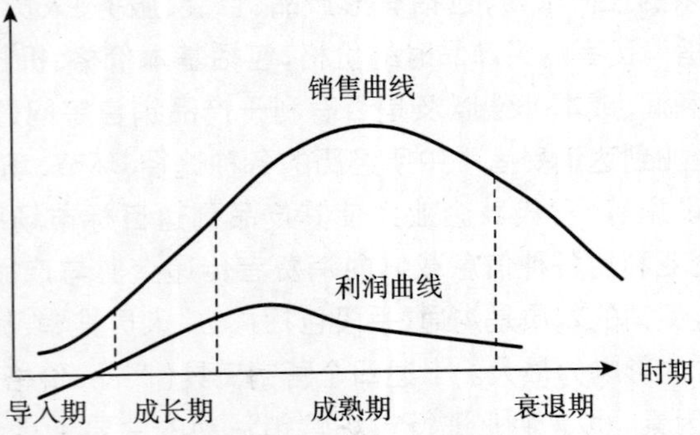

图2-2　产品生命周期与销售利润曲线

1. 导入期

新产品刚刚投入市场，便进入了导入期。此时顾客对产品还不了解，除少数追求新奇的顾客外，几乎无人实际购买本产品。但为了提高产品知名度和扩大销路，企业不得不投入大量的促销与广告费用，对产品进行宣传推广。这一阶段企业通常无法获利，反而可能亏损。

在导入期，企业营销重点主要集中在促销和价格两个方面，所采取的广告策略通常是以告知性广告为主，广告诉求偏重于理性教育，强调新产品给消费者带来的具体利益，增进消费者对新产品的认识，在广告投放上采用全方位密集传播，充分利用不同的媒介组合，使广告信息到达最广泛的消费者层面，从而达到快速占领市场、初步提升品牌知名度的目的。

2. 成长期

当产品进入导入期，销售取得成功之后，便进入了成长期。这是需求增长阶段，需求量和销售额迅速上升，生产成本大幅下降，企业利润迅速增长。

这一时期的营销重点是保持并扩大自己的市场份额，广告策略以说服性和竞争性策略为主，诉求重点放在本产品与竞争产品的差异上，刺激选择性需求，使更多的潜在消费者指名购买本产品。同时，广告应重视运用品牌形象来满足消费者的心理需求。

3. 成熟期

经过成长期之后，随着购买产品的人数增多，市场需求趋于饱和，此时产品普及并日趋标准化，销售增长速度缓慢直至转而下降。由于竞争的加剧，导致企业不得不在产品质量、包装、服务、宣传等方面加大投入，这在一定程度上增加了成本。

这一时期的营销重点是提高消费者的品牌忠诚度，广告策略以维持性广告为主，广告诉求重点应放在品牌和企业形象宣传上，培养品牌忠诚者，吸引更多的消费者重复购买本产品。

4. 衰退期

随着科技的发展、替代品的出现以及消费习惯的改变等原因，产品的销量和利润持续下降，产品由此进入衰退期。此时，成本较高的企业会因无利可图而陆续停止生产，本类产品的生命周期也就陆续结束，直至最后完全撤出市场。

衰退期的营销重点是进行营销选择，即选择继续经营下去，还是放弃经营，进入其他新的市场。这一时期的广告策略以提醒性策略为主，维持品牌忠诚者的购买习惯，广告诉求重点放在宣传产品新的改良、价格与售后服务方面，广告费用大幅减少。

二、广告策划与营销策略

企业的市场营销活动是在市场营销策略的指导下进行的，市场营销策略是关于市场营销总费用、市场营销因素组合、市场营销资源配置的基本决策。作为促销组合一部分的广告当然也包括在市场营销策略之中。对于企业来说，市场营销的任务和目标就是完成产品销售并树立品牌形象，广告策划是为了实现这一任务而开展的活动之一，因此，广告策略也要围绕这一目标而制定，服从于企业的营销策略，在市场营销的总体目标下发挥作用。

（一）营销策略决定着广告策划的核心内容——广告策略

市场营销策略对广告策划的核心内容——广告策略的决定性作用，主要体现在以下几个方面：

1. 市场营销的目标市场策略决定着广告的目标市场策略

在广告策划中，策划人员需明确的是，企业面向什么样的目标市场进行营销，广告就要面向该目标市场进行有效沟通。通常情况下，企业、产品有其特定的感性或理性的形象，而不同的消费者又有着不同的需求，广告诉求究竟是采取感性、理性还是情理结合的策略，要根据企业和产品的形象、目标市场的心理需求而定。

以“蒙牛酸酸乳与超级女声的广告联姻”为例，蒙牛“酸酸乳”乳酸菌饮料品类面对的目标市场是青涩可爱的少男少女，而湖南卫视《超级女声》的主要受众群体是15－24岁的年轻男女，尤其是处于青春期的女孩子，两者的目标市场几乎是吻合的。

2. 营销的定位策略决定着广告的定位策略

在广告策划之前，企业一般会对产品的定位有明确的看法，广告所传达的关于产品定位的信息应该与企业的定位策略相一致。

3. 产品的形象、目标市场的特性和心理决定着广告的诉求方式和媒体选择

广告的目标市场除必须符合市场营销的目标市场外，广告的格调、语言、音乐及氛围营造也要符合目标群体的文化、审美要求以及接受和理解能力，同时，广告投放的媒体和时段/版面也应符合目标群体的视听和阅读习惯。

【案例2-1】 台湾伊莎贝尔喜饼“十二星座”系列广告诉求分析

伊莎贝尔是台湾地区非常知名的结婚用喜饼品牌，主要消费群体为25－35岁的适婚男

女，其广告语“我们结婚吧！伊莎贝尔”在目标市场中流传颇广。针对台湾晚婚和结婚率下降的情况，伊莎贝尔在2009年推出了“十二星座”系列广告，利用不同星座的性格来诠释求婚的重要时刻，通过融合现代浪漫与真实生活的小电影手法，配合略带搞怪的浪漫情节，使十二个广告获得适婚男女的喜爱与共鸣。之后，这一系列广告风靡一时，成为其目标群体关心和热议的话题。

除采用传统的电视广告外，“十二星座”系列广告还使用了其目标受众最常接触的网络媒介，在伊莎贝尔官方网站、YouTube等视频网站上都可以观看这十二个广告。此外，“十二星座”系列广告还被许多热衷星座话题的都市男女在互联网上竞相传播，SNS网站、即时通讯工具乃至门户网站等都成为他们传播的工具，多种网络媒介的联合传播形成了非常强大的宣传效果。

（资料来源：作者自编案例）

（二）广告策划对营销策略的能动作用

虽然市场营销策略对广告策划具有决定性的作用，但广告策划也并非一味被动，它反过来也对市场营销策略起着一定的能动作用。

首先，广告策划通过市场调查与研究来修正企业发生偏向的目标市场策略。尽管广告的目标市场应与企业营销的目标市场一致，但有时候企业所制定的目标市场策略并非是正确或合适的，通过市场调查与分析，广告策划可以为企业找到新的更适合的目标市场。比如，广告大师李奥·贝纳为万宝路香烟的重新定位，使万宝路从“像五月的天气一样柔和”的女性形象过渡到粗犷、剽悍、豪爽的美国西部牛仔形象，并由此万宝路香烟在营销上取得了巨大成功。

图2-3　万宝路香烟广告

（资料来源：百度空间）

其次，广告策划能够通过提出正确的定位建议，帮助企业重新找到适当的市场定位。

【案例2-2】　汤普森广告公司为七喜重新定位

美国的七喜汽水原名叫“围裙牌氧化锂柠檬苏打”，主要以哺育婴儿的母亲为销售对象，广告宣称“最适合小宝宝肠胃”，但当时产品销售状况一直不佳。后来，汤普森广告公司将“围裙牌氧化锂柠檬苏打”改名为七喜，将之前的定位——“柠檬苏打，消除胃部的不舒服”修改为“非可乐”，这样就把七喜与可口可乐等饮料截然区分开来。后来的实践证明，汤普森广告公司为七喜所做的重新定位是十分明智的，七喜在短短一年的时间里，就成为了美国第三大饮料品牌。

图 2-4　七喜广告

（资料来源：http://www.nipic.com/show/2/80/6ab641e6ec8bf05a.html）

第三，广告策划中的媒体策略、促销活动策略等能积极促进营销活动的开展，有时甚至能超出营销活动的预期效果。

在广告策划运作中，广告策划人员应充分了解、遵循企业的营销策略，但这并不意味着广告策划是完全被动的，因为企业的营销策略往往涉及不到广告策划的具体内容，因此广告策划在具体运作上是主动的，它可以创造性地深化企业营销策略，使广告活动在市场营销中最大限度地发挥作用。

本章小结

营销观念诞生于20世纪初的美国，随着社会经济的发展，企业的营销观念不断演进，经历了从最初的生产观念、产品观念、推销观念到市场营销观念、社会市场营销观念、新营销观念等几个阶段的变迁。

广告是企业市场营销组合的四个要素之一——促销中的一种手段，它与市场营销之间体现了一种整体与局部的关系。在广告策划中，广告策划人员要明确广告在市场营销中的位置，自觉地将企业的广告活动与营销组合的其他要素相配合，这样，广告策划才能收到应有的效果。

在广告策划中,STP营销战略、4P理论、4C理论以及产品生命周期理论均发挥着十分重要的作用。同时,企业的营销策略也与广告策划存在着密切的联系,一方面,营销策略决定着广告策划的核心内容——广告策略;另一方面,广告策划对营销策略发挥着能动作用。

在广告策划运作中,广告策划人员应充分了解、遵循企业的营销策略,并通过广告策划创造性地深化企业营销策略,使广告活动在市场营销中最大限度地发挥作用。

一、思考题

1. 营销观念经历了什么样的演进历程?
2. 广告在市场营销中的地位如何?
3. STP营销战略对广告策划的发展发挥着什么样的作用?
4. 广告策划对营销策略起着什么样的能动作用?
5. 试结合具体案例谈谈广告策划与营销策略的关系。

二、课外资源

1. [美]科特勒等著,郭国庆等译:《市场营销原理》(第11版),清华大学出版社2007年版
2. [美]唐·舒尔茨等著,何西军等译:《整合营销传播》,中国财经出版社2005年版
3. 金力编著:《广告营销策划经典案例分析》,北京大学出版社2009年版
4.《大市场·广告导报》杂志
5.《商界》杂志
6.《中国经营报》
7. 中国营销传播网(http://www.emkt.com.cn)

第三章

CHAPTER 3

广告策划与传播

广告学作为一门独立的综合性交叉学科，是在经济学、市场营销学、传播学、心理学、社会学、美学等学科发展的基础上逐渐形成的。其中，市场营销学和传播学对广告学的影响最大。前者为广告活动的运作提供了商业理论基础，比如市场细分、产品定位、消费者分析等理论，后者则为广告提供了理论依据，并影响着广告信息传递的全过程。可以说，只要一提起广告活动，就离不开对传播学及传播规律的探讨。广告策划作为广告活动的关键环节，当然也离不开对传播学原理的把握。

第一节　广告与传播

传播学是一门相对年轻的学科，孕育于20世纪上半叶，形成于20世纪四五十年代的美国，是研究人类社会信息交流行为及其内在规律的学问，其研究领域涉及人类社会的一切传播现象。从广义上看，广告作为一种典型的传播行为，也可以被纳入传播学的范畴之中。通过研究传播学，可以了解传播规律如何在广告活动中发挥作用，如何精确传播信息，如何准确把握受众，如何选择和使用传播媒介，怎样才能达到最好的传播效果等问题，而这些对于广告策划具有很强的借鉴和指导价值。

一、广告与传播的关系

传播是指社会信息的流动过程，是人与人之间、人与社会之间通过有意义的符号进行信息传递、信息接受和信息反馈活动的总称。依据传播内容的不同，传播可以分为商业传播和非商业传播两种。

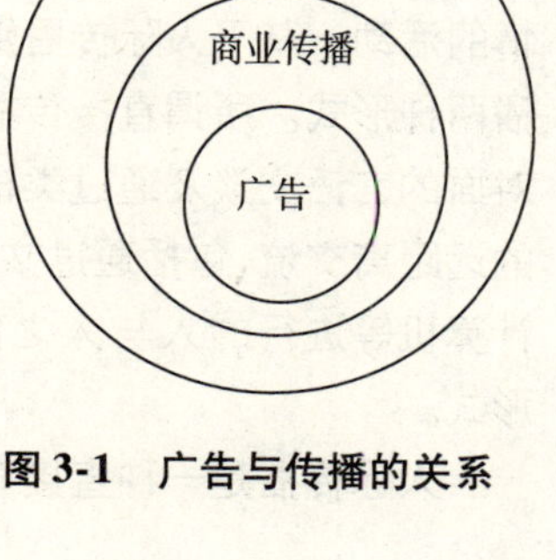

图3-1　广告与传播的关系

广告是为了某种特定需要，通过一定形式的媒体，广泛而公开地向公众传递信息的宣传手段。从本质上讲，广告就是一种信息传播方式，广告信息经由各种媒介传播给受众，并对他们产生不同程度的影响，但广告又不同于一般意义上的信息传播，它是以商业为目的所进行的一种特殊的信息传播。也就是说，广告属于商业传播的范畴，见图3-1所示。

广告与传播有着特别密切的关系：一方面，广告学在其发展过程中是以整个传播学体系作为自己的依据；另一方面，广告现代化的过程与传播技术现代化的过程并驾齐驱，广告效果的好坏在相当大程度上取决于其与传播学规律的相吻合程度。

二、传播类型与广告

人类的传播活动千姿百态，根据不同的角度，人类传播可以分为不同的类型。比如，根据使用的符号形式，传播可分为口语传播、文字传播、图像传播和实物传播等；根据传播的内容，可分为新闻传播、广告传播、文化传播、科技传播等；根据传播的范围与规模，可分为自我传播、人际传播、组织传播和大众传播四种类型。其中，与广告活动联系最为密切的是最后一种划分方式，这也是我们的重点论述对象。

（一）自我传播

自我传播又称内向传播或体内传播，指的是人体内部的信息流动过程。它只局限于人类个体体内，并不与他人共享信息，是四种传播类型中规模和范围最小的。自我传播表现为人类个体内的意识和思维活动，是人类头脑里的“主观我”（I）与“客观我”（Me）之间的信息交流活动，如独自思考、自言自语、自我反省、内心矛盾等都属于自我传播。不过，这并不意味着自我传播是对外部世界的消极、被动反应，相反，它是对外在环境的积极主动的反应。

在自我传播阶段，广告信息传播应主要关心由广告引发的受众的一系列心理活动，包括受众个体怎样选择性地接收广告信息并加以注意和理解，怎样选择性地记忆广告信息，并由此刺激购买欲望，产生消费行为。这些心理活动其实就是广告信息在人体内的自我传播过程。从这个角度说，所有广告活动都会经历自我传播这一阶段。

不过，受众并非面对所有广告信息均产生上述心理活动，只有内容真实、富有趣味性和创造性的广告信息，才会激发受众的自我想象，进而产生兴趣。因此，在广告活动中，要深刻把握受众心理，充分调动其积极性，使其尽可能地参与到广告信息的接收与传播中去。

（二）人际传播

人际传播是指两个或两个以上的人之间借助语言和非语言符号互通信息、交流思想感情的活动。基于人际传播媒介形式的差异，我们可以把人际传播划分为直接传播和间接传播两种形式。所谓直接传播，就是无需经过其他介质而面对面直接进行的信息交流，包括面对面的言语交谈及通过类语言和体态语进行的传播；间接传播是指通过现代传播媒介进行的远距离交流，包括通过文字或图画等形式的书面交谈，以及借助于现代通信手段如电话、计算机等进行的人与人之间的信息交流。其中，面对面的言语交谈是最常见的人际传播形式。

人际传播是一种直接有效、反馈及时、互动频度高的传播方式。在人际传播过程中，传播者可以通过使用语言和大量的非语言符号如表情、姿势、语气、语调等传递信息,这使得信息传播更形象直观,便于理解和记忆。营销活动中的人员推销、文案与消费者之间的沟通、人们的口碑相传都属于人际传播的范畴。

广告虽是以非人际传播方式来进行的,但人际传播对广告效果的影响却难以忽略。正如舒尔茨所说,在传播有关新产品或新服务的新闻上,人际传播所扮演的角色对广告研究极具重要性。

首先,人际传播可以使广告产生扩散效应。在很多情况下,消费者并未接触到广告信息,其信息往往来源于一些意见领袖,广告应该抓住人际传播的这一特点,找出消费者中的意见领袖,并通过他们对其他消费者施加影响,这样既能达到意想不到的传播效果,也能为广告主节省大量的宣传费用。此外,广告作品本身的影响力也可以使广告产生扩散效应。比如,一些经典的广告语"不在乎天长地久,只在乎曾经拥有(铁达时钟表)"、"维维豆奶,欢乐开怀(维维豆奶)"因朗朗上口而被人们广为传颂,成为人们日常引用的话题,由此产生了不可低估的广告传播效果。

图 3-2　铁达时表广告

(资料来源:百度空间)

其次,人际传播是消费者态度改变的重要因素。人际传播在消费者的态度改变过程中具有相当的亲和力,其双向交流的特性有利于消费者的理解和认同。此外,在消费者购买决策的最后阶段,起决定作用的往往不是广告,而是人际传播,尤其是消费者信任的家庭、朋友等群体的人际传播。

除利用意见领袖和熟悉群体的人际传播产生影响外,广告还可以通过终端销售人员、口碑营销、人肉搜索等力量来进行人际传播。总之,在单纯利用广告效应日趋下降的今天,充分利用人际传播的独特优势,结合大众传播工具,就能使广告效果得到明显的提高。

(三)组织传播

组织传播是指社会组织为实现具体管理目标而进行的传播活动。它包括两方面，一是组织内传播，二是组织外传播。组织内传播是为了协调组织内部的关系而进行的传播活动，传播形式包括内部杂志、工作手册、会议、电话等；组织外传播是为了确保组织与外部环境保持正常的联系而进行的传播活动，多采用大众传播媒体，传播形式包括公关宣传、广告宣传和企业形象识别系统(CI)宣传。

组织传播中与广告活动联系最紧密的是组织外传播，尤其是其中的组织形象传播。组织形象是组织在公众心目中整体的印象和看法，现代企业越来越重视组织形象的传播，其中最常见的手段是企业形象广告和企业形象识别系统(CI)宣传。以CI为例，CI是指企业有意识、有计划地将自身的各种特征向社会公众主动地展示与传播，使公众在市场环境中对企业有一个标准化、差别化的认识，以形成良好的组织印象，最终促进组织利益和目标的实现。

(四)大众传播

大众传播是指职业化的传播机构如报社、电台、电视台、网站、出版社等面向社会大众传播信息的过程。在高度发达的现代社会，大众传播已日益发展成为人们日常生活中不可或缺的一部分。与其他传播形式相比，大众传播具有以下特征：

- 传播者是从事信息生产和传播的职业化传播机构或个人；
- 传播的信息具有商业和文化双重属性，广告信息大量存在；
- 受众人数众多、混杂、流动、隐匿；
- 传播媒介为机械、电子媒介；
- 传播过程具有很强的单向性，信息反馈间接、迟缓、零散。

与前三种传播形态相比，大众传播是规模最大、信息复制与传播速度最快的一种，这一特点决定了大众传播媒介成为广告传播最重要的途径。实践也同样证明，在广告活动中，大众媒介所起的作用是最大的。

大众传播受众多、杂、散、匿的特征，决定了广告必须对目标受众进行准确的界定，否则，无的放矢地面向大量受众传播广告信息，不仅传播效果不好，而且浪费大量的广告费用。此外，确定准确的目标受众也是广告策划成功的前提之一，如果广告目标受众稍有偏差，则广告内容、诉求手法、媒介选择都将产生误差。

通过上述分析我们可以发现，广告信息在传播过程中并非运用单一的传播类型，而是多种类型的综合应用。具体运用哪些传播类型，要视企业的广告策略而定。

三、传播模式与广告

人类社会的传播行为非常复杂，而且过程具有抽象性。为了清晰地描述传播的具体过程，传播学者往往借助符号和图示将传播过程中的各个元素及其关系勾画出来，并由此发展出了一系列不同的传播模式。

(一)拉斯韦尔模式(5W 模式)

1948 年,美国学者 H. 拉斯韦尔在《传播在社会中的结构和功能》一文中,首次提出了这一模式。它将传播过程表述为连续的五个环节。由于这五个环节均包含着一个英文字母 W,因此,通常被称为 5W 模式。

谁	**Who**
说了什么	Says **what**
通过什么渠道	In **which** channel
向谁说	To **whom**
取得什么效果	With **what** effect

后来,英国传播学家 D. 麦奎尔等将这个模式作了如下图示(参见图 3-3):

图 3-3 5W 模式

5W 模式第一次详细分析了传播的过程,强调了有效传播中的一些关键要素,比如,传播者必须清楚其所传播的信息经过什么渠道,到达哪些受众,受众的反应如何等信息。

对于广告而言,拉斯维尔提出的五要素具有非常重要的意义,它们构成了广告活动的全部内容,对于其中每一个要素的把握成为广告活动成功的基础。

首先,广告的传播者由广告主、广告代理公司、广告制作公司等构成。其中,广告主是最主要的传播者。广告传播过程中必须明确传播者,这一方面是为了宣传的需要,使广告受众了解信息的发布者;另一方面也是出于对社会、对广告受众负责的目的,因为只有明确了传播者,才能真正明确责任归属。

其次,广告传播的信息是关于某种商品或服务、某一观念或态度编码的结果。也就是说,广告所传播的信息仅限于广告主想要诉求的信息。

第三,广告媒介是将广告信息转化为适当的符号形式,并传达给广告受众的渠道。由于选择的广告媒介不同,信息的符号形式也会有所差别,比如,广播媒介通过声音符号传递信息,而电视则通过声音符号和图像符号共同来传递信息。

第四,广告受众的生活经验和认识领域会影响其对广告信息的译码过程。因此,传播者在传达信息之前,必须对受众的文化、心理等因素有所了解,选择正确的广告对象。

第五,广告传播的效果受广告传播者、信息、媒介和受众的共同影响。广告传播者与受众对广告信息的共同认识领域越近,则传播效果越好;广告媒介与广告受众、广告信息越贴合,则传播效果越好。

(二)香农—韦弗模式

1949年,信息论的创始人克劳德·香农和沃·韦弗共同在《传播的数学理论》一文中提出了这一模式(见图3-4)。

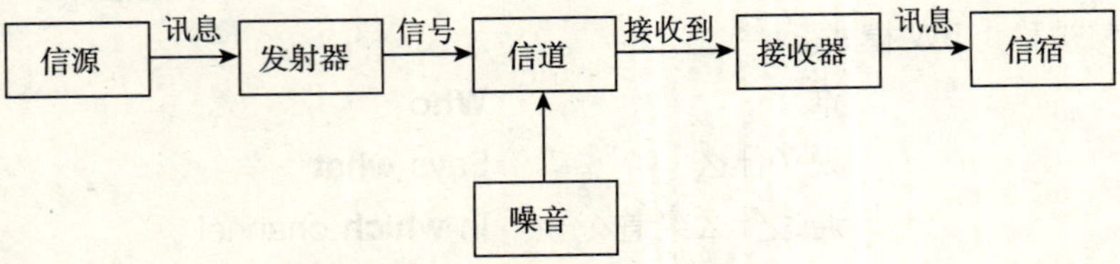

图3-4　香农—韦弗模式

香农—韦弗模式最初是一个纯技术性的、应用于自然科学领域的通信过程模式,传播学将其引入来解释人类传播的过程。这个过程可以用文字描述为:信息由"信源"经过"发射器"转变为信号,通过"信道"传送到"接收器"并转换成信息,再传送给"信宿"(接收者),信息经由"信道"传送过程中会受到噪音的干扰。这一模式对传播学最大的贡献便是确定了信源、信宿、噪音等传播学的基本概念。然而,同5W模式一样,香农—韦弗模式也是一个直线模式,它们都没有注意到"反馈"这一人类传播活动中极为常见的因素,因而忽视了人类传播的互动性。

对于广告活动而言,香农—韦弗模式最值得借鉴的就是其"噪音"概念的提出。在广告传播过程中,"噪音"现象十分常见。

首先,广告媒介本身会产生"噪音",这个"噪音"不是指通常意义上的不和谐声音,而是指传播过程中干扰传播的各种障碍因素。比如,收听收音机时的静电干扰、电视机中的图像失真、报纸中图片模糊不清等都属于传播"噪音"。在传播信息之前,广告传播者要根据不同媒介所产生的不同"噪音",采取尽可能回避或削弱"噪音"的措施,如报纸媒介存在印刷质量和图片呈现质量不佳这样的"噪音",所以不适合表现钻戒、手表等质感较强的产品。

其次,广告媒介之外的竞争性刺激也会产生"噪音"。比如,户外媒介受周围环境的干扰,广播媒介受收听人周围声音的干扰等。广告信息应在最大程度上避免这些来自媒介之外的"噪音",以更好地发挥广告效果。

前面两种"噪音"都是来自外部的"噪音",在广告传播过程中,还会受到"内部噪音"的影响。"内部噪音"主要是指受众在接收信息过程中的各种心理障碍因素。在广告传播过程中,受众心理设防现象十分普遍,许多受众在接触广告前就已经产生诸如"广告是夸大其词或虚假的"这样的心理设防。要克服受众这种先入为主的传播障碍,传播者必须事先了解受众的心理。总之,任何一次成功的广告传播活动,都一定是建立在成功避免了"噪音"的基础之上的。

(三)奥斯古德—施拉姆模式

这一模式是传播学集大成者施拉姆在借鉴美国学者奥斯古德高度循环模式的基础上,于1954年提出的传播模式,如图3-5所示。

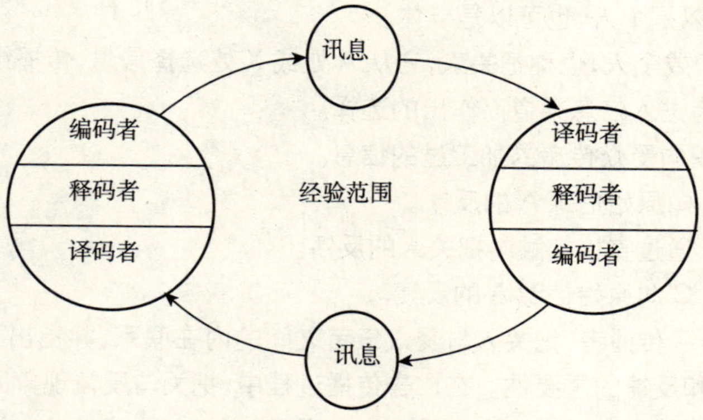

图 3-5　奥斯古德—施拉姆模式

这一模式的最大优点是它将传播视为双向、循环的过程，强调传播者既是编码者又是译码者，接收者也同时具备编码和译码的能力，传受双方互为传播过程的主客体，对于传播具有平等的决定性。

此外，这一模式还强调，传者与受者之间，只有在共同的经验范围才能真正进行传播，因为只有这样信号才能被传受双方所共享。这一点对于广告活动具有十分重要的启发意义。在广告传播中，传播者不能自我陶醉、自我欣赏，必须要考虑到受众的知识与经验，并以此为出发点，制定广告策略。

(四)韦斯特利—麦克莱恩模式

奥斯古德—施拉姆模式虽然较好地反映了人际传播的情况，却不太适合大众传播。1957 年，美国传播学者韦斯特利和麦克莱恩在以往传播模式的基础上，提出了一个适合于大众传播实际情况的模式，如图 3-6 所示。

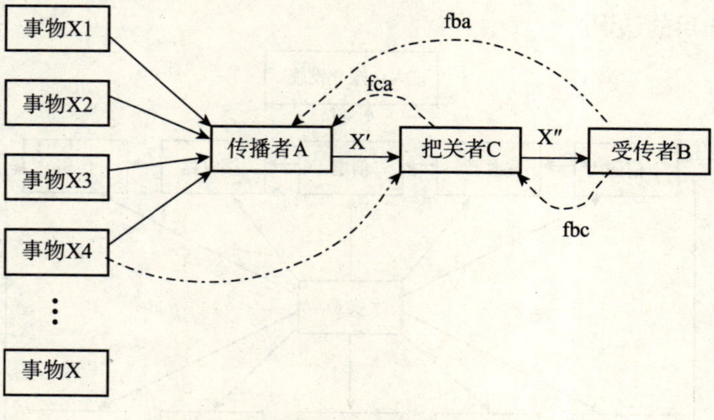

图 3-6　韦斯特利—麦克莱恩模式

在这一模式中，有如下要素：

X：代表社会环境中的任何事物，传播这些事物的信息要借助大众媒介。

A：是有意图的传播者，如广告主、新闻来源等，属于原始信源。

B:是受众,可以是个人,也可以是群体。

C:是媒介组织或个人,也称把关人,它从 A 处或 X 处选择信息,传播给 B。

x′:指传播者为进入信息渠道而作出的选择。

x″:指媒介组织向受众传递的加工过的信息。

fba:指受众 B 向原始信源 A 的反馈。

fbc:指受众 B 通过直接接触向把关人的反馈。

fca:指把关人 C 向原始信源 A 的反馈。

这一模式分析了传播者、把关人与受众三者之间的内在联系,并指出了传播过程的交互性,注重了把关人和反馈的重要性。在广告传播过程中,把关与反馈现象同样十分重要。

首先,广告策划的整个过程其实就是一个多重把关的过程,广告主、广告代理公司、广告制作公司、广告媒介乃至广告受众本身,都成为广告信息传播过程中的"把关人"。广告主和广告代理公司参与广告运作所有环节的把关,广告制作公司负责广告制作环节的把关,广告媒介参与广告内容的把关,受众对媒介中的众多信息进行把关,然后有选择性地接收信息。这些环节中的任何一环出现问题,都可能造成信息的错误传递。

其次,反馈在广告传播过程中也发挥着不可忽视的作用。广告主和广告公司可以通过受众反馈来检验和评价广告效果,并借此调整目前和未来的传播行为。如果对受众的反馈运用得当,则能给广告主下一次广告活动的开展提供借鉴。

(五)德弗勒模式

德弗勒互动过程模式又称大众传播双循环模式,20 世纪 50 年代后期由美国社会学家梅尔文·德弗勒提出(参见图 3-7)。在这个模式中,德弗勒明确补充了反馈的要素、环节和渠道,使传播符号更符合人类传播互动的特点。同时,这一模式还拓展了噪音的概念,认为噪音不仅对信息,而且对传达和反馈过程中的任何一个环节和要素都会发生影响,这无疑加深了我们对噪音作用的认识。

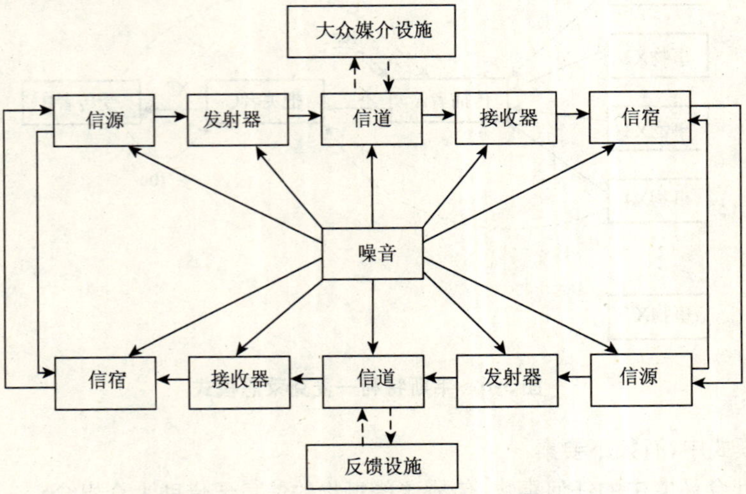

图 3-7 德弗勒模式

此外，德弗勒模式还突出了传播媒介与社会、受众之间的相互关系，它发展了香农—韦弗模式，通过系统论的观点表明，媒介系统实际上是社会系统中一个不可分割的子系统，这种系统论的视角为我们审视广告传播过程提供了非常好的角度。任何广告活动都是一个完整的系统，都需要围绕一个明确的目标，进行各种不同的广告组合。只有各个广告子系统相互协调和统一，并且与社会大系统形成良性互动，才能取得广告活动的最佳效果。

第二节 传播理论在广告策划中的应用

对于广告策划来说，传播理论可以为其解决三大问题：一是广告信息的编码和解码问题，即广告信息表现与受众接受问题；二是广告信息的传播质量问题；三是广告信息的传播效果问题。

一、选择性理论在广告策划中的应用

现代社会，大众媒介信息充斥着生活的方方面面，不间断地向受众提供海量信息。面对人类大脑机能根本无法完全应对的庞大信息量，受众只能对信息内容有所取舍。1960 年，美国学者克拉伯将受众的这种选择性心理归纳为选择性注意、选择性理解和选择性记忆三个方面。这三个方面像受众的三道防线，从外到里依次环绕受众，抵御任何可能引起认知失调的信息，如图 3-8 所示。

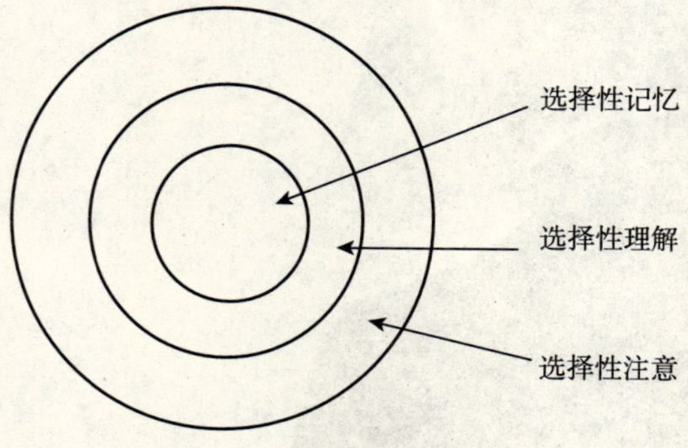

图 3-8 受众的选择性心理

（一）选择性注意

选择性注意是指受众倾向于注意与自己观点相吻合的信息，同时竭力避开相抵触的信息。

在广告传播过程中，这种选择性注意现象非常明显。在广告内容和形式的选择上，受众一般会注意到与自己价值观相一致的信息，以及个人感兴趣的传播形式。比如，年轻女性往

往喜欢感性诉求的广告，而中年男性则更倾向于注意理性诉求的广告。此外，在广告媒介选择上，受众一般愿意选择自己习惯接触和喜爱的媒介，如受教育程度高的人倾向于选择印刷媒介，受教育程度偏低的人多选择电子媒介，年轻人更愿意选择网络媒介等。

尽管受众的注意是选择性的，但广告传播者完全可以通过更新广告内容、改进传播形式、考虑受众的媒介接触习惯等手段来吸引受众的注意力。

(二)选择性理解

选择性理解是指受众往往根据自己的信念和价值观去理解注意到的信息。这就是所谓的“仁者见仁，智者见智”。一般来说，受众对信息的理解受以下几个因素的影响：

1. 文化背景

受众生活在一定的文化背景之中，其对事物的理解就不可避免地打上文化的烙印。比如，对于相同的广告信息，不同文化背景的受众会有不同的理解。如图3-9是著名的服装品牌贝纳通所做的平面广告，广告以一个牧师与修女的接吻为主题，借此提倡无束缚、无限制的博爱。但广告发布后却招来了强烈的社会争议，尤其是宗教界人士的广泛抗议，他们认为这则广告触动了宗教传统，最终，这则广告被意大利政府禁止发布。因此，广告传播者在创作广告之前，必须事先对受众的文化背景有所了解，这样才能避免不必要的分歧和争议。

图3-9 贝纳通广告“牧师与修女”

（资料来源：百度空间）

2. 需求

受众之所以要对信息做出自己的理解，就是为了满足自己的某种需求，这种需求不仅决定着受众对信息的满意程度，而且决定着受众理解的深度。只有当传播的信息与受众的内在需求相一致时，信息才会起作用。对于广告信息传播来说，也是如此。

3. 态度

受众对某一信息的态度，在一定程度上会影响其对信息的理解。如果受众喜爱或赞成某一信息，则会加深对其的理解，相反，则会掩蔽甚至歪曲对信息的理解。

4. 情绪

在对信息的理解过程中，受众总是处于某种特定情绪之中，这种情绪制约着受众对信息的理解。比如面对同一个理解对象，受众在情绪愉快时与情绪烦躁时所做出的理解是不一样的。

广告策划人员在制定广告诉求策略时，应对受众的文化背景、需求、态度和情绪等进行分析，以保证策划人员与受众对广告诉求重点有相同的理解。

（三）选择性记忆

选择性记忆是指受众往往只记忆对自己有用的、与自己观念一致的或自己感兴趣的信息。选择性注意和选择性理解都是有意识的行为，而选择性记忆则是无意识的行为。

总之，为了能够使广告信息顺利地为受众所接受，广告策划人员首先要突破受众的选择性注意防线，即想办法吸引受众的注意；然后，选择受众容易理解的信息传达方式，使受众对广告信息的理解与其一致；最后，通过创造良好的记忆环境和受众感兴趣的信息来加深受众对广告的记忆。

二、“大媒介”与“小媒介”理论在广告策划中的应用

1964年，联合国教科文组织邀请传播学集大成者施拉姆撰写《大众媒介与国家发展》一书，他在其中提出了著名的“大媒介”、“小媒介”的概念。

所谓“大媒介”，指现代化程度高，需要调动大量人力、物力、财力才能推广的媒介，如电影、电视、电脑等；所谓“小媒介”，指花钱少但见效快的媒介，如幻灯、广播、教科书等。施拉姆认为，发展中国家应该首先发展小媒介，而不应该盲目模仿发达国家，追逐大媒介。

尽管大小媒介的划分最初是为国家媒介发展政策制定而提出的，但其对广告策划领域，尤其是媒介策略的制定具有相当的启发和借鉴价值。在广告策划中，我们可以把花费比较高的媒介视为“大广告媒介”，而把花费比较少的媒介视为“小广告媒介”。在企业的媒介策略制定中，并非一味地追求大广告媒介才会产生好的广告效果，有时候，适当考虑小广告媒介的使用和配合，花费较少的预算，反而会产生意想不到的效果。比如，当前流行的植入式广告载体、环境媒介等小广告媒介形态，就往往能起到“花小钱办大事”的效果。

如图3-10是上海李奥贝纳公司为“Y+瑜伽中心”所做的广告，广告媒介是日常生活中常见的吸管，广告创意是在柔软易折的饮料吸管上印制一位瑜伽练习者，以表现其不可思议的身体灵活度。这一吸管在经过特别制作后，插入果汁杯中并置于目标受众经常光顾的场所的饮料桌上，起到了很好的宣传效果——这是一个典型的低成本但却行之有效的广告方案。

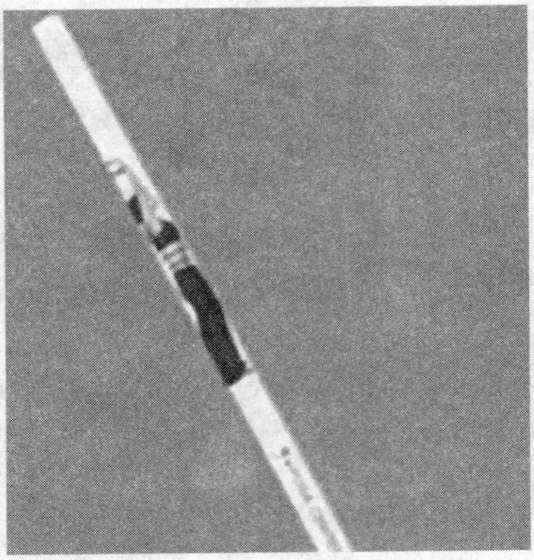

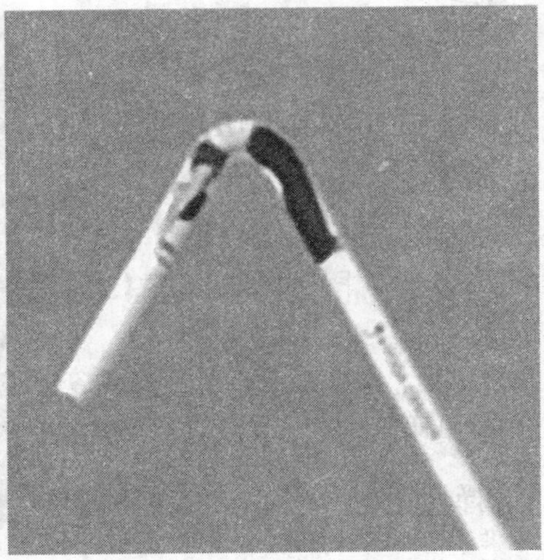

图 3-10 "Y + 瑜伽中心"环境媒体广告

(资料来源:百度图片)

三、两级传播理论和创新扩散理论在广告策划中的应用

(一)两级传播理论

两级传播理论由传播学四大先驱之一的拉扎斯菲尔德提出。所谓两级传播,是指大众传播媒介的信息首先抵达意见领袖,再由意见领袖通过人际传播传递给社会大众,如图 3-11 所示。意见领袖一般是指在人群中较为活跃、有影响力的一类人,他们经常为他人提供信息、意见和评论,并对他人施加影响。在这个过程中,传播媒介对社会大众的影响是间接的,且因受到意见领袖的影响而减弱。

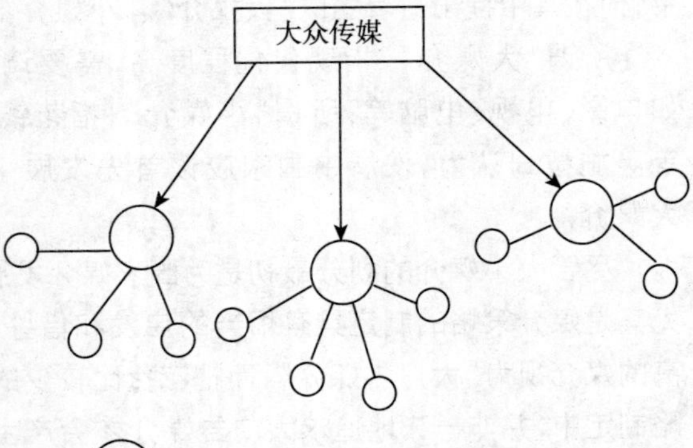

图 3-11 两级传播流程图

在广告传播过程中,两级传播现象也广泛存在。比如在某一群体中,总有一些人经常接触媒介所发布的广告,他们容易受到广告的影响,且乐于向群体的其他成员传达广告信息,从而影响其他成员对产品的态度。这些传递广告信息的人就是广告对象人群中的意见领袖,也是广告策划的重点诉求对象。虽然在广告实践中很难精确找出哪些人是意见领袖,但可以肯定的是,意见领袖感兴趣并乐于传播的是比较新颖、有趣、有价值的信息,因此,策划人员在制定广告诉求策略时,要重点突出意见领袖可能会感兴趣的信息。

（二）创新扩散理论

20世纪60年代初，美国传播学者E. 罗杰斯提出了创新扩散理论，被认为是对两级传播理论的补充和拓展。创新扩散理论认为，大部分新事物的传播扩散，总是一开始比较慢，然后当采用者达到临界数量后，扩散过程突然加快，这个过程一直延续，直到系统中有可能采纳新事物的人大部分都已经采纳，到达饱和点，扩散速度又逐渐放慢，采纳创新者的数量随时间而呈现出S形的变化轨迹。

罗杰斯把新事物的采用者分为革新者、早期采用者、早期追随者、晚期追随者和落后者五种角色：

- 革新者是新事物的勇敢先行者，他们在创新推广过程中发挥着非常重要的作用；
- 早期采用者是公众意见领袖，他们乐于引领时尚、尝试新鲜事物，但行为谨慎；
- 早期追随者较普通人群更愿意、更早地接受新事物；
- 晚期追随者是持怀疑态度的一群人，只有当社会大众普遍接受了新事物时，他们才会采用；
- 落后者是保守传统的一群人，他们习惯于因循守旧，只有当新事物发展成为社会主流时，他们才会被动接受。

在新产品的广告传播过程中，应将广告传播对象集中于革新者和早期追随者身上，因为如果他们采用效果好，就会加以宣传，从而影响后面的追随者。策划人员可通过用选择革新者和早期追随者最常接触的媒介、免费体验、制造革新者和早期追随者愿意传播的点等方式吸引他们的最先使用。

【案例3-1】 Gmail邮箱的创新扩散传播

Gmail是Google的免费网络邮件服务。它有Google的品牌作支撑，同时作为全球第一个1G免费邮箱（仍在不断增加中），优势非常明显。2004年新上市时，其采用的神秘邀请注册模式成为吊足用户胃口的创新传播点。Gmail一开始并未大规模面对用户开放，而是采用有限的邀请方式，先在部分人群中进行注册体验，然后由这部分人群向朋友、同事推荐，送出邀请注册码，新用户只能通过邀请注册码进行注册。这种注册方式就制造了一个令用户兴奋的传播点，半遮半掩的注册方式让网民趋之若鹜。

（案例来源：祁定江：《消费者自主时代的口碑传播》，《中外管理》2008年第3期）

【案例3-2】 DHC的创新扩散传播

日本化妆品DHC在刚刚进入中国市场时，采用了一种新的体验式营销传播方式进行宣传。它首先在各大网站和电视等大众媒体上发布广告，在将品牌迅速传播出去的同时也告知消费者小样索取方式：编辑短信发送到固定号码，然后企业以邮递的方式寄送小样。另外还收取3元额外资费，每个号码仅限索取一次。邮递这一形式确保了消费者获取的便捷；而利用短信收取3元费用属于目标消费者能接受的价格范围，既避免了对一些非目标消费者的投放浪费，也有利于企业建立消费者数据库；限定每个号码仅有一次索取机会则确保了资源不会重复浪费。正是由于DHC采取了聪明的传播策略，后来这一新品牌才能迅速在庞大的化妆品市场中占领一席之地，并成为业界名牌之一。

（案例来源：周知：《论创新与扩散理论对广告策略的启示》，《东南传播》2008年第11期）

本章小结

对于广告策划来说，传播理论可以为其解决三大问题：一是广告信息的编码和解码问题，即广告信息表现与受众接受问题；二是广告信息的传播质量问题；三是广告信息的传播效果问题。

根据传播的范围与规模，人类传播可分为自我传播、人际传播、组织传播和大众传播四种类型。广告信息在传播过程中并非运用单一的传播类型，而是多种类型的综合应用。具体运用哪些传播类型，要视企业的广告策略而定。

为了清晰地描述传播的具体过程，传播学者往往借助符号和图示将传播过程中的各元素及其关系勾画出来，并由此发展出了一系列不同的传播模式，较具代表性的模式有拉斯韦尔模式、香农—韦弗模式、奥斯古德—施拉姆模式、韦斯特利—麦克莱恩模式和德弗勒模式，这五种模式在广告传播过程中发挥着重要的作用。

此外，选择性理论、"大媒介"与"小媒介"理论、两级传播理论和创新扩散理论等传播原理对广告策划运作也具有极强的启示意义。

一、思考题

1. 广告与传播的关系是怎样的？
2. 按照传播的范围，传播可分为哪几种类型，这些类型对于广告传播有什么样的启示？
3. 与广告策划有关的传播模式有哪些？
4. 什么是"大媒介"与"小媒介"理论？其对广告策划有何借鉴价值？

二、课外资源

1. 宫承波著：《传播学纲要》，中国广播电视出版社2007年版
2. [美]沃纳·赛佛林等著，郭镇之等译：《传播理论：起源、方法与应用》，华夏出版社2000年版
3. 张翔、罗洪程编著：《广告策划》，中南大学出版社2003年版
4.《现代传播》杂志
5.《新闻大学》杂志
6.《国际新闻界》杂志
7. 传媒学术网（http://academic. mediachina. net）
8. 中华传播学会（http://ccs. nccu. edu. tw）

GUANGGAOCEHUA

第二篇

调研篇

CHAPTER 4

第四章

广告调查与分析

【案例 4-1】 速溶咖啡

20 世纪 40 年代初期，速溶咖啡首先在美国市场问世。它方便、省时，不会发生配料错误而且价格低于新鲜咖啡。于是，厂家信心满满，以为该产品一定大受欢迎，广告制作者也觉得只要刻意宣传其价廉与方便，一定能拨动消费者的心弦而马到成功。结果，销售状况大大出乎他们的意料，速溶咖啡不受欢迎！公司请来消费心理学家调查其中原因。初期的调查结果是，速溶咖啡的味道比新鲜咖啡要差，但消费者又说不出速溶咖啡和新鲜咖啡在味道上到底有何区别。在进行了进一步的调查研究之后，消费者拒绝购买速溶咖啡的深层原因被揭示出来了。原来，当时美国消费者的社会心态是，购买速溶咖啡的人被看作是懒汉，是一个生活无计划的、邋遢的和可能没有贤妻照顾的人；而购买新鲜咖啡的顾客，是有经验的、勤俭的、讲究生活的、有家庭观念和喜欢烹调的人。有谁愿意被冠之以“懒汉”的称号呢？有哪个家庭主妇愿意被他人看成是不能很好地照顾丈夫和家庭的妻子呢？广告制作者刻意宣扬的“方便”特征并没有与消费者的需求相契合，而是正好与消费者的精神需求相抵触。不难想象，这样的宣传愈是卖力，则愈是引起消费者的反感与厌恶，正可谓事与愿违。

在痛切地认识到这一点后，广告制作者便改变策略，不再强调速溶咖啡方便的特点，而是着力宣传新鲜咖啡所具有的美味、芳香和质地醇厚等特点，速溶咖啡也同样具备。他们在杂志的整版广告上画了这样一幅图画：一杯美味的咖啡，它后面高高地堆着很大的褐色咖啡豆，并在速溶咖啡罐头上写上“100%的真正咖啡”的标签，很快消除了给人的消极印象，速溶咖啡成为西方咖啡中最受欢迎的产品。

上述实例表明，当未能了解消费者的需求倾向，仅凭主观想象盲目行事时，广告和营销活动就有可能会失败。一旦掌握了消费者的需求倾向，并采取合理、科学、有效的策略予以满足时，同样的商品便能大受欢迎。由此可见，了解消费者的关心点是何等重要。而这就涉及了广告策划活动中不可或缺的环节——广告调查。本章我们将就广告调查的发展源流、实质、具体内容及其运作流程做深入阐述，从而便于我们把握广告调查的精髓。

第一节 广告调查的科学理解

现今，广告已成为当代信息社会最具普遍性的文化现象，我们生活在广告的包围之中。广告，影响并塑造着我们的生活方式、行为方式，乃至感受、审美方式。广告在完成其商业功能的同时，也表现出对整个社会文化的深远影响。

“营销究竟是科学还是艺术”至今都呈“无解”状态，而广告作为市场营销活动的重要环节，到底是科学还是艺术，也一直都是业内人士争议的话题。但无论营销是科学或是艺术，其战略决策的制定和营销活动的开展、信息的解读以及发展的预测，这些都离不开科学、客观、系统的市场调查，广告也不例外。

一、调查的历史发展

调查作为一个耳熟能详的词汇由来已久，无论市场调查、民意测验，还是受众研究都离不开最早的社会调查及其历史悠久的发展过程，在漫长的发展历史和实践过程中，调查方法逐步科学和规范化，调查活动也日益系统化。

最早的社会调查可以追溯到几千年前。以我国为例，调查活动和实践自奴隶社会后期就已产生，主要作为赋税、派徭役、征兵员的依据，并在后来的数千年中有过辉煌的成果，极大地推动了我国社会的发展。但从社会调查发展的历史看，那时我国尚处在初级阶段，调查研究使用的方法和手段非常简单和落后，准确度低，不能完全做到对事物本质的科学解释。

19 世纪末 20 世纪初，西方的社会调查方法逐渐传入我国，对我国的社会调查实践活动产生了重要影响。20 世纪二三十年代，我国学术界开始采用现代化社会调查，并开始独立进行社会调查活动。到今天，调查已经深入我国政治、经济、文化的各个领域，出现了各类市场研究和咨询公司，有关调查研究涉及的领域和内容日益广泛，尤其在市场研究领域，调查触及市场营销的方方面面，调查方法和技术的不断进步也使调查更加科学和高效。

二、营销调查与广告调查

(一)营销调查

在我国，Marketing Research 多被翻译为“市场调查”、“市场研究”、“市场调查与研究”、“营销调查”等。鉴于营销调查的范围相对宽泛，国内市场调查研究行业虽多习惯使用“市场调查”、“市场调研”，但在本书中，均等同于“营销调查”，不做区分。

营销调查的定义有多种，但基本内容和本质相同。根据美国市场营销协会的定义，营销调查是营销者通过讯息与消费者、顾客、公众联系的一种职能。这些讯息用于识别和定义营销问题与机遇，制定、完善和评估营销活动，监测营销绩效，改进对营销过程的理解。营销调查决定解决问题所需的信息，设计信息收集方法，管理和实施数据收集过程，分析结果，就研究结论及其意义进行沟通。① 菲利普·科特勒将营销调查定义为:系统地设计、收集、分析和报告与公司所面临的特定的营销状况有关的数据及发现的调查研究结果。②

广义的营销调查是以科学的方法和手段,收集、分析产品从生产到消费过程中一切与产品销售有关的资料,如产品的生产、定价、包装、运输、批发、零售以及产品宣传情况、销售策略、渠道和市场开发情况,以至社会政治经济形势等。其内容包括:市场环境调查,消费需求调查,消费状态调查,产品、定价、销售渠道调查,广告效果调查,企业形象调查,消费者生活习惯调查,政治、经济形势调查等。

广告调查从属于营销调查,根据不同的调查目的,广告调查的内容与营销调查有交叉和覆盖,同时又各有侧重。二者在研究目的、研究对象和研究方法上有着众多的相同之处。但也有区别,例如,从调查的范围上来看,营销调查的实质是为了制定整体的市场营销策略所开展的一切调查活动,而广告调查的目的终归是服务于广告活动,为广告目标的设定、广告策划、广告创意以及公关活动等提供一切与之有关的信息和资料,从而为广告活动打基础并服务于广告活动。

(二)广告调查

根据日本电通广告公司对广告调查所做定义,"广告调查是指伴随着广告活动进行的一切调查活动的总称",它的基本任务是提供与广告有关的资讯以作为广告决策的依据。

早在19世纪,广告领域就出现了调查研究。最早的广告调查可以追溯到1897年N. W.艾耶父子广告公司所承担的调查项目。而被誉为市场调查之父的查尔斯·库利奇·帕林,1911年受雇于赛勒斯·H. K. 柯蒂斯的出版公司,利用一项被其称为"商业调查"的实验将调查研究在广告活动中加以全面开展和应用,成为营销史上较早的营销调查活动。初期的广告调查研究,在调查内容上比较单一,缺乏系统性、连续性和完整性;调查方式单一,多采用经验性和简单性的方法,在手段上缺乏一定的科学性。

第一次世界大战以后,市场调查开始出现了显著的进步,与之相伴随的广告调查也有所进步。1918年,哈佛大学销售学教授丹尼尔·斯达奇(Daniel Starch)开始研究检测广告文案的识别方法。几乎在同一时期统计学教授乔治·盖洛普(George Gallup)也对文案检测的方法进行了研究和实践。1929年,盖洛普应雷蒙·罗必凯的邀请来到纽约的罗必凯的广告公司,建立了第一个广告公司内部的调查部。斯达奇和盖洛普在20世纪20年代所做的研究,为现今文案检测提供了基本概念,如文案的"受读程度"和"被理解程度"仍然被当今广告界所沿用。

"二战"后,广告调查进入到一个全方位发展时期。出现了"消费者动机和行为调查"、"细分市场和确定目标市场调查"、"产品调查和产品定位调查"、"广告目标和广告策略调查"等广告调查理论大板块。到今天,广告调查已经成为广告活动中不可或缺的组成部分,在信息和数据采集、战略决策方面发挥着不可替代的重要作用。

---

① [美]纳雷希·K. 马尔霍特拉著:《市场营销研究:应用导向》,电子工业出版社2002年版,第8页。
② [美]菲利普·科特勒等著:《营销管理》,上海人民出版社2006年版,第110页。

国内广告市场调查是从20世纪80年代中期兴起和发展起来的，特别是90年代以来，在北京、上海、广州等城市，纷纷成立了从事专门的广告市场调查的机构。根据中国市场研究学会（CAMR）数据，国内目前现有广告调查公司数千家，年营业额达数十亿元人民币，发展潜力很大，但是调查业的发展仍处于一个相对艰难的启动阶段，在这个过程中，需要广告业的支持，同时也需要诸如我国经济结构的调整、广告教育事业的发展，以及公平和谐的市场环境等一系列的相关因素的提升与支持。

第二节　广告调查的意义与作用

现代市场竞争日益激烈化，企业需要及时全面了解市场、竞争对手以及行业的动态，并根据相关信息制定有效和合理的广告策略，因而使广告调查变得日益重要和必要。

由于激烈的竞争，同行业的竞争对手之间常常采取互动策略，根据对方的广告策略来制定或调整自己的广告策略，这就需要实时的广告监测和执行调查。如果不能对竞争对手正在进行的广告传播活动及时了解，那么就有可能使本企业的广告传播策略显得过时或效果不明显，从而不论从经济、社会角度来看，还是从对消费者心理的影响度来看，对广告主都会非常不利。

此外，广告主推行一项广告决策可能需要大量财力，所以失败的代价会很高。为了规避风险，最大限度地发挥广告投资效应，广告主会要求广告公司进行详尽的市场调查，为其决策提供科学的依据和信息。相反，为了赢得广告客户，提高广告策划的可信度，越来越多的广告公司开始重视广告调查工作。即使是擅长视觉语言、说话技巧的设计师和创意者，也需要从消费者的需求那里获得创意灵感，不断增强洞察市场的能力。

鉴于广告调查的意义及其在广告策划中发挥的重要作用，广告调查的组织和管理者既可以是广告主，也可以是广告公司，但多以广告公司为主，其开展调查多采用两种方式：一是委托专业市场调查公司来执行，二是广告公司自己来做。

市场的真实数据和有效情报都隐藏在浩瀚的经济和广告信息中，需要通过调查去伪存真。具体而言，广告调查对广告策划和广告活动开展的作用，主要可以从以下几个方面进行说明：

一、为广告策划提供前提和参考

科学、全面、有效的广告调查可以帮助企业了解市场状况，对产品进行合理改进，在充分了解市场信息的情况下，确保广告活动出发点的准确性和广告活动开展的有序性。

（一）广告调查是整体广告活动的起点

在广告策划的全过程中，广告调查排在第一位，它左右着广告策划的方向、广告计划的制定、广告媒介的选择、广告表现的主题、广告制作和广告预算等一系列工作，不进行广告调查，就无法开展这一系列工作，可以说，广告调查是广告活动的起点。

(二)广告调查是整体广告策划的依据,是制作有效广告的保证

欲使广告达到预期效果,广告投资得到最大收益,须进行有效的广告调查,最大限度地获得有关复杂多变的市场和形形色色的消费者的各种信息,从而使广告具有较强针对性,更好地塑造企业和产品形象,吸引消费者。没有科学的广告调查,广告就会冒“暗送秋波”、“无的放矢”的风险而毫无收益,甚至造成巨大损失。

以美国通用汽车为例。1973 年能源危机席卷西方世界,美国通用汽车由于缺乏对市场的充分了解,在广告中仍然大肆宣传其新推出的高油耗的“迷你型”汽车的独到之处,而丰田公司则通过市场调查,分析油价提高,充分了解消费者的购车心理,把广告诉求定位在“节油”二字上,事实证明,丰田的小型节油车迅速占领了世界市场。

此外,广告媒体调查还能够为广告推广的媒体计划提供全面的受众媒体消费信息,例如媒体消费偏好、受众细分、视听习惯、媒体费用等,从而帮助企业选择合适的媒体进行广告宣传和推广。例如,北京 A 区某房地产商需要对其新开发楼盘进行品牌宣传,如果在北京电视台做广告费用必定不菲;如果在报纸媒体上做广告,可以节省费用,但未必能够保证到达目标人群;相比较而言,地铁广告既能节省广告费用,同时还能在特定线路和站台针对 A 区移动人群开展有针对性的广告和营销活动。

(三)广告调查是获取竞争对手信息的必要手段,有利于企业采取有针对性的广告策略

所谓知己知彼,百战不殆,尤其在当下市场竞争日益激烈的环境下,获得对竞争者及企业自身情况(包括产品、品牌形象和实力)等的分析,有助于企业制定针对性强的广告策略,确保广告目标有的放矢,避免不必要的资源浪费。

广告历史中有一个著名的“第二”定位策略,即是美国租车业中的艾维斯公司根据竞争对手调查的资料所制定的非常成功的广告策划案例。在美国租车业中高居榜首的是哈兹公司和第二位的艾维斯公司。为争夺第一的宝座,后者屡战屡败,自创业以来的 15 年中,年年亏损,已经到了难以为继,濒临破产的边缘。DDB 广告公司的创始人伯恩巴克在与艾维斯公司的经理和自己公司的广告专家们进行了认真详细的市场调查研究后,果断地提出了全新的广告策略,即“放弃争当老大的目标,甘居老二,保存实力,以退为进”。1963 年,艾维斯公司正式推出公开宣称自己是第二位的广告,广告标题为“艾维斯公司在公司出租业只是第二位,那为何与我们同行?”,广告正文是:“我们更努力(当你不是最好时,你就必须如此)。我们不会提供油箱不满,雨刷不好或没有清洗过的车子,我们要力求最好。我们会为你提供一部新车和一个愉快的微笑……与我们同行,我们不会让你久等。”此广告通过巧妙的形式,唤起了人们的同情心,争取了大量顾客,两个月后,公司就扭转了亏损的局面。

二、为广告内容的创意和设计提供依据

市场环境的变化之大,变化速度之快,让即使非常熟悉市场的人也会产生陌生感,这个问题在广告界尤为突出。如果说过去的广告人做创意,可以一人、一茶、一支笔的话,那在信

息变化如此之快的今天，企图通过闭门造车来搞创意就是在拿广告主的钱开玩笑了。

广告调查可以帮助广告设计和制作者充分了解其目标受众群的总体特点以及与众不同的特质，询问和寻找他们的生活方式，自我表达以及价值诉求，用他们的语言和他们喜欢、认可的方式来传达产品和品牌信息，在缩短情感距离的同时，使广告诉求深入人心，从而获得情感连接和体验。

以各种时尚类电子消费品为例，如果不能充分把握这类产品使用人群时尚化和年轻化的特点，就可能出现错误的创意诉求和表现形式，这也是诸如为什么动感地带会找周杰伦而不找赵本山做形象代言人的原因。

再以"绝对伏特加"为例，美国卡里龙公司是瑞典"绝对伏特加"的代理，但代理一年才卖出5.4万箱。调查后得知，消费者认为"Absolute Vodka"的名字很奇怪，难以接受；而透明的玻璃瓶装着透明的酒，在柜台上也很难引起人们的注意；加之许多人认为瑞典生产不出什么好的伏特加酒，凡此种种造成了销量不好的局面。这个例子就说明了缺乏广告调查的广告内容、创意和表现就会缺乏坚实的消费者基础，让名字、包装、品牌联想等都显得差强人意。

三、为提升广告效果提供条件

广告调查作为广告效果的评估手段，在评价广告效果优劣的同时，也为下一次的广告活动积累了经验教训，同时也为进一步提升广告效果提供了条件。

以"雀巢"速溶咖啡为例。雀巢在拉美一些国家宣传速溶咖啡，以"省时省力"为产品进行定位，但销量不好，广告效果不明显。经过调查得知，拉美国家（如巴西、墨西哥等）的人们生活节奏很慢，家庭主妇并不需要和时间做斗争，她们宁可购买普通咖啡慢慢煮，也不愿意购买速溶咖啡；宁愿自己洗衣服，也不愿意把衣服送到洗衣店，以免被人嘲笑为"懒惰的主妇"。了解了此情况，雀巢速溶咖啡在拉美国家将广告宣传的内容改为："速溶咖啡节省家庭主妇用于泡咖啡的时间，以便使其有更多时间做更为可口的饭菜，做更多的家务活，提高全家的生活质量。"从而一举打开了拉美市场。

第三节　广告调查的内容、过程及方法

一、广告调查的内容

广告调查是为了发现广告运作中的问题并有针对性地提出有效的广告对策，为广告战略和策划提供必要的有用信息。首先应识别或定义广告环境和所面临的问题，然后再决定解决广告对策需要什么信息。广告的问题识别研究主要解决对广告市场潜力的判断、目前市场份额的评估、形象研究、竞争市场特征分析、销售前景预测等；广告的对策选择研究主要解决市场细分以及产品、定价、促销和分销的有关问题。不论是为了发现广告运作中的问题和机遇，还是有针对性地提出有效的广告对策，广告调查都具有十分重要的理论和实践意义，应当选择最适当的研究模式开展广告调查活动。①

有关广告调查的分类和内容并没有明确的界定。一般来说，按照广告调查资料收集的内容，可分为基础调查和专项调查。前者是常规性的，是为了培植和发育品牌战略持续发展的专业调查；后者是针对某一项具体广告业务的专项调查，两者都很重要。开展广告调查，分析特定市场的特征以及不同商品市场的规模及倾向，有助于了解并帮助广告主开发市场，不断创造新的市场需求。

而从广告策划活动的整体过程来看，广告调查是一个大的概念，它包括了从策划到执行的整个过程，这包括通过收集产品从生产到消费全过程的有关资料，加以分析研究，确定广告对象、广告诉求重点、广告表现手法和广告活动的策略等。根据广告调查所处广告策划活动的各个阶段以及所要解决的具体问题，可以将广告调查分为四种类型：广告市场调查、广告创意调查、广告媒介调查和广告效果调查。这四类调查其目的各不相同，因此调查的方式也各有不同。本章简略介绍四类广告调查所涉及的基本内容，针对市场、产品、消费者、竞争环境、广告媒介以及广告效果的分析及其研究策略将分别在后面的章节中作深入探讨。

（一）广告市场调查

广告市场调查贯穿于广告策划活动的全过程，相对而言，在策略规划阶段具有更加突出的地位和作用。一般来讲，这种调查范围很广，所占的比重也最大，几乎囊括了广告投放前期的所有相关资讯情况的调查，具体内容包括：对市场环境的陈述，对广告主经营状况的分析，对广告产品功能特色的评价，对消费者需求的研究，对竞争对手策略的判断，对企业内部优势与劣势的利用和外部机遇与挑战的把握等。它根据广告战略目标的要求以及广告策划的需要，对广告的市场环境展开全面调查，为广告策划、广告创意、广告主题和广告形象策划的制定提供基础和依据。具体而言，主要包括以下几项内容：

1. 市场环境调查：市场环境调查是以一定的地区为对象，有计划地收集有关人口、政治、经济、文化和风土人情等情况。

2. 广告主企业经营情况调查：广告主企业经营情况调查的目的，在于通过对广告主的历史和现状、规模及行业特点、行业竞争能力的调查，有的放矢地实施广告策略，强化广告诉求。广告主企业经营情况调查，主要内容为：企业历史、设施和技术水平、人员素质、经营状况和管理水平、经营措施、企业形象、自我表现和品牌战略调查等。这一调查往往可以通过搜集"二手资料"、研究和解析市场信息、深度访谈等定性研究方法进行。

3. 广告产品情况调查：有计划地和全面地对该产品作系统调查，以确定产品的销售重点和诉求重点。广告产品调查的主要内容有：产品生产、产品名称、产品外观、产品定价、产品系统和类别、产品利益、生命周期和配套服务、产品市场细分等。

4. 消费者调查：广告传播的终端是针对消费者的，目的在于引起消费者注意，赢得消费者好评，激发消费者的购买欲望，并培育和发展目标消费群。因此可以说，企业营销、广告策划的出发点和归宿都应是市场上的消费者。在广告市场调查阶段的消费者调查，主要包括

---

① 蔡嘉清著：《广告学教程》，北京大学出版社2004年9月版，第83页。

消费者的使用习惯与态度研究，消费者个人购买动机和因素研究，消费者的接受习惯和接受心理以及消费品需求情况的市场调查等。

5. 市场竞争性调查：广告产品的市场竞争性调查包括广告产品的供求历史和现状，竞争对手的资讯情况以及同类产品的销售情况等，这些内容是制定广告策划的重要依据。

凡此种种，都属于广告投放前期所需要进行的市场调查。

（二）广告创意调查

简单地说，广告就是沟通，就是一个信息传播者（广告主和广告公司）通过媒介向信息接受者（消费者）传递信息，并希望通过这种沟通改变信息接受者的态度和行为。

广告创意作为传播信息的实现阶段，需要解决向消费者说什么，怎么说的问题。艺术与科学之争虽仍是不解之谜，但不可否认，科学、客观的调查数据能为广告创意的某些决策，例如诉求对象特征、广告表现反应等提供一些可供参考的有价值的信息。

广告创意调查可分为两块内容：一是广告创意策略调查，即广告诉求，确认广告所要表达的内容；二是广告创意表现评价，即广告表现，确认广告如何表现广告诉求。通常广告创意调查可以通过小范围的小组座谈会来实现，根据小组座谈会中被访者的陈述来确认广告最有效的诉求点以及广告应该如何去说的问题，有时为了慎重起见，也可以对用小组座谈会所确定的广告诉求或广告创意人员所要表达的广告策略进行大范围的问卷调查量化分析，从而获得更加有代表性的结论。

（三）广告媒体调查

广告媒体调查是关于广告传播所选择的媒体投放环境的调查，这是选择何种媒体、如何进行投放和媒体传播资讯数据分析所必备的要求。广告媒体调查主要分为电子媒体调查，例如广播、电视的收视听率调查；印刷媒体调查，如报纸、杂志等纸质媒体的调查，主要包括此类媒体的发行地区和发行量等；互联网调查，是指网络广告依托互联网成为一种新兴的广告形式，目前针对网络广告的调查逐渐增多并日趋科学化。以上各种调查由于调查内容的差异，尤其是网络调查还缺乏统一和标准的评价指标，调查方式也各有侧重，调查指标也会存在较大差异。鉴于广告调查主要服务于广告媒体策略，因此，有关广告调查的具体内容和指标将在广告媒体策略部分作深入讲解和分析。

（四）广告效果调查

广告效果调查是关于广告传播效果或广告营销业绩的调查，这也是广告人所不容忽视和必须关注的善后工作。

广告传播效果的测定是指广告传播本身对受众所产生的直接影响，通过受众对广告的记忆度和好感度来进行测定，即我们经常提到的品牌知名度、影响度等。广告传播效果的测定可以分为：媒体接触阶段效果（到达效果）、认知阶段效果（认知效果）、态度改变阶段效果（心理效果）和购买阶段效果（购买效果）等不同的阶段来加以测定。这四个阶段是递进式的，逐步上升的。其测定的方法也很多，较常用的有：判定法、评分法、衡态法、机械法、调查法等。

判定法主要是拟定几则广告，邀请消费者代表作出评价，并依次排列优劣顺序，从而判断广告作品的价值；评分法，是将广告的各要素列表，让消费者逐项评分，得分越高，广告效果就越好；衡态法，即调查消费者对广告的态度。它通过广告画面，或通过广告与产品的结合等方式，由消费者作出评价，来评判广告作品的设计是否得当；机械法也称仪器法，它通过各种仪器，如视向测验器、按钮仪、电位测验器、视听器等，来测定消费者对广告播放时所感觉和所选择的效果；调查法，则是直接派访问员调查消费者对广告有何反应的一种方法。它可以通过入户、电话或者网络、邮寄等多种方式来完成调查。

不同的调查内容由于其目的各不相同，因此，调查的方式也各有不同，需要结合具体的广告调查实际进行选择。有关广告效果调查的内容在本书后面章节中将进行具体阐述，在这里暂不一一赘述。

二、广告调查过程

由于广告调查的范围与内容十分广泛，对象与形式多种多样，目的与要求又各不相同，因而，所需程序也各有繁简，一般较为全面的广告调查可分四个阶段进行，即：明确调查问题和目标、制定调查方案和撰写计划书、实施调查和分析数据、撰写调查报告。

（一）明确调查问题和目标

进行调查，首先要明确调查的问题。本次广告调查到底要解决的问题是什么，通过调查要了解什么问题，只有明确界定了调查问题，才能有针对性地制定相应的调查方案，明确资料和数据的采集办法，做到有的放矢。问题界定过程中，广告公司的客户部需要与广告主进行多次沟通，充分了解调查背景，明确管理决策内容，并通过多种定性研究方法，例如深层访谈、二手资料收集、小组座谈会、小样本试调查等搜集与调查问题有关的各种资料和信息。问题界定的过程就是提炼关键信息和缕清调查思路的过程，与此同时也为制定明确的调查目标提供了方向和标杆。

（二）制定调查方案和撰写计划书

调查方案和计划书是广告调查的关键环节，等同于把调查问题转化为具体的解决办法，因此，在方案制定中要做到具体问题具体分析，这样才能高效、方便、低耗地解决调查问题。

一个完善的市场调查方案一般要包括研究方法和类型、数据收集方法（问卷法、实验法、小组座谈会等）、调查对象和范围、抽样方案、调查内容、调查表、调查实施的具体计划、质量控制办法、预算以及时间安排等。而计划书则是对调查方案的详细描述，呈现可以落实的具体方案内容。

（三）实施调查和分析数据

实施调查即针对调查对象进行信息的收集。这一步骤关系着调查能否成功，因此，调查实施中的质量控制非常重要。如果时间和经费允许，正式的调查实施之前最好能够进行小范围的试调查，预先检验问题界定的准确性、调查内容的全面性和可理解性以及调查的信度和效度等，即时发现问题并进行修订，防患于未然。在正式调查实施过程中，要进行严格的质量控制和组织管理，从而保证收集到的数据真实、准确。调查实施结束后，即进入调查数据的整理和分析阶段，收集好已获得的数据信息后，由专门人员对调查所得数据逐条和逐份检查，剔除不合格的数据，并将合格调查表统一编号，以便于调查数据的统计。目前市场调查中常用的数据分析软件有 Excel、SPSS、SAS 等。

(四)撰写调查报告

撰写调查报告是任何调查的尾声和终结的标志，也因此成为调查的重要组成部分。无论调查报告的参阅者是谁，他对调查内容的了解、调查实施的判断、调查结果的解析等都要通过调查报告来把握和评价，因此，调查报告往往需要有严格的规范和格式，一般情况下需要包括调查报告的摘要、调查的详细目录、调查报告的正文以及报告的附录部分等。根据调查的类型以及报告阅读的需要，通常调查报告可分为综合性报告、专题报告、研究性报告以及技术报告等。

三、广告调查方法

调查方法作为科学、客观地收集信息、获取数据的手段具有共通性，无论是社会调查、民意测验、营销调查还是广告调查，调查方法都会涉及所需的信息怎样收集，以及每种调查方法如何使用和什么时候使用的问题。其中，最基本的方法是桌面调查(Desk Research)和实地调查(Fields Research)两种，见表 4-1。

表 4-1　广告调查方法

桌面调查	实地调查	
	定量研究	定性研究
内部资料 外部资料 网络资源	调查法 内容分析法 观察法 实验法	小组座谈会 深度访谈法 投射法

(一)桌面调查

在信息时代的今天，市场竞争是一场信息的竞争，谁掌握了信息，谁就赢得了市场。桌面调查也叫二手资料分析，是通过收集已有的资料、数据、调查报告、已发表的文章等相关的二手信息，加以整理和分析的一种调查方法。一般情况下，桌面调查经常出现在广告策划的初级阶段，适用于以探索为目的的研究，这种方法快捷、便宜，在提供广告市场调查，包括宏观、微观市场环境信息方面具有较大优势。

二手资料主要来源于两部分：内部资料和外部资料。

内部资料来源于广告主公司的内部材料，例如公司背景资料、销售记录以及各类报告等；外部资料来源于广告主公司以外的信息材料。这类信息的来源主要包括：政府机构、国际组织、行业协会、专业调查机构、联合服务公司、大众传播媒介、官方和民间信息机构等，有些资料信息垂手可得，而有些重要的资料则需要专门的购买，其费用之高可与作专项调查的付费水平相当。具体到广告调查，广告调查者还会对企业公开发布的产品说明书、展位展览信息、现场提供的宣传册等二手资料情有独钟。

伴随着互联网的发展，信息获取更加便捷，信息内容更加丰富和广泛。因此，除去传统意义上的二手资料来源，互联网已经成为广告调查者或者广告策划人员获取资料的最主要来源之一。

（二）实地调查

实地调查也称为原始数据调查，为了获得最鲜活的一手信息，广告调查者有时需要亲自接触产品销售，进行产品体验，与零售商和消费者攀谈，或者委托专门的调查机构进行科学的实地调查。常用的实地调查法可分为最基本的两大类——定量研究和定性研究。

定量研究，是指可以提供数量性信息的调查研究，例如有多少消费者使用 A 产品，有多少消费者使用 B 产品；或者甲品牌的市场占有率有多大，乙品牌的市场占有率有多大。定量研究的主要功能在于解答“有多少”、“是什么”等关于事实和现实的描述性问题。

定性研究，是指发掘消费者动机、态度和决策过程的研究，它的功能不是提供有关消费者或者市场现状的客观数字，而是解答“为什么”的问题。例如，为什么男性消费者会愿意购买甲品牌的产品，而女性消费者会倾心于乙品牌的产品？为什么某些人会喜欢 A 产品，而某些人则恰恰被 B 产品所吸引？

1. 定量研究

在广告调查和效果研究中，定量研究是应用最多的一种方法。定量研究的特点是通过结构化问卷，精确计量被研究对象的有关情况。定量研究由于采用结构化较强的问卷，在调查中，对被访者的自由发挥给予了一定的限制，因此，访问相对比较简单。

（1）调查法

调查法是众多研究方法中最为普遍和常用的一种数据采集方法。实际上，一提到市场调查，大多数人想到的也往往是这种调查方法。调查法尤其适用于消费者研究和受众研究，具体可分为面访调查法、电话调查法、邮寄法、留置法、网络调查法等。

调查法通过抽取一定数量的被访者（样本），利用设计好的结构化和统一的调查问卷进行访问，进而获得有效的数据信息。如果样本的获取能够保证随机、系统化，那么，小样本数据往往也能够用来推及调查对象的总体。就好比一位主妇试图品尝一锅汤的咸淡，她只需要把汤搅匀，用一勺的量去判断汤的咸淡，而无需喝光一整锅汤。这是定量研究方法相对于定性研究方法的优势之一。

具体落实到广告调查，由于时间和经费有限，除非由专门的市场调查公司来负责执行，广告调查人员往往采用主观判断和方便抽样的方法来获取小样本。与此同时，为了使这些样本数据能够对总体具有一定的代表性，调查人员也往往根据总体的某些人口统计特征来进行类似结构的抽样，即调查法抽样中的判断抽样、方便抽样和配额抽样。

【概念链接】①

样本（Sample），是总体的一部分，它由从总体中按一定程序抽得的那部分个体或抽样单元组成。

判断抽样（Judgment Sampling），又称目的抽样，它是凭调查人员的主观意愿、经验和知识，从总体中选择具有典型代表性样本作为调查对象的一种抽样方法。较常用在“深度访谈”中。

方便抽样（Convenience Sampling），又称偶遇抽样，是根据调查者的方便与否来抽取样本的一种抽样方法。最常见的如“街头拦截访问”。

配额抽样（Quota Sampling），将总体中的个体按照某些特征进行分类，如年龄、性别等，然后，在每个类别中用方便抽样或判断抽样来选取被访者。此方法方便易行，能够保证总体中各个类别的个体都能够出现在所抽样本之中，具有较高代表性，因此很常用。

根据研究目的和任务的不同，问卷设计的内容会有相应的不同，具体问题分类以及设计指标，将在后面的“数据收集”部分作详细介绍。

（2）内容分析法

内容分析法是对传播内容进行定量化、系统化和客观化分析的一种数据收集方法。其研究对象通常表现为承载在各种物理载体上的信息和符号，例如文献资料、报纸内容、广告作品、广告语等，也可以包括各种视频资料。由于内容分析的结果通常表现为各种定量化的表格和图形，因此，其研究对象要具有显在性和较高清晰度，不需要研究人员有过多的主观判断和推测。

内容分析法具有研究定量化、分析对象广泛、时间跨度较大、结果较为客观等特点。适用于纵向研究，可以用在广告作品的发展趋势分析研究上。

（3）观察法

观察法是在一定的营销环境中，对消费者的行动和反应等进行直接的观察，然后，记录下来用作原始资料。观察法是在不介入受调查者正常活动的情况下进行的，因此，比较客观。

广告调查人员可以直接到商场、经销店、门市部、各种展销会、交易会等现场，亲自观察和记录顾客的购买情况、购买情绪、踊跃程度、同类产品竞争程度、新产品设计以及各种商品的性能、式样、价格、包装等。

（4）实验法

实验法是通过实验对比取得广告资料的一种方法，适用于解释性的营销和广告调查。实验法主要应用于检验有关市场变量间因果关系的假设，如测试各种广告的效果；研究商品的价格、包装、陈列位置等因素对销售量的影响；研究品牌对消费者选择商品的影响；研究颜

① 柯惠新、丁立宏主编：《市场调查》，高等教育出版社2008年版，第112页。

色、名称对消费者味觉的影响；测试各种促销方法的效果等。

用实验法来做广告调查，可以分别做市场反应实验、广告信息实验和媒介效果实验等。市场反应实验是找出两个在人口、收入水平、购买习惯等方面都比较类似的细分市场，将两则不同的广告分别播放，然后对比观察市场上的反应。广告信息实验是在同一市场或几个不同的市场上推出信息不同的广告，然后比较广告的效果，从中挑选出最具吸引力的广告信息。媒介效果实验是在两个相似的测试市场上，使用不同类型和强度的媒介进行广告推广，在不考虑其他因素的情况下，分析测定态度、知名度、视听率等，用以评价媒介的传播效果。

2. 定性研究

市场调查中经常用到的定性研究主要包括小组座谈会、深度访谈法和投射法。这几种调查方法各有优缺点，适用于不同的调查场合，可根据实际调查目的以及具体要求来选择。

(1) 小组座谈会

小组座谈会，又称焦点访谈法(Focus Group)，就是通过挑选具有代表性的被访者，由一名主持人组织和主持，采用小组会议形式获得对某个或某些特定问题认知和了解的一种定性研究方法。小组座谈会通常被视为一种重要的定性研究方法，在国外得到广泛应用，我国近年来许多调查机构在市场调查中也逐步采用了这种调查方法。由于小组座谈会是一种无结构的自然形式的小组式讨论方法，具有灵活、互动和深度挖掘的特征，它对于回答广告策划和创意中的"说什么"、"怎么说"、"为什么"等问题非常有效。

图 4-1　小组座谈会房间示例

小组座谈会对会议的场地、被访者、主持人都具有一定的要求。通常小组座谈会需要在一个具有单面镜墙的双房间房屋中进行，主持人和被访者所在房间的墙面只是一面简单的镜子；而另外一个房间中，研究者透过单面镜能够观察被访者在讨论中的言语及行为表现，从而为深度挖掘有用的信息提供更多有益的帮助。如无此特殊房间，则可以在室内安装录音或录像设备，进行全程拍摄，以方便研究人员做事后分析。

小组座谈会没有严密和结构化的问卷，因此，需要一名训练有素的主持人，能够围绕访问提纲随时控制和管理小组座谈会的进程，协助深度挖掘一切有关主题的信息。这样就要求主持人既要有丰富的本主题产品的知识和积淀，同时又要有熟练的主持经验和技巧。能够充分调动每一位被访者的积极性，既不能离题太远，始终围绕访谈的目的和目标，又要灵活处理积极发言者与沉默寡言者之间的关系，灵活掌握时间进度。

小组座谈会的被访者人数通常为 8 – 12 人，人数过少不能形成讨论的气氛，人数过多又

图 4-2　小组座谈会示例

很难控制，每人一言一语很难深度挖掘有益信息。此外，小组座谈会虽是定性研究，但被访者的选择仍需做全面考虑，既要有相似性又要有对比性，需要综合权衡和考量被访者的代表性。对于广告调查，需要结合广告产品的定位寻找细分消费群中的典型代表，将一般与特殊相结合。

(2) 深度访谈法

深度访谈（In-depth Interview）是指拥有专门访问技巧的访问员对一个符合特定条件的访问对象，使用非结构式的方法进行个人对话式访问，以揭示潜隐的关于特定行为、动机、目的、态度、感受的原因并发现其内在的关联关系。深度访谈使研究者有机会认识、了解当事人的经验、观察和体会，另外，也有机会听到当事人对自己经验的解释（如产品体验的经历和感受等），从而了解其深层的意见和态度等。

深度访谈可以对受访者的想法进行仔细探究，例如询问其汽车购买的过程；此外，能对受访者复杂行为进行仔细解剖，比如充分了解消费者在超市中的购物选择行为；最后，能对竞争对手进行研究，例如与竞争对手的管理者进行深度交谈等。

与小组座谈会类似，深度访谈需要由受过专门访问技巧训练的研究人员进行访问。根据实际情况的需要，有时会配备一名访问助理协助开展研究工作。通常深度访谈大约进行一个小时，会使用现场录音或书面记录的方式记录信息，访谈结束后付给受访者一定的礼金或礼品。

深度访谈在实际调查中具有较多的优势，首先，相对于小组座谈会，深度访谈可以消除受访者的群体压力，使其感受被注意的关怀，从而更容易与访问员进行情感上的交流与互动；其次，可以更深入地揭示隐藏在其表面陈述下的感受和动机；第三，深度访谈的弹性较大，可以重复询问，通过对问题作解释，以保证受访者能够准确无误地理解问题进而提供准确的回答。但深度访谈成本相对较高，调查速度慢，访问结果的质量往往依赖于访问员的水平与技巧；对于开放式的问题，不同的研究者对结果的解读有时会出现较大差异。

(3) 投射法

此种方法是采用一种无结构的、非直接的方式，使受访者将情感"投射"到无限制的情境中，从而探究受访者隐藏在表面反应之下的真实心理，从而获知其真实的情感、意图和动机。

投射法往往通过导向性的或诱导性的询问,使受访者在无意识中将自己个性的若干侧面、对某特定商品的态度或意见表达出来。主要包括第三人称法、文字联想法、叙述故事法、句子故事完成法、漫画测试法、照片归类法、消费者绘图法等。

3. 数据收集内容

无论是问卷调查、深度访谈,抑或是焦点座谈会,广告调查人员在收集数据的过程中,都需要一个完整的、结构化的、具有一定系统性的数据采集大纲,在调查法中表现为问卷设计,而在深度访谈或者焦点座谈会中则表现为访问提纲。尽管二者在结构上,内容繁简度上存在很大差异,但在问题的分类上具有相通性。

具体到广告调查,有关数据信息的分类可以有以下几类:

- 事实性问题,是对被访者所进行的有关其消费行为的了解。例如,消费者的产品购买和使用行为信息、品牌知名度、广告记忆度、理解度以及媒介使用等行为信息。
- 态度性问题,是对被访者对于某类产品或品牌的情绪和情感反应的测量和了解。例如,消费者对某类产品品牌的偏好度、美誉度、品牌联想以及品牌忠诚度等。
- 人口统计性问题,是对被访者的身份标识的了解。例如,消费者的年龄、性别、教育程度、家庭月收入等基本人口统计信息,这有助于进行市场细分和比较研究。

第四节　撰写广告调查报告

广告调查根据广告策划的内容以及广告活动的全过程可分为许多种类型,而根据调查方法的差异又会有多种不同的选择,尽管如此,广告调查报告的撰写却需要遵循共同的原则,具备大致相同的结构框架和内容。一般而言,一份好的广告调查报告需要符合:一解答了主要问题,二有清晰的结构,三作出了解释性结论这三项要求。

一、调查报告的基本结构

广告调查报告一般包括以下基本结构:标题页、目录、摘要、序言、调查结果、结论与建议和附录。

1. 标题页

标题页是人们首先看到的报告的封面,一份好的广告调查报告,首先要能引起阅读者的好奇心和兴趣。标题页内容需要包括项目名称、报告提交日期、合作双方名称。

对于标题较长的调查报告,可以采用正、副标题的形式,在正标题中切中要义地表达调查的主题,同时,用副标题具体表明调查的单位和项目名称。例如,《激扬梦想—— 2008 年××乳品消费群定性研究报告》。

2. 目录

如果调查报告的内容、页数较多,为了方便读者阅读,应当用目录或索引形式列出报告所分的主要章节和附录，并注明标题、有关章节号码及页码。一般来说，目录的篇幅不宜超过一页。目录是描述报告内容，引导浏览者了解报告结构的导游图。

3. 摘要

摘要是文件主体中突出重点的重要部分，一般是每位读者必读的内容，言简意赅地提出本次报告的重要发现及结论。

4. 序言

序言主要介绍广告调查的背景、目标和方法，分别描述受委托研究的原因，叙述总体研究的目的以及所包含信息的范围。

所谓调查的背景，主要是介绍此项广告调查活动的由来，或者对进行该项调查的原因作出必要的说明。例如：

2008 年××乳品大力推广了“只有××才有益菌因子”的品牌策略，带动了整个品类的升级，掀起了进一步的销售增长。为了制定 2009 年的营销及传播计划，进一步扩大市场份额，确认新产品的发展方向，需要深入了解目前乳品饮料消费者的消费行为习惯、品牌表现以及与竞品相比的优劣势，了解××2008 年所做的行销活动对消费者的影响及消费者对产品推广活动的喜好评价。

而广告调查目的的介绍，则显得尤为重要。它直接关系到广告调查过程的实际操作和具体实施，并且影响着调查内容和调查方法的制定与选择。通常它可以是针对广告调查背景分析中存在的问题而提出，也可以是为了获取某方面的资料或者对某些假设作出印证和检验。相对调查背景，调查目的的写作要更加明确和清晰。例如：

通过对“目标群体”的深入、翔实了解，预期发现：

- **了解消费者对××乳饮料的认知；**
- **了解消费者对××乳饮料的消费行为与态度（饮用及购买行为）以及与竞品的差异；**
- **了解消费者对××乳饮料的基本需求和潜在需求；**
- **了解消费者认知××乳饮料的途径；**
- **了解消费者对××乳饮料及竞品广告的认知及评价；**
- **消费者对××乳饮料代言人和竞品广告代言人的认知及喜好评价；**
- **了解消费者对新包装的感受评价；**
- **了解消费者对新概念的喜好评价；**
- **了解消费者对××乳饮料的品牌忠诚度；**
- **了解消费者对××乳饮料及竞品品牌形象的认知；**
- **了解消费者对××乳饮料及所赞助的相关活动的感受和评价；**
- **了解消费者的生活状态；**
- **通过本次调查深入了解消费者对乳饮料的消费行为与态度，了解××乳饮料与竞争品牌的市场竞争状况，进而为明年制定策略提供依据。**

5. 调查结果

调查结果因项目而异，有时评价市场规模、市场份额和市场趋势，有时只限于品牌或形象，抑或是消费者态度资料的归纳等，因此，调查结果部分并无固定模式和内容要求，除了一些基本的必要信息。

在调查结果主体部分之初，先要对调查的地区、调查的对象、调查的数量以及调查的具体方法（其中包括调查的样本介绍、样本结构的说明、资料的采集、数据处理的方法和工具的选择以及完成访问的情况和访员能力、素质的介绍等）进行较为具体的说明和阐述。

调查结果是调查报告的重中之重，因此，需要进行重点而且详尽的阐述。一般来讲，资料的描述形式通常是由统计表格和统计图式组成，再配合相关的文字说明。但是，仅用图表将广告调查的结果呈现出来是不够的，调查人员还必须对图表中数据资料所隐含的趋势、关系或者规律，加以客观地描述和分析，即要求调查人员对调查的结果作出合理的解释。

调查结果部分的内容通常比较多，篇幅也比较长，为了让阅读报告的人能够比较容易地把握整个调查过程，在调查报告的结果部分，一般可以将所报告的内容分成若干个小部分依次呈现出来。

6. 结论和建议

结论和建议是广告调查报告的展示橱窗，它们为广告主提供有兴趣的主题，有时还提供解决特殊问题的建议。调查人员需要说明，通过调查获得了哪些重要的结论；根据调查结论又该采取哪些相应的措施。当然，结论有时可以与调查结果合并在一起，但要视调查主题的大小而定。一般来讲，如果调查课题小、结论简单，就可以直接与调查结果合并在一个部分来表现；如果课题较大、内容较多，则需要分开来处理。

建议部分，一般是针对调查得出的结论，提出应该采取的措施、方案或者是具体的行动步骤。例如：广告的定位应该怎样确立、广告的诉求应该以什么为主、广告的主题应该是什么类型、媒体策略应该如何改变或者如何选择、在与竞争对手抗衡中，应该采取何种价格、包装或者促销策略更佳等等。其中，大多数的建议应当是积极的，即说明采取哪些具体措施来获得成功，或者要处理哪些已经存在的问题等。

7. 附录

附录是指调查报告正文包含不了或者没有提及的内容，但与正文有关，必须附加说明以备读者参考的相关资料。附录的内容基本上是列入尽可能多的相关资料，这些资料通常是阅读者感兴趣或者对其可能有价值的信息。

对于非 PPT 版本的调查报告，附录中出现的资料通常包括：调查问卷、有关调查细节的补充说明、一些技术问题的讨论、数据汇总表、原始资料和背景材料以及参考文献等。

到此为止，一份较为成熟和完备的调查报告才算完成。

二、调查报告撰写和呈交的规则

调查报告的撰写需要建立在对报告对象的充分了解之上，只有把握阅读者的阅读习惯，了解调查报告形式及内容的具体要求，才能有的放矢、通俗易懂又不失活泼地撰写和呈交一份让客户满意的广告调查报告。

广告调查报告没有统一的模板，也不存在一成不变的硬性法则，标准即是广告主。研究者应该根据不同类型的广告主类别，例如产品类型、品牌印象以及企业形象等，制定一个符合广告主风格的调查报告形式，让客户在阅读或聆听调查报告时，能够有更贴近自我的归属感。

广告调查报告在内容呈现上也因不同的广告主而有不同的要求和侧重。对于那些对数字不敏感的广告客户来说，呈现过多的数理统计公式或预测模型，往往会使他们不知所云；有一些广告客户追求细节，喜欢报告内容丰富、罗列细节。此时，研究者应该尽可能全面、详细地罗列客户关注的内容，对此也许可以考虑递交详细完整版和精要版两个版本的调查报告；还有一些客户喜欢清晰简洁的数据图表，配以言简意赅的结论性陈述，但这并不代表报告内容可以精简，研究者仍然需要在附录部分将未涉及或客户不感兴趣的主题内容加以补充说明。

调查报告的撰写和呈现不尽相同，为了适应快节奏的现代广告运作速度，不少广告公司在提交调查报告和比稿时，往往采用 PPT 格式进行图文并茂的演说，这不光要求广告公司具备专业的调查知识和报告撰写能力，还需要其具备熟练的 PowerPoint 制作技巧和能力，并且在陈述时能够主次分明、主题突出、内容简洁、高效全面。虽然一份报告不可能使每个人都满意，但报告应当明确提供广告主所期望的内容。

本章小结

现代市场竞争日益激烈，企业需要及时全面了解市场、竞争对手以及行业的动态，并根据相关信息制定有效合理的广告策略，因而，促使广告调查变得日益重要和必要。

“广告调查是指伴随着广告活动进行的一切调查活动的总称”，它的基本任务是提供与广告有关的资讯以作为广告决策的依据。广告调查从属于营销调查，根据不同的调查目的，广告调查的内容与营销调查既有交叉和覆盖，同时又各有侧重。二者在研究目的、研究对象和研究方法上有众多的相同之处。

广告调查是为了发现广告运作中的问题并有针对性地提出有效的广告对策，为广告战略和策划提供必要的有用信息。具体而言，广告调查的作用是：为广告策划提供前提和参考，为广告内容的创意和设计提供依据，为提升广告效果提供条件。

由于广告调查的范围与内容十分广泛，对象与形式多种多样，因而，所需程序也各有繁简。一般较为全面的广告调查可分为四个阶段进行，即：明确调查问题和目标、制定调查方案和撰写计划书、实施调查和收集分析数据、撰写调查报告。

根据广告调查所处广告策划活动的不同阶段以及所要解决的具体问题，可以将广告调查分为四种类型：广告市场调查、广告创意调查、广告媒体调查和广告效果调查。

调查作为一个耳熟能详的词汇由来已久，无论市场调查、民意测验，还是受众研究都离不开最早的社会调查及其历史悠久的发展过程，在漫长的历史发展和实践过程中，调查方法逐步科学和规范化，调查活动也日益系统化。广告调查获取资料的方法可分为桌面调查和实地调查两种。

一份好的广告调查报告必须符合三项要求：解答主要问题、有清晰的结构、得出了解释性结论。一份完整的广告调查报告其基本结构为：标题页、目录、摘要、序言、调查结果、结论与建议以及附录。

一、思考题

1. 根据营销调查与广告调查的关系，思考广告调查的基本内涵。
2. 广告调查在广告策划全过程中的作用是什么？
3. 广告调查的具体流程有哪些？
4. 广告调查的方法及其应用？
5. 试结合具体广告案例谈谈对广告调查的认识。

二、课外资源

1. 柯惠新、丁立宏主编：《市场调查》，高等教育出版社 2008 年版
2. 蔡嘉清著：《广告学教程》，北京大学出版社 2004 年版
3. 王献锋、吴萍：《谈广告市场调查报告的写作类型及其特点》，《中国科教创新导刊》，2008 年第 7 期，第 154－156 页
4. ［美］丹尼尔·J. 布尔斯廷：《美国人：民主的历程（揭秘美国西部开发背后的故事）》，上海译文出版社 2009 年版
5.《中国广告》杂志
6.《现代广告》杂志
7.《国际广告》杂志
8. 中华广告网

第五章

CHAPTER 5

营销环境分析

在广告策划中，任何一个策略决策的制定都不应该凭空想象，而应当依据科学的市场调查和全面的广告战略分析来制定出有针对性的广告对策。也就是说，为了保证广告策略的科学性及其对整个广告活动的有效指导，必须进行相关的战略分析。可以说，没有广告战略分析就没有广告目标的产生，也就没有广告策略的制定。

广告战略分析与判断是一项牵涉环节众多、任务繁杂的工作，我们这里仅就经常使用的四个分析维度进行说明：

第一，分析营销环境给企业带来的影响。营销环境的发展变化往往能给企业的正常运行及产品推广带来深刻的影响。

第二，分析竞争对手及其广告态势。有比较才会有发展，企业只有明了竞争对手的状况，才能确定采取何种广告策略。

第三，分析消费者。消费者是广告活动的对象，对消费者消费特征和行为的把握是广告策略制定的出发点和基础。

第四，分析产品。通过对企业的产品进行分析，寻找产品的优势，了解从产品特征的角度出发应注意哪些广告策略问题。

准确的营销环境分析、客观的竞争分析、有效的消费者分析和产品分析四个维度共同构成了广告战略分析这一整体。不过，在实际操作过程中，四个步骤间并不能截然分开，而是具有很强的关联性，如可以将产品的特征与消费者的购买习惯结合到一起进行分析。对四个维度的详细分析我们将在后面章节依次展开论述。

第一节　营销环境分析的基本工具

一、SWOT 分析法

营销环境涉及的要素多种多样，如何通过一个有效的工具来分析众多环境要素，并借此得出结论,为后续广告策略的制定提供科学依据,成为广告策划人员进行市场分析的首要任务。20 世纪 80 年代初,美国旧金山大学管理学教授韦里克提出的 SWOT 分析法便是一个十分有效的方法。

SWOT 分析法又称为态势分析法,是一种能够客观、准确地分析和研究一个组织现实环境的方法。SWOT 四个英文字母分别代表:优势(Strength)、劣势(Weakness)、机会(Opportunity)、威胁(Threat),如图5-1所示。实际上,SWOT 提供的是一个分析框架,它将对各种因素的分析用 SWOT 法加以归类,得出的结论由此更加明晰。从整体上看,SWOT 可以分为两部分:一部分为 SW(优势和劣势),主要用来分析企业的内部环境;另一部分为 OT(机会与威胁),主要用来分析企业的外部环境。通过对企业内外部环境的分析归类,可以清楚地确定企业的资源优势和缺陷,了解企业所面临的机会与挑战,这对企业广告战略的制定有着至关重要的意义。

图 5-1　SWOT 模型

(一)SWOT 分析的步骤

1. 分析环境因素

运用各种调查方法,分析企业所处的环境因素,包括与竞争对手相比企业存在的优势和劣势以及可能面临的机会和威胁。需要注意的是:在分析这些因素时,不仅要考虑到企业的历史与现状,更要考虑企业的未来发展问题。

具体来说,企业的竞争优势有可能是:有利的竞争态势、充足的财政来源、规模经济、技术力量、产品质量、成本优势、成本份额、良好的企业形象及广告攻势等;导致企业处于竞争劣势的因素有:经营不善、管理混乱、设备老化、关键技术缺乏、技术研发落后、资金短缺、产品积压、竞争力差等;企业面临的潜在发展机会可能包括:新产品、新市场、新需求、市场进入壁垒降低、竞争对手失误等;危及企业的外部威胁包括:新的强大的竞争对手的出现、替代产品增多、市场紧缩、行业政策发生变化、经济衰退、市场需求减少、突发事件等。

2. 构造 SWOT 矩阵

将调查得出的各种因素根据轻重缓急与影响程度等参数排序,构造 SWOT 矩阵,如图5-2所示。在此过程中,将那些对企业发展有直接的、重要的、久远的影响因素优先排列出来,而将那些间接的、次要的、短暂的影响因素排列在后面。

	优势(S)	弱势(W)
机会(O)	SO(增长型策略) 发挥优势 利用机会	WO(扭转型策略) 利用机会 克服弱点
威胁(T)	ST(多种经营策略) 利用优势 回避威胁	WT(防御型策略) 减少弱点 回避威胁

图 5-2 SWOT 矩阵

3. 制定相应策略

根据 SWOT 矩阵,将排列出来的因素相互匹配起来并加以组合,为下一步的发展选择相应的对策。这些对策主要包括:

- SO 策略:即增长型策略,着重考虑优势因素和机会因素,并努力使两者趋于最大。
- ST 策略:即多种经营策略,着重考虑优势因素和威胁因素,并努力使优势趋于最大,威胁趋于最小。
- WO 策略:即扭转型策略,着重考虑劣势因素和机会因素,并努力使劣势趋于最小,机会趋于最大。
- WT 策略:即防御型策略,着重考虑劣势因素和威胁因素,并努力使两者都趋于最小。

(二)SWOT 分析的注意事项

SWOT 方法的优点在于其条理清晰、系统全面,而且将分析判断与策略提出相结合,便于检验。因此,SWOT 思路和方法的运用往往不仅限于企业的营销环境分析,还可广泛用于消费者分析、竞争分析、产品分析以及广告策略的分析与提炼等环节。不过,策划人员在运用 SWOT 方法时需要注意以下几点:

- 广告调查的数据信息必须精确可行,对企业优劣势的判断尽量客观,广告主、广告公司和消费者对优劣势的判断可能各不相同,广告策划应采用消费者的标准作为判断的基准;
- 广告策略面对的是未来市场,进行 SWOT 分析时必须区分广告活动所面对的现状与未来,不能将两者相混淆;
- 进行 SWOT 分析时,需要考虑的因素应尽量全面,比如,既要关注企业的历史与现状,也要考虑企业未来的发展前景;
- 在全面评估时,要尽量保持简洁,避免陷入对个别因素的纠缠或过度分析,把事情复杂化。

【案例 5-1】 沃尔玛 SWOT 分析

1. 优势(Strengths)分析

- 沃尔玛是著名的零售业品牌,它以物美价廉、货物繁多和一站式购物而闻名。
- 沃尔玛的销售额在近年内有明显增长,并且在全球化的范围内进行扩张。
- 沃尔玛的一个核心竞争力是由先进的信息技术所支持的国际化物流系统。例如,在该系统支持下,每一件商品在全国范围内每一个卖场的运输、销售、储存等物流信息都可以被清晰地看到。信息技术同时也加强了沃尔玛高效的采购过程。
- 沃尔玛的一个焦点战略是人力资源的开发和管理。优秀的人才是沃尔玛在商业上成功的关键因素,为此沃尔玛投入时间和金钱对优秀员工进行培训并建立忠诚度。

2. 劣势(Weaknesses)分析

- 沃尔玛建立了世界上最大的食品零售帝国。尽管它在信息技术上拥有优势,但因为其巨大的业务拓展,可能导致对某些领域的控制力不够强。
- 因为沃尔玛的商品涵盖了服装、食品等多个部门,它可能在适应性上比起更加专注于某一领域的竞争对手而言,存在劣势。
- 该公司是全球化的,但是目前只开拓了少数几个国家的市场。

3. 机会(Opportunities)分析

- 采取收购、合并或者战略联盟的方式与其他国际零售商合作,专注于欧洲或者大中华区等特定市场。
- 沃尔玛的卖场当前只开设在少数几个国家内。因此,拓展其他地区市场可以带来大量的机会。
- 沃尔玛可以通过新的商场地点和商场形式来获得市场开发的机会,更接近消费者的商场和建立在购物中心内部的商店,可以使过去仅仅是大型超市的经营方式变得多样化。
- 沃尔玛的机会存在于对现有大型超市战略的坚持。

4. 威胁(Threats)分析

- 沃尔玛在零售业的领头羊地位使其成为所有竞争对手的赶超目标。
- 沃尔玛的全球化战略使其可能在其业务国家遇到政治上的问题。
- 多种消费品的成本下降,原因是制造成本的降低。造成制造成本降低的主要原因是生产外包给了世界上的低成本地区。这导致了价格竞争,并在一些领域内造成了通货紧缩。恶性价格竞争是一个威胁。

(资料来源:http://marketingteacher.com/swot/walmart-swot.html)

二、PEST 分析法

除 SWOT 分析法外,PEST 分析法也是一个常用的分析工具,它主要用于宏观环境的分析,通过四个因素——政治(Politics)、经济(Economy)、社会(Society)、技术(Technology)

来从总体上分析企业的宏观环境，并评价这些因素对广告战略制定的影响。

PEST分析法通常采用矩阵的形式，如表5-1所示。其中，政治环境主要包括一个国家的方针政策、法律法规等；经济环境包括宏观和微观两个方面：宏观经济环境主要指一个国家的国民生产总值、国民收入等，微观环境指企业所在地区或所服务地区的消费者收入水平、储蓄情况、消费偏好等；社会环境包括一个国家或地区的居民教育程度、宗教信仰、风俗习惯、价值观念等；技术环境除要考察与企业所处领域直接相关的技术手段的发展变化外，还应了解技术发展动态、专业及其保护情况等。

表5-1　PEST分析表

未来政治形势	未来经济形势
● 国家对世界或地区范围的经济合作 ● 国家的法制化进程 ● 政府与组织的关系 ● 对垄断和竞争的态度 ● 保护消费者不受侵害 ● 保护社会利益不受商业行为危害 ● 行业协会的发展 ● 环境保护的政策	● 总GDP和人均GDP ● 通货膨胀水平 ● 币值波动 ● 国有、私企和外国公司的投资水平 ● 实际收入增长率 ● 消费者可支配收入水平 ● 消费者贷款水平 ● 消费者支出模式 ● 周期性失业率 ● 成本水平
未来社会文化	**未来技术变革**
● 价值观和文化变迁 ● 生活方式的改变 ● 对工作和休闲的态度 ● 资源问题 ● 教育与健康 ● 环境保护 ● 地理变化 ● 收入分配与文化 ● 文化小群体 ● 对社会的态度 ● 人口环境 ● 家庭规模 ● 受教育程度	● 政府投资政策 ● 社会的技术投入 ● 新的专利产品 ● 新技术变化与应用速度 ● 竞争对手的研发投资水平 ● 技术变革的范围 ● 技术革新的节奏和预见 ● 可应用的待开发技术发展

同SWOT分析法一样，PEST分析中的要素通常是针对企业的历史与现状的，但也可用来对未来的状况进行预测说明。不过，由于PEST分析针对的仅仅是宏观环境中的四个要素，不是每一个企业都需要这些要素的分析，因此，PEST分析法并非在任何广告活动中都适用。除此之外，在进行PEST分析时不必面面俱到，切忌假大空的分析，策划人员可以根据企业与产品的实际情况，筛选出一些重要要素进行深层次的分析。

第二节　宏观环境分析

任何企业的营销活动都是在市场中进行的，同时又在与其他企业、目标消费者和社会公众的联系中来开展，这些影响企业生产经营活动的各种内外部力量共同构成了企业的营销环境。环境力量的变化，既可以给企业营销带来市场机会，也可以形成某种威胁。全面、正确地分析营销环境，检测、把握各种环境力量的变化，对于企业审时度势、趋利避害地开展营销活动和广告活动具有重要意义。

具体来说，我们把影响企业营销的各种内外部因素分为两种：一种是宏观环境因素，一种是微观环境因素。其中，宏观环境制约着企业的微观环境。

宏观环境是指那些给企业带来市场机会或威胁的主要社会力量，它由一些大范围的社会约束力量构成，主要包括经济环境、政治法律环境、人口环境、社会文化环境、自然环境和技术环境等，如图 5-3 所示。这些力量是企业不可控制的变量，对广告策略的制定和实施有深刻的影响。

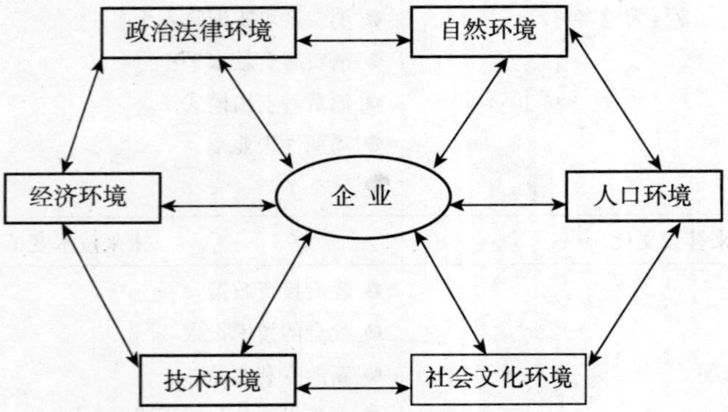

图 5-3　企业营销环境之宏观环境

微观环境是企业生存与发展的具体环境，由企业的供应者、营销中间人、顾客、竞争对手、社会公众以及企业内部影响营销决策的各个部门构成，如图 5-4 所示。本节将重点针对影响企业营销的各种宏观环境要素展开论述。

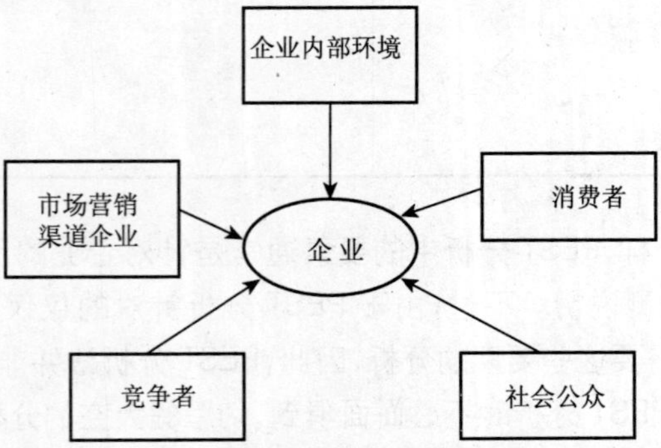

图 5-4　企业营销环境之微观环境

一、经济环境

经济环境是指影响企业市场营销活动的外部社会经济条件，其运行状况及发展趋势会直接或间接地对企业营销活动产生影响。它主要包括经济发展水平、社会购买力、消费收入与支出、行业状况等要素。其中，社会购买力、消费收入与支出两个因素对广告活动的开展影响最深。

（一）经济发展水平

企业的市场营销活动要受到一个国家或地区的整个经济发展水平的制约。经济发展阶段不同，居民的收入不同，消费者对产品的需求也不一样，这会在一定程度上影响企业的营销。

另外，社会经济发展水平还与消费者信心指数紧密相联，两者共同成为影响消费力的直接因素。经济繁荣，人们就会对未来经济发展信心十足，消费欲望也会被激发，享受类消费、炫耀类消费在这一阶段出现较多；经济衰退，消费者信心会跟着大幅下滑，市场上持币待购现象会十分严重。同样，在经济发展水平较高的地区，人们的消费能力就会很强，反之亦然。

（二）社会购买力

从企业营销的角度看，经济方面最重要的环境力量是社会购买力。社会购买力是指一定时期内，社会各方面用于购买产品的货币支付能力，它是构成市场的最主要因素。换句话说，市场规模的大小，归根到底取决于购买力的大小。因此，企业营销活动必然受到其影响与制约。

社会购买力的大小主要取决于国民经济的发展水平以及由此决定的国民平均收入水平。经济发展快，人均收入高，社会购买力就大，企业的市场营销机会也就随之扩大；反之，经济衰退，市场规模小，则会给企业市场营销带来威胁，迫使许多企业不得不缩小经营规模。

此外，整个社会的购买力还与市场供求状况、消费者收入、价格水平、储蓄和信贷等经济因素有关。以居民储蓄为例，居民储蓄主要来源于消费者的货币收入，它与居民的购买力呈反比，如果一定时期内储蓄增加，则居民的消费资料购买力会降低，反之购买力则会增加。

（三）消费者收入与支出①

消费者收入是指消费者个人从各种来源所得到的货币收入，包括工资、奖金、红利、馈赠等，这些收入是社会购买力的重要组成部分。消费者收入的多少不仅决定着消费市场购买力水平的高低，而且直接影响着消费者的支出行为模式。

当然，消费者收入不会全部用于购买产品，它分为消费者个人可支配收入和可任意支配收入。个人可支配收入，是指个人收入减去直接负担的各项税款（如个人所得税）和非税性负担（如工会会费、交通罚款等）之后的余额，这些余额可用于消费支出或储蓄。可任意支配

---

① 张翔、罗洪程编著：《广告策划》，中南大学出版社2003年版，第72－73页。

收入,是指个人可支配收入减去维持生活所必需的支出(如食品、服装等)和其他固定支出(如分期付款)所剩下的个人收入,这部分收入是影响消费者需求构成最活跃的因素。可任意支配收入越多,人们的消费水平就越高,企业的营销机会也就越多。

由于社会经济发展的变化,再加上在同一时期的不同地区、不同阶层,消费者收入会有所差异,因而除进行上述分析外,还应研究不同时期、不同地区、不同阶层的消费者收入水平的变化。

消费者收入的变化会对消费者的支出模式产生影响,对这一影响阐述最直观的便是德国统计学家恩斯特·恩格尔提出的恩格尔定律,这个定律的主要内容是:一个家庭收入越少,其总支出中用来购买食物的比例就越大,随着家庭收入的增加,用来购买食物的支出占总支出的比例下降,而用于其他方面的支出(如娱乐、教育、保健等)和储蓄所占的比重将上升。因此,消费者或一个家庭的总收入,对于其消费支出模式具有决定性的影响。

当然,消费者支出状况除受消费者收入影响外,还受到消费者的年龄、受教育程度、职业、家庭生命周期、家庭所在地、风险偏好、消费倾向等诸多因素的影响。通过研究消费者的支出状况和消费水平,可以为企业营销提供有效的指导,还可由此分析消费者的消费行为和消费习惯。

(四)行业状况

行业状况主要是从行业本身所处的发展阶段和其在经济环境中的地位两方面来分析。通过行业分析,可以了解某一行业的市场和运作特征,并从中提炼出该行业成功的原因,为广告策略提供正确的指导方向。概括一个行业的经济特征,可以从行业的市场规模、进入和退出壁垒、竞争企业的数量与规模、当前的平均利润率等方面入手。具体来说,一个行业的发展状况一般表现为三种类型:

第一种是增长型行业,这类行业依靠技术进步、新产品投放、优质的服务以及消费需求的刺激而发展,整个行业呈现向上增长的发展态势。对于因消费需求刺激而形成的行业,广告策略一般侧重于体验诉求,如网络游戏行业;对于因技术进步而发展的行业,广告策略一般侧重于理性诉求,如软件开发行业等。

第二种是周期性行业,这类行业与经济发展周期、社会文化周期等密切相关,当处于经济或社会文化的大发展期,行业发展也随之兴旺,反之,则走入低谷,如服装、旅游、娱乐等行业。当然,还有一种行业随季节变化而变化,有明显的淡旺季,对于这些行业,要分别采取不同的广告策略。

第三种是防守型行业,这类行业的需求相对稳定,总体供求关系不易受经济发展水平的制约,如食品行业,营销策略上应更侧重销售渠道的建设和发展。

【案例5-2】 厦门旅游营销环境分析之经济环境分析

1. 国内生产总值

厦门近年经济增长较快。据厦门统计局初步核算,2006年全年实现生产总值1162.37

亿元，比上年增长16.7%，增幅在全省9个设区市和全国15个副省级城市中均位居第一。按常住人口计算，厦门人均生产总值49887元，比上年增长12.7%。

2. 人均可支配收入

国际官方旅游组织联盟（世界旅游组织前身）曾估计，旅游收入的弹性系数为1.88，即收入每增加1%，旅游消费便会增加1.88%，反之亦然。这表明家庭收入达到一定水平是实现旅游活动的前提之一，也是实现旅游活动的重要物质基础。

（资料来源：摘自柯云芜，《厦门旅游营销环境分析》，《湖北广播电视大学学报》2010年第4期，做少许改动）

二、政治法律环境

政治法律环境是指影响和制约企业市场营销活动的各种政治要素、法律法规和行业形势、政策等，它们决定着企业能否在社会和行业中获得稳定、长远的发展。因此，企业应密切关注此环境的变化，并根据这些变化及时调整自己的营销目标，广告活动也应当在政治法律所允许的范围内开展。

（一）政治环境因素

政治环境指企业营销活动的外部政治形势以及国家方针政策的变化对市场营销活动带来的或可能带来的影响，主要包括政治局势、方针政策和国际关系三个方面，其中，后两者与广告活动联系更为紧密。

以方针政策为例，各个国家在不同时期，根据不同需要会颁布一些经济政策，制定经济发展方针，这些方针、政策不仅会影响本国企业的营销活动，还会影响外国企业在本国市场的营销活动。譬如，我国的产业政策、人口政策、能源政策、物价政策、财政政策、金融与货币政策等，都给企业研究经济环境、调整自身的营销目标和产品构成提供了依据。对本国企业而言，必须要执行这些政策，生产和经营国家允许的行业和产品。另外，除进行直接影响外，国家也可以通过方针、政策对企业营销活动施加间接影响。例如，国家可以通过增加产品税来抑制某些商品如香烟、酒的需求。对国外企业来说，市场国的方针、政策是其营销活动的重要环境因素，会直接和间接影响到其在市场国的营销活动。

（二）法律环境因素

对企业来说，只有依法进行各种营销活动，才能受到国家法律的有效保护。因此，营销战略和广告战略的制定必须遵守国家或政府颁布的有关经营、贸易、投资等方面的法律法规。如果从事国际营销活动，企业就既要遵守本国的法律制度，还要了解和遵守市场国的法律制度和有关的国际法规、国际惯例与准则。对于广告活动，许多国家也制定了相关的法律，比如一些国家不允许做比较性广告和使用“较好”、“最好”之类的广告语；还有一些国家不允许做烟草和酒类广告等。这些特殊的法律规定，是企业特别是进行国际营销的企业必须了解和遵循的。

除上述政策方针和法律法规外，企业还受到所在行业政策和公众团体的制约。其中，行业政策决定了企业能做什么，不能做什么；公众团体是为了维护某一部分社会成员的利益而组织起来的各种社会团体，他们有可能会影响到立法、政策和社会舆论，因此，其力量也不可小觑。

【案例5-3】 厦门旅游营销环境分析之政治法律环境分析

厦门市作为旅游度假城市、海湾型城市的定位已日趋成熟，厦门市政府为此制定了一系列和旅游相关的政策、法律法规，给旅游业发展创造了良好的政策软环境，比如，在2006年颁布了《关于进一步加快旅游经济发展的决定》等。

在政策环境中，最值得一提的是中央和福建的对台政策。中央现行的对台态度和政策已从前些年的"反独、遏独"，转为"促通"和"促统"。中央对福建对台工作高度重视，赋予福建对台工作许多"先试先行"的政策措施，支持福建构建两岸交流的前沿平台，加快海峡西岸经济区建设。这些政策均为厦门涉台旅游搭建了良好的发展平台。

（资料来源：摘自柯云芜：《厦门旅游营销环境分析》，《湖北广播电视大学学报》2010年第4期，做少许改动）

三、人口环境

人口是构成市场的第一要素。市场由具有购买欲望与购买能力的人所构成，因此，人口数量直接决定市场的潜在容量，人口越多，市场规模就越大。除数量外，影响企业营销活动的人口因素还包括人口的自然构成（年龄、性别等）、民族构成、婚姻状况、教育程度、地区分布、增长速度、出生率与死亡率、人口密度及人口流动性等。企业应当重视对人口环境的研究，密切关注人口特性及其发展动向，不失时机抓住市场机会，并及时调整营销策略以适应人口环境的变化。

（一）人口数量及增长速度

从全世界的角度来看，世界人口正呈现出爆炸性的增长趋势。我国总人口已超过13亿，并且每年仍以800万－1000万的速度增长。庞大的人口存在及快速的增长速度给企业带来了市场机会，也带来了威胁。人口数量是决定市场规模和潜力的一个基本要素，一般来说，人口越多，消费需求就越大。不过，人口的迅速增加也会给企业营销带来不利的影响。比如，人口增长可能导致人均收入下降，限制经济发展，从而降低了市场吸引力。

（二）人口结构

人口结构往往决定市场产品结构、消费结构和产品需求类型。人口结构主要包括年龄结构、性别结构、家庭结构、社会结构以及民族结构，它们是消费者产生最终购买行为的重要因素。其中，对企业营销活动产生重要影响的是人口的年龄结构和家庭结构。

1. 年龄结构

目前，世界人口年龄结构正出现一个明显的趋势——人口老龄化。2006年，世界60岁以上的老年人口达到6.88亿，预计2050年这一数字将达到20亿。我国也出现了人口老龄化速度加快的现象，截至2008年年底，我国60岁以上的老年人口已达到1.6亿，老年人口比重达到12%。这一问题反映到市场上，便会出现老年消费者需求激增及老年用品市场(如老年人娱乐、保健、医疗、老年人专用品)旺盛的现象。

2. 家庭结构

家庭是消费的基本单位，家庭的数量直接影响到某些商品的数量。目前，世界上普遍呈现家庭规模缩小的趋势，越是经济发达地区，家庭规模就越小。在我国，三口之家已十分普遍，这就给经营家庭用品的行业提供了新的市场机会。另外，单身成年人住户、集体住户等非家庭住户也在迅速增加，这些住户需要的可能是较小包装的产品、较便宜的家具和日用品等，企业在营销中应考虑这些住户的消费需求和购买习惯。

此外，由于受教育程度不同以及男女性别的差异，导致其在购买动机和购买行为方面也有所不同；各民族生活习性、文化传统的不同，导致各民族的市场需求存在很大差异。企业在开展广告活动时要注意这些差异，针对不同人口结构的人群制定不同的广告策略。

(三)人口的地区分布及流动性

地区分布指人口在不同地区的密集程度，人口的集中程度不同，则市场大小不同。比如，我国东部沿海地区经济发达，人口密度大，则消费水平高；中西部地区经济相对落后，人口密度小，则消费水平低。另外，随着经济的发展，人口的区域流动性也越来越大，城乡之间、地区之间人口在数量和质量上都呈现出强势流动，这必将引发许多新需求及新的市场机会。

四、社会文化环境

在影响企业的诸多环境中，社会文化环境是最为复杂的，因为它不像其他环境那样易于理解，但却无时无刻不在影响着企业的营销活动。社会文化环境通常由一个社会的价值观念、宗教信仰、风俗习惯、生活方式、教育水平、语言文字、审美与兴趣、伦理道德等内容构成。

不同国家、不同地区的人会产生不同的社会文化，这反映到营销活动中，就表现为消费者思想和消费行为的差异，如不同文化环境的人对同一产品可能持有不同的态度，这会直接或间接地影响产品的设计、包装、广告的诉求方式及宣传推广策略等。因此，企业在制定广告战略时，应重视对社会文化的调查研究，并做出适宜的决策。社会文化所包含的内容很多，我们重点关注几个与企业营销关系较为密切的社会文化因素。

(一)教育水平

教育水平是指消费者的受教育程度。一个国家和地区的教育水平与经济发展水平往往是一致的。不同的文化修养会表现出不同的审美观，消费行为和习惯也不同。一般来说，教育水平高的地区，消费者对产品的鉴别力强，容易接受广告宣传和新产品，购买的理性程度高；而在教育水平低的地区，直观简单的示范表演式广告更易被接受。因此，企业应根据不同地区的教育水平制定广告战略。

(二)价值观念

价值观念的形成与消费者所处的社会心理状态以及对生活和工作的态度等有关。不同的文化背景下,人们的价值观念和生活方式会有很大差别,这也决定了人们消费行为的差异。因此,针对持有不同价值观念的消费者,策划人员应采取不同的策略。

【资料】"80后"的价值观

"80后"主要是对20世纪80到90年代间出生的一代人的简称。他们在改革开放之初出生,伴随着和平发展的环境成长,呈现出与前一代人不同的价值取向。因此,这一群体更多地呈现出后物质主义的价值取向。

1. 强调自我实现

出生于50年代的父辈认为自我实现是获得社会认同感,金钱、地位、荣誉才是人生成功的标志。但"80后"却将个体认同感提到首要地位——我要做自己喜欢的事,做成了就是成功,并不在乎这件事在世人眼里是否具有价值。当然,这并不等同于个人主义、利己主义,他们同样拥有强烈的集体主义和爱国主义的情节,并努力将自我实现与社会价值两方面整合。

2. 注重生活质量

"80后"并不拒绝金钱,注重提升生活质量,也很坦然承认自己对于物质的追逐,但当物质与其理想相冲突时,他们更敢于冲破物质的束缚。在消费观念上,彰显个性的需求使他们在商品的选择上超出了单纯对使用价值的需求,而更注重符号个性、艺术感和审美需求。"80后"不但要求生活的舒适,还要求品位,而且对环保节能及自己设计制作的产品表现出浓厚的兴趣。

3. 崇尚自由

"80后"思想开放,善于接受新鲜的事物,更能容纳多样价值观的存在,面对社会问题有表达自己想法的强烈意愿。他们通过博客、BBS甚至网游发表言论,他们首先发起"人肉搜索",期待以一己之力可以唤起社会的共鸣,使得社会更加公正、公平、自由。

(资料来源:姜祚,《浅析"80后"的后物质主义价值观取向》,《潍坊教育学院学报》2009年第12期,有修改)

(三)风俗与审美

不同的民族和地区,在饮食、服饰、婚丧、信仰、节日、人际关系等方面都表现出不同的行为方式和生活习惯,比如不同的国家对图案、颜色、数字、动植物等有不同的喜好,像中东地区严禁带六角形的包装,英国忌用大象、山羊做产品包装等。广告战略应了解和注意不同国家、民族的消费习惯和爱好,做到"入境随俗"。

不同的国家、民族、宗教和个人,往往因社会文化背景不同,其审美标准也不尽一致。比如,中国妇女喜欢把饰品配戴在耳朵、脖子、手指上,而印度妇女却喜欢在鼻子、脚踝上配以各种饰物。企业应把握不同文化背景下的消费者的审美观念及其变化趋势,制定相应的营销策略以适应市场需求的变化。

【案例5-4】 厦门旅游营销环境分析之文化环境分析

厦门地处闽南沿海，是我国最早的中西文化交汇地之一，将侨乡风情、闽台习俗、海滨美食、异国建筑融为一体，形成了独具特色的厦门文化之美。其中，比较典型的厦门文化有：

1. 音乐文化

驰名海内外的"音乐之岛"——鼓浪屿优美的钢琴声以及动人的歌曲"鼓浪屿之波"，都可成为具有独特吸引力的旅游营销手段。

2. 茶文化

闽南的茶道精髓，体现在一个"和"字上。"和"，意味着风调雨顺的天和、青山绿水的地和以及友好相融的人和。这种茶道精神，影响着厦门的旅游业，也拂润着四方旅游者。

3. 建筑文化

厦门有四大特色建筑风格，即欧陆建筑、骑楼建筑、红砖民居和"嘉庚风格"建筑。著名的鼓浪屿被称为"万国建筑博物馆"，曾有18个国家在此建领事馆，留下了风格不同的异国建筑，其中，骑楼代表了东南亚地区的城市建筑风格。而在厦门建筑中，最著名的就是独树一帜的"嘉庚风格"建筑。早年陈嘉庚发明创造了把闽南的燕尾脊、马鞍脊和中国传统的歇山顶压在西洋建筑上，形成了"穿西装，戴斗笠"的"嘉庚风格"建筑，它们主要分布在厦门大学和集美学村。独特的建筑文化成为厦门旅游产品的重要组成部分，许多国内外游客都为领略厦门独特的建筑风格而慕名前来。

4. 闽南文化

闽南文化的基本价值理念就是爱拼才会赢。勤劳的厦门居民在这样的理念下，积极建设着自己的城市，并以闽南文化中的"热情好客"胸怀迎接八方游客。闽南文化下的当地居民对待旅游者的热情态度，对旅游营销有着极好的促进作用。

（资料来源：摘自柯云芜：《厦门旅游营销环境分析》，《湖北广播电视大学学报》2010年第4期，做少许改动）

五、自然环境

自然环境要素包括自然资源的数量、结构以及自然环境，它决定着企业所能获得的自然资源，以及自然保护对企业生产和产品特性的限定。

在自然资源方面，当前最突出的问题是人类与自然资源的矛盾，一方面自然资源日趋短缺，能源成本日趋提高；另一方面人类对自然资源的需求又日趋扩大，政府对自然资源管理的干预在不断加强。

在自然环境方面，环境污染日益加剧，环境恶化已对人类生存构成严重威胁。对于企业来说，一方面需要面对公众对环境问题的关注，这就要求其改变经营方式和生产工艺，致力于开发新的高效、节能、无污染的能源及产品；另一方面又面临政府的干预，比如要求相关企业开发和利用环保产品与设施，这给企业提出新要求，同时也为企业提供了新机遇。目前，越来越多的企业接受和采取绿色营销观念，为自己的产品及企业争取适应环境保护的标签，并通过这种特色营销手段推广自己的产品。

【案例5-5】 厦门旅游营销环境分析之自然环境分析

厦门市是一座“海上花园”。“城在海上,海在城中”,构成了厦门的总体风格。厦门的自然环境,总体来说,是较为适合旅游业发展的,具体表现在:

1. 自然气候方面

厦门市距北回归线约1.5度,为南亚热带海洋性季风气候。年平均气温20.9℃,四季如春,全年皆可旅游,最佳旅游季节一般为每年的4-11月。

2. 旅游资源方面

厦门是海港风景城市,山海风光,秀美灵动。据厦门旅游局统计,厦门拥有旅游资源基本类型58种,其中自然旅游资源18种,人文旅游资源40种;拥有旅游资源单体总数256处,其中自然资源66处,人文资源190处,是福建省旅游资源最富集的地区。但和国内著名的旅游资源型城市,如桂林、三亚、杭州、苏州、扬州、西安、北京等相比,厦门旅游资源的类型和数量仍显不足。

(资料来源:摘自柯云芜:《厦门旅游营销环境分析》,《湖北广播电视大学学报》2010年第4期,做少许改动)

六、技术环境

技术环境对企业及其营销活动的影响是全方位的,这主要表现在:其一,技术环境影响了产品的生产、发明、创造和更新换代;其二,改变了产品营销活动的各个环节及活动方式,并由此影响广告中有关产品和企业的诉求内容。可以说,科学技术的发展给企业创造了许多市场机会,也使其面临许多潜在的威胁。具体来说:

首先,科技的发展使产品更新换代加快,产品生命周期缩短,为此企业应当时刻警惕,捕捉市场信息,了解消费者需求偏好的变化,并通过新产品引导消费需求。

其次,在网络时代,从顾客能接受的成本,到顾客认同的产品设计,再到产品生产和销售,这一系列信息企业均可从网络上获知,并且是以较低的成本。此外,科技变革也改变了企业的营销方式,企业可以通过网络营销,实现一对一的交互式双向沟通,进而直接了解顾客需求,及时把握市场机会。

第三,科技也是影响广告行业技术发展的重要因素,广告传播技术的发展与传播媒介形态的演变都受到技术环境的影响和制约。户外新媒体、楼宇电视、移动媒体等广告新媒体都是在新的信息传播技术的发展下诞生的。在广告策划过程中研究技术环境,既有利于理解企业和产品的科技背景,也有助于使用技术上更为先进的传播手段。

【案例5-6】 厦门旅游营销环境分析之技术环境分析

旅游业是中国较早介入信息化的行业。网络化和信息化的发展、科技环境的变化,促进了旅游信息的传播,节约了消费者的时间,降低了旅游业的成本,也给旅游营销带来了前所未有的机遇与挑战。

1. 旅游者的信息可获得性大大增强

过去,旅游者对于旅游目的地的各类信息只能通过宣传册、他人口述、传统媒体和销售人员才能获得,信息量和信息获取渠道受限。而在现在的网络时代,旅游者可轻而易举地从网络上获取各类旅游信息。

2. 科技导致旅游模式改变

在以往,人们由于信息的稀缺导致旅游安全感不足,所以旅游模式多为团体旅游,且全程需要旅行社的服务和帮助。科技的进步导致当今旅游模式发生了变化。首先,由于收入的增加,旅游的艰难性减小,人们外出旅游的次数增多;其次,散客旅游逐渐多于团体旅游;再者,自助、半自助旅游将代替旅行社包价旅游。另外,GPS定位系统的应用使得新兴的自驾游和探险游等得以迅速发展。

3. 旅游营销模式的变化

电子商务的盛行促使旅游营销开始引入网络营销模式。全国各主要旅游城市纷纷建立旅游目的地营销系统(简称DMS)。厦门是国内第11个建立DMS的城市。系统以"温馨厦门"作为旅游整体网络品牌和形象,内容涉及吃、住、行、游、购、旅游商务预定等旅游相关信息,游客借助这一系统可以了解厦门旅游的整体状况,实现旅游电子商务、旅游行程规划多种功能,并借助该系统为自己量身定做旅游产品。旅游目的地营销系统将使厦门变大,使"地球村"的概念得到实现,使旅游营销手段更现代化。

(资料来源:摘自柯云芜:《厦门旅游营销环境分析》,《湖北广播电视大学学报》2010年第4期,做少许改动)

第三节　微观环境分析

微观环境是指对企业服务其顾客的能力直接构成影响的各种力量,包括企业内部环境、市场营销渠道企业、消费者、竞争者和社会公众五个要素,这五个要素与企业形成协作、竞争、服务与监督的关系。其中,企业内部环境、市场营销渠道企业和消费者构成了企业的核心营销系统,而竞争者和社会公众则对这一系统产生着重要影响。一个企业能否成功开展营销活动,不仅取决于其能否适应客观环境的变化,也在于其影响微观环境的能力。

一、企业内部环境

在制定广告战略时,不仅要考虑企业外部力量,还要考虑企业内部环境,比如企业内部各个管理层之间分工是否科学、各部门协作是否协调等。具体来说,一是要考虑营销部门与其他业务部门如生产部门、采购部门、财务部门等的关系,考察各部门能否目标一致、配合默契,广告活动的实施没有其他部门的配合是不可能完成的;二是要考虑最高管理层的意图,以企业的目标和总体战略为依据来制定广告策略。

二、市场营销渠道企业

市场营销渠道企业主要是指供应商和营销中介。其中，供应商是指向企业及其竞争者提供生产经营所需资源的企业或个人，主要包括原材料、部件、设备、能源、劳务、资金等的供应商，这些供应商与企业构成协作关系，他们影响着企业供货的价格、质量水平以及供货的稳定性与及时性。

营销中介是指为企业提供融通资金、销售产品给最终购买者等的营销服务机构，包括中间商、实体分配公司、营销服务机构（如调查公司、广告公司、咨询公司等）、金融中介机构（如银行、保险公司等）。它们是企业进行营销活动必不可少的中间环节，营销活动需要它们的协助才能顺利进行。

企业的营销活动离不开各种供应商和营销中介，因此，如何在动态变化中与它们建立起稳定、有效的协作关系，对于企业服务目标消费者的能力具有重大影响。同时，制定广告策略时也必须考虑它们的要求，合理配置广告资源，积极支持和配合中间商的营销工作，发挥广告的最佳效果。

三、消费者

消费者是企业服务的对象，确定和满足消费者的需求是企业进行市场营销的出发点和归宿。因此，消费者成为企业最重要的环境因素。各种消费者不同的、变化着的需求，必定要求企业以不同的服务方式提供不同的产品。关于消费者的分析和研究将在后面的章节做详细论述，这里不再赘述。

四、竞争者

竞争者是指与企业存在利益争夺关系的其他经济主体。企业的营销活动常常受到各种竞争者的包围和制约。因此，企业必须识别不同的竞争者，并采取不同的竞争对策。从消费需求的角度划分，企业的竞争者包括通常竞争者（提供不同产品且满足不同需求的竞争者）、产品形式竞争者（生产相同产品但不同产品形式的竞争者）、行业竞争者（满足同一需求但提供不同产品的竞争者）和品牌竞争者（提供相同产品形式但品牌不同的竞争者）四类。这些不同的竞争对手，与企业形成了不同的竞争关系，而这些不同且不断变化着的竞争关系，是企业开展营销活动最重要的制约力量。企业要想在竞争中取胜，就必须比竞争者更有效地满足消费者的各种要求。

五、社会公众

社会公众是指对企业实现其营销目标构成实际或潜在影响的团体和个人，主要包括融资公众（影响企业融资能力的金融机构）、媒介公众（电视、包装等大众传播媒介）、政府公众（负责管理企业营销活动的有关政府机构）、社团公众（各种消费者权益保护组织、环保组织等）、一般公众（上述公众之外的社会公众）、内部公众（企业内部的公众）等。所有这些公众，均对企业的营销活动有着直接或间接的影响，处理好与各类公众的关系，是企业营销活动的一项极其重要的任务。

本章小结

任何企业的营销活动都是在市场中进行的，同时又在与其他企业、目标消费者和社会公众的联系中来开展，这些影响企业生产经营活动的各种内外部力量共同构成了企业的营销环境。我们把影响企业营销的各种内外部因素分为两种：一种是宏观环境因素，一种是微观环境因素。

宏观环境是指那些给企业带来市场机会或威胁的主要社会力量，它由一些大范围的社会约束力量构成，主要包括经济环境、政治法律环境、人口环境、社会文化环境、自然环境和技术环境等。

微观环境是指对企业服务其顾客的能力直接构成影响的各种力量，包括企业内部环境、市场营销渠道企业、消费者、竞争者和社会公众五个要素，这五个要素与企业形成协作、竞争、服务与监督的关系。

营销环境分析的基本工具有SWOT分析法和PEST分析法两种。SWOT分析法又称为态势分析法，它通过分析营销环境的优势与劣势、机会与威胁来为企业制定广告策略提供参考；PEST分析法主要用于宏观环境的分析，通过四个因素——政治（Politics）、经济（Economy）、社会（Society）、科技（Technology）来从总体上分析企业的宏观环境。

一、思考题

1. 营销环境分析的基本工具有哪些？
2. 思考SWOT分析法适用于广告策划的哪些环节？
3. 影响企业营销的宏观环境有哪些？
4. 影响企业营销的微观环境有哪些？
5. 对中国联通的UP新势力品牌进行营销环境分析。

二、课外资源

1. [美]科特勒著，梅清豪译：《营销管理》（第11版），上海人民出版社2004年版
2. [美]唐·E. 舒尔茨等著：《广告运动策略新论》，中国友谊出版公司1993年版
3.《财经》杂志
4.《销售与市场》杂志
5.《21世纪经济报道》
6.《经济观察报》

CHAPTER 6

第六章

竞争对手分析

《孙子·谋攻》篇中说："知己知彼，百战不殆。"企业营销如同一场战争，在现代瞬息万变的市场竞争中，企业要想在竞争中获胜，除了要知己——科学分析营销环境、准确把握目标市场的需求，并在产品和服务上寻求创新外，还必须知彼——准确识别和评价竞争对手，运用相应的策略为自己谋求竞争优势。在一些特定情况下，竞争对手的信息甚至比企业的某些决策还重要。比如，在新产品导入期的广告决策中，有关竞争对手的广告策略等信息会直接影响企业的决策方向和结果。就广告策划而言，对竞争对手的市场与广告的分析，有利于帮助企业了解自己所处的地位以及采取何种相应的广告策略。

第一节　识别竞争对手

进行竞争对手分析，第一步便是确定哪些是竞争对手，然后才能对竞争对手进行相关的分析和评价。

一、竞争对手分析的基本理论

（一）竞争地位

由于企业规模、技术力量、经营战略、人力资源等方面的差异，不同企业在市场中所处的位置各不相同，这些各不相同的位置就是企业的竞争地位，它是企业制定竞争策略的重要依据。企业的竞争地位并非是一成不变的，今日市场上防守经营的企业有可能成为明日的市场领导者，因此，市场上的领导者竭力维护自己的领导地位，其他竞争者则奋力追赶，努力改变自己的地位。按照企业的市场表现和改进机会的大小，企业的竞争地位可分为以下六种：

1. 统治地位

这类企业在市场中处于主宰地位，控制着整个目标市场，也能控制其他企业的行为，在营销战略上具有广泛的选择余地。

2. 强壮地位

这类企业能够长期保持优势地位，面对市场竞争时，可以单独行动而不受其他企业营销策略的影响。

3. 有利地位

这类企业在执行营销策略时具有比较有利的条件，并有较多机会改善其市场地位。

4. 防守地位

这类企业的经营状况较好，能继续维持经营，但执行营销策略的有利条件较少，很难获得改进市场地位的机会。

5. 虚弱地位

这类企业经营状况不佳，但仍有机会改善其不利地位，如果不思进取，很可能被市场淘汰。

6. 生存困难地位

这类企业经营状况极差且没有改进的机会，无法在市场上生存和发展，面临淘汰的命运。

（二）竞争角色及其营销策略

企业获得的市场竞争优劣势，决定了各个竞争对手的市场地位，这些不同的市场地位又决定了企业在市场中扮演着不同的角色。根据企业对市场的影响作用，企业在市场中的竞争角色可以分为四种：领导者、挑战者、追随者和补缺者。根据各自的条件，不同的市场角色在营销和广告活动中将采取不同的策略。

1. 市场领导者

市场领导者是指在市场中占据最大的市场份额，拥有最大的市场影响力，在新产品开发、价格变动、渠道销售、促销力量等方面对其他企业起领导作用的企业。一般而言，在绝大多数行业中都有一家或几家领导企业。软饮料行业的可口可乐，日化行业的宝洁，手机制造业的诺基亚等都是典型的市场领导者。领导者是市场竞争的导向者，也是其他企业挑战、追随或躲避的对象。

领导者的地位是在市场竞争中自然形成的，因此并非一成不变。当领导者所具备的核心竞争力如关键技术、规模优势、优秀的经营管理等被其他企业超越时，其统治地位便随之消失。所以，市场领导者应充分利用当前有利地位，采取积极的市场营销策略。

（1）扩大市场需求量

处于主导地位的企业，其营销策略首先就是要扩大总市场，增加产品的总需求量。扩大市场需求量的途径主要有三条：

一是发掘新的使用者，每个产品都有吸引新用户的潜力，企业可通过发掘潜在消费者不购买产品的原因，从地理扩张、市场渗透等方面来说服其购买。

二是增加用户的使用量，包括促使消费者在更多的场合使用该产品、增加使用产品的频率以及增加每次消费的使用量等方式，比如宝洁公司劝告消费者在使用海飞丝洗发水洗发时，每次使用量增加一倍效果会更佳。

三是开辟产品的新用途，比如美国杜邦公司通过不断开辟尼龙产品的新用途——从最初作为降落伞的合成纤维，到用作女袜的纤维，再到成为汽车轮胎、沙发椅套和地毯的原料等来扩大市场便是一个公认的成功案例。

(2)保持市场占有率

这是一种保持企业市场影响力不变的策略。在某些情况下，处于统治地位的企业并不具备发起进攻的力量，那么其至少应该使用防御策略，保持已有的市场阵地，以防受到竞争对手的攻击。实际上，在市场竞争日益激烈的今天，能够保持市场占有率已经是一种巨大的挑战。市场领导者可以通过降低价格、优化分销渠道、增加促销力度、增强产品的附加值、削减品牌塑造费用等途径来保持现有业务。

(3)提高市场占有率

进一步提高市场占有率是企业保持自身成长、巩固其市场主导地位、增加收益的一个重要途径。在许多产品市场上，微小份额的扩大都会带来丰厚的利润回报，所以，很多企业都以提高市场占有率为主要目标。对于市场领导者来说，降低产品价格、改善销售渠道、积极促销和改进广告方向等营销组合手段的配合都可以促使市场份额的扩大。当然，并非所有能提高市场份额的营销手段都能增加企业利润，企业要考虑到市场占有率与收益之间的关系。

【案例6-1】 日本资生堂与嘉娜宝的口红大战

1997年的销售业绩显示，资生堂的口红处于霸主地位，嘉娜宝则是挑战者，以向霸主挑战为策略来提升竞争力。

通过分析市场结构，嘉娜宝采取了以下战略：

➢ 生产产品方面，为反映消费者真正需要，与电通结盟。

➢ 为探求口红的真正价值，进行定量调查。

通过调查，得知女性对口红的关注点依次为色泽好、不易脱落、易涂抹、护唇效果好和无香料等。定性调查的总结是，人们对口红的需求＝不脱色＋色泽好，从而进一步确定新口红的价值为“保持清凉颜色，不易褪色”，在此基础上开发出新产品T’ESTIMO来对资生堂进行挑战。在新产品推出以后，又不断地进行定性调查和定量调查，使信息得以不断地反馈，最后确定T’ESTIMO为“具有呵护效果的口红”，并由此宣告挑战成功。

（资料来源：张金海主编：《经典广告案例评析》，武汉大学出版社2001年版）

2. 市场挑战者

在一个竞争市场中，除了处于统治地位的市场领导者，还有处于第二、第三等位置的企业，这些企业在市场中处于强壮或有利的地位，对处于第一位的领导者构成直接的威胁和挑战。比如软饮料行业的百事可乐、日化行业的联合利华等企业就属于此类企业。

大多数挑战者的目标是通过提高市场占有率来提高收益率，为实现此目标，必须首先确定谁是竞争对手，然后再根据不同的竞争对象采取不同的策略。一般来说，挑战者的竞争对手主要有三类：一是市场领导者，挑战者可以通过研究市场领导者的弱点，并以此作为攻击目标；二是实力相当者，挑战者可以抓住有利时机，把其消费者吸引过来，夺取他们的市场份额，壮大自己的市场；三是实力弱小者，挑战者可通过兼并、收购等方式扩大自身实力。除此之外，挑战者还可通过价格折扣、廉价产品、产品革新、成本降低、服务改进、渠道优化、密集促销等特殊的营销策略来争取最大的市场份额。

【案例 6-2】 奥妮皂角洗发露的成功挑战

1994 年，在宝洁公司和联合利华公司的大举进攻下，中国市场上本土的日化企业节节败退，尤其是在城市的高端市场，简直是被外来势力一统天下了。就在一片万马齐喑的时候，重庆奥妮杀了出来。它推出了一款“奥妮皂角洗发露”产品。“皂角洗发露”进入市场极具挑战意味，一开始就给当时的洗发水市场带来了一次重新定位。奥妮当时推出了一个广告，并且在媒体上进行了大规模的宣传。

画外音：“长期使用化学洗发露，容易使人的头发干枯、分叉，最终损害发质”，与此相配合的是在黑白的电视画面上，灰暗失去光泽的头发，显得蓬松零乱，在其影响下，女性原本秀丽的容颜也显得黯然憔悴，一道电光骤然划过，惊雷仿佛要撕裂女性赖以自豪的美发。随即奥妮洗发水出现了，它以纯植物为原料，天然不伤头发。此时画面转为彩色，美丽的女性长发飘逸、秀丽迷人，奥妮洗发露给美发带来更多光彩。

通过对市场的突然进攻和对市场的重新定位，奥妮大获成功。这一次，重庆奥妮的最大收益并不仅仅是取得了一定的市场份额，更重要的是它在竞争激烈的洗发水市场上，为自己做了一个明确而又突出的定位——天然洗发水。继皂角洗发露成功后，奥妮乘胜出击，打出了“天然一派，重庆奥妮”的主张，又相继成功推出了“首乌洗发露”以及“百年润发”洗发水，都取得了胜利。1997 年，公司销售收入达到了创纪录的 8 亿元，市场占有率为 12.5%，在洗发水领域仅次于宝洁。奥妮也因此成为业界和媒体眼中“国产洗发水”的扛大旗者。当时奥妮充满挑战气息的广告曾经引起行业老大的不满。1995 年 2 月 25 日，中华人民共和国《广告法》正式开始实施，宝洁公司以含有贬低对手的原因向国家广告管理部门控告奥妮，结果广告被勒令停播。中国广告发展初期，法律不健全以及执法水平本身的欠缺尤其明显。但是奥妮毕竟提出了一个了不起的概念，并且这个概念非常符合中国人的认识习惯，所以它能促使产品销量一路攀升。

（资料来源：卫英军著：《广告策划创意》，浙江大学出版社 2001 年版）

3. 市场追随者

市场追随者是在竞争中不具备相当的竞争优势和条件，安于次要地位，不愿意或无能力对市场领导者采取反击进攻的企业。他们认为，与其采取挑战性和对抗性策略，不如采取追随模仿策略更为经济和安全，尤其在资本密集的同质性行业如钢铁、原油和化工行业以及消费者不易分辨产品差异的行业，许多企业更愿意采用市场追随者战略。

追随者通过模仿或改进市场领导者的产品或服务，利用领导者培养的市场规模及开发的新市场机会来争取自己的生存空间。当然,追随者并非盲目的追随,其任务是确定一个不致引起竞争性报复的追随策略,如为了避免因价格战而引起领导者的报复,追随者往往偏安一方,互不干扰,自觉维持市场的平衡格局。

根据自身的情况,追随者可以采取多种市场策略,比如依据追随程度的不同,追随策略可分为紧密追随、距离追随和选择追随。

其中,紧密追随策略是指在各个细分市场和产品、价格、渠道、促销等营销组合上完全模仿领导者,实施该策略的前提是追随者在刺激市场方面保持低调,避免与领导者发生直接冲突。最典型的紧密追随者是产品或服务的山寨版。

距离追随策略是指追随者在模仿领导者的基础上进行部分改进,以与领导者保持差异,形成一定距离。这种策略既不会对领导者构成威胁,又能保持自己的特色。采取距离追随策略的企业,可以通过兼并同行业中的一些小企业来发展自己的实力。

选择追随策略是指追随者在对自己有利的方面追随,其他方面别出心裁,依据自己的原有策略发展。这一策略不是盲目追随,而是择优追随,在对自己有明显利益时,才追随领导者。因此,采取此策略的追随者最有可能发展成挑战者。

4. 市场补缺者

他们是处于防守或虚弱地位的企业,数量众多、规模较小,力量尚不足以成为挑战者或追随者。这些企业依靠不为大企业所重视的市场空间赖以生存,成为市场的拾遗补缺者。补缺者通常以专业化和多样化的姿态在市场中生存和发展,对于消费者来说,其多样化的需求往往能通过补缺者的专业力量得到满足。因此,拾遗补缺作为一种有效的市场切入策略被越来越多的企业所采用。

二、竞争对手分析的方法

在企业管理领域出现了很多种竞争对手分析的方法,其中,最知名的方法是五种竞争力模型,它为企业分析其竞争环境提供了有效的工具。广告策划中的竞争对手分析也可以借鉴上述模型,只不过侧重点会有所不同。在广告策划中,一般侧重于分析竞争对手的行业背景、经营理念、市场占有率、营销渠道、营销策略、产品特征、消费者信息、广告策略、广告投放、广告费用预算等方面,这些方面与广告战略的制定直接相关,而企业管理领域的资金状况、财务体系、人力资源等方面与广告策划关联性并不太强,因此,不是分析的重点。

五种竞争力模型由著名管理学家、“现代竞争战略之父”——迈克尔·波特于20世纪80年代初提出,又称波特五力分析模型,主要用于竞争战略的分析,可以有效地分析企业的竞争环境,进而全面把握市场状况。在这个模型中,一个行业中的竞争被划分为五种基本力量:新进入者、替代品的威胁、购买者的议价能力、供应商的议价能力和行业内现有竞争者。这一模型将大量不同的因素汇集在一个简便的模型中,确定了竞争的五种主要来源,并以此分析一个行业的基本竞争态势。这五种竞争力量的综合状况及竞争关系,决定着行业的竞争激烈程度,也决定着资本向本行业流动的程度,进而最终决定着企业的获益能力。因此,这一模型被称为制定企业战略的指路明灯,如图6-1所示。

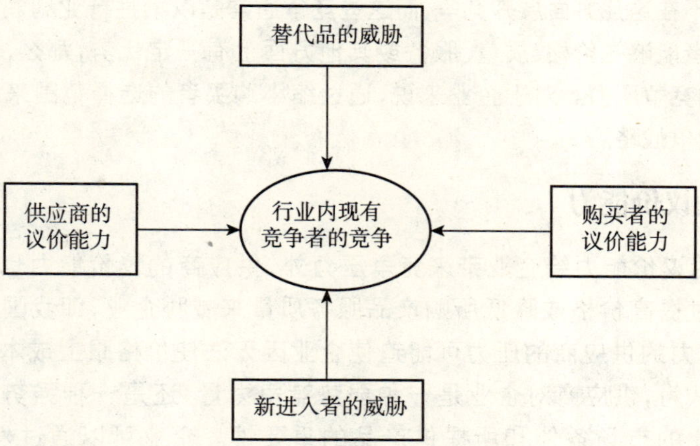

图 6-1 迈克尔·波特的五种竞争力模型

(一)新进入者的威胁

就市场的新进入者而言,他们在可能给行业带来新技术、新资金以及新的其他生产要素的同时,必然会要求对市场份额进行重新分配,这就不可避免地打破了市场平衡,引起原有成本及原有产品价格的变化,最终导致行业中现有企业盈利水平降低。因此,在一个行业中,有眼光的企业会随时对新进入者保持高度的警惕。比如,1898 年百事可乐诞生,作为软饮料行业的新进入者,虽比可口可乐的问世晚了 12 年,但百事可乐仍然选择向可口可乐发起攻击这一战略,以便夺取更多的市场份额,经过半个多世纪的实践,"两乐"最终形成分庭抗礼之势。

(二)替代品的威胁

所谓替代品的威胁,是指与企业产品具有同样功能的其他类别的产品所带来的威胁,也就是说,具有威胁的竞争者来自另一个不同的行业。如果另一个行业中的竞争者能生产很好的替代品,那么,本行业中的所有企业都将面临威胁。比如,眼镜生产企业会受到隐形眼镜生产企业的威胁,生产碳酸饮料的企业会受到茶饮料、果汁饮料等企业的威胁。当某一行业存在替代品时,消费者便会有更多的选择,而这种选择对企业来说是一种巨大的竞争压力。一般来说,替代品价格越低、质量越好、用户转换成本越低,其所产生的竞争压力就越强。为减少替代品的威胁,企业可以利用低价来对抗替代品的竞争,也可以通过特殊的产品和核心技术来抵御威胁。

(三)购买者的议价能力

购买者的议价能力主要是指终端消费者在购买商品时讨价还价的能力。与供应商相比,购买者更有议价优势。作为购买者,总是要求价格低、质量高、服务全面的产品或服务,他们以此为目标,与企业讨价还价,即我国俗语所说的"客大欺主"。企业往往为了赢得消费者的满意,不得不在这几方面展开竞争,而这些竞争通常是以牺牲行业利润为代价。通常情况下,如果购买者能够在价格、质量、服务或其他方面上有一定优势,那么,他们就会对企业形成一种强大的竞争压力。对于企业来说,通过缩小购买者的选择范围来削弱其议价能力是一种不错的竞争战略。

(四)供应商的议价能力

除购买者的议价能力给企业带来竞争压力外,供应商的议价能力也能给企业施压。供应商可以通过提高价格或降低所购产品服务质量来威胁企业,即我国俗语所说的"店大欺客"。强有力的供应商的压力可能迫使企业因无法使价格跟上成本的增长,而降低其利润。波特认为,供应商对企业是一种弱势竞争力量,还是一种强势竞争力量,取决于企业所在行业的市场条件和所提供产品的重要性。企业可以通过发展专门的供应商,使其形成对企业的依赖,或者通过与供应商联合,形成共同的风险分担机制等来应对竞争。

(五)行业内现有竞争者的竞争

现有竞争者作为一种同行业的内部竞争力量,是五种竞争力量中最强大的。在同一行业中,为了赢得市场优势和消费者的青睐,各企业往往不惜代价,利用各种手段和方法进行竞争,最常采用的手段包括价格竞争、广告投放、产品性能与质量、售后服务、品牌形象等,这些全方位的竞争手段都可以纳入广告策略的范畴之内。因此,关于现有竞争者的基本情况、发展方向等的研究也是竞争对手分析的重点。

管理学家弗雷曼建议,在波特的五力分析模型中加上"其他利益相关者的影响",包括政府、工会、地方社区、贸易组织、股东、特殊利益集团等,其中,政府的作用最大。比如,政府可以为某些产业建立进入壁垒,也可以通过制定法律政策等规范企业间的竞争。

三、识别竞争对手

明确企业在市场中的地位与竞争角色以及影响企业的五种竞争力量之后,下一步需要识别的就是竞争对手究竟是谁的问题。这是一个看似容易实际上很困难的问题,因为在大多数情况下,真正的竞争对手不一定就是提供同样产品或服务的组织,如波特的五力分析模型所示,企业实际的和潜在的竞争者的范围是很广泛的,一个企业有可能被新出现的不知名的对手或技术打败,而不是被现有的竞争者打败。比如,当生产复写纸的 A 企业在市场上居于领导者位置时,新品牌的复写纸可能不会对它构成威胁,而采用先进技术的复印机却会给 A 企业带来毁灭性的打击。一般来说,识别竞争对手可以通过以下几个步骤来进行:

(一)识别竞争层次

确定竞争对手的首要步骤就是识别竞争对手的层次。根据竞争的内容和相似程度,我们可以把企业的竞争对手划分为四个层次。

1. 品牌竞争者

品牌竞争者之间生产相似或相同的产品，且满足同一目标消费群体的需求。比如蒙牛视伊利为最大的品牌竞争者，他们都以争夺对方的市场份额为目标。

2. 行业竞争者

行业竞争指的是在同一行业的组织间进行的竞争，行业竞争者之间具有大致相似的产品范围。以蒙牛为例，他不仅要与伊利、光明等全国性品牌进行竞争，还要与雀巢奶制品、北京的三元、山西的古城等国际性或区域性品牌进行竞争。也就是说，把行业内的所有企业都作为自己的竞争对象。

3. 形式竞争者

形式竞争者是指虽然竞争的具体方式不同，但可通过不同的产品形式来满足消费者相同的需求。形式竞争的范围更加广泛，比如对蒙牛早餐奶来说，其形式竞争者就囊括了永和豆浆、维维豆奶、雀巢燕麦片等众多品牌。

4. 通常竞争者

通常竞争是指把所有争取同一类消费者的企业都视为竞争者，也就是说，它是对消费者消费的竞争，这是最广泛的竞争层次。仍以蒙牛为例，其通常竞争者既包括所有的食品企业，也包括能够占用消费者生活支出的所有企业如服装企业、日用品企业等。

企业要确定竞争对手，就要首先识别其主要威胁来自哪一个竞争层次，然后再根据对手的竞争层次制定竞争策略。比如，对于市场挑战者和追随者来说，他们可能更关心品牌竞争者，而拾遗补缺者则或许会更关注形式竞争者。

（二）划分竞争群体

如前所述，大多数行业都由关系紧密的竞争群体组成，企业的竞争对手往往不是单一明确的竞争对象，而是一个竞争群体，这个群体中可能既有比较直接的竞争对手，也有一些次级的竞争对手。在广告策划中，竞争分析的关键就是找出这个竞争群体，并对其进行监测和评价。在进行竞争群体分析时，可采用如下分析过程①：

- 识别能够区分出不同竞争群体的竞争性特征，如地理区域、产品范围、产品质量、价格范围、顾客特点等，并从中识别最为重要的两个独立变量；
- 用两个变量画出双变量图；
- 利用两个变量分析竞争对手在双变量图中的位置；
- 把单个竞争对手的位置标注于双变量图上；
- 以聚集的竞争对手为中心画圆，半径长度表示竞争对手的交易额。

我们以洗发水的竞争群体划分来具体分析，如图6-2所示。

① 黄升民、段晶晶著：《广告策划》，中国传媒大学出版社2006年版，第51－52页。

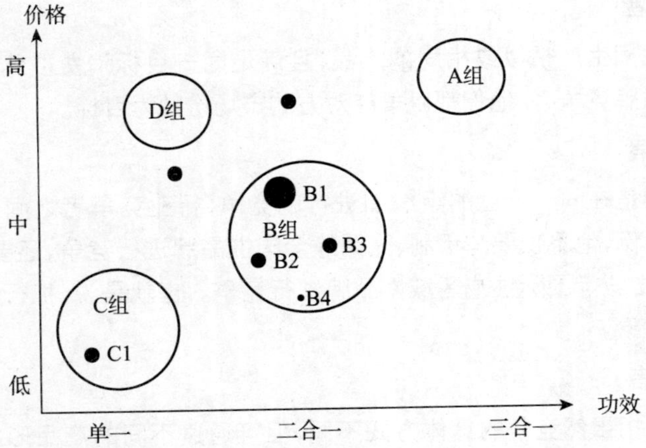

图 6-2　洗发水竞争群体划分

在图 6－2 中，显示了能够区分洗发水市场竞争群体的两个关键依据——功效和价格，我们以洗发水的功效为横轴，依次分为单一功效、二合一功效和三合一功效的洗发水；以价格为纵轴，依次分为高、中、低三个层次。根据功效和价格，我们将单个的竞争对手如 B1、B2、C1 等标注在图中，并以聚集的竞争对手为中心画圆，得出了图中的四个竞争群体：A 组为具有三合一功效且价格较高的洗发水群；B 组为具有二合一功效且价格中档的洗发水群；C 组为具有单一功效且价格较低的洗发水群；D 组为具有单一功效且价格较高的洗发水群。

在变量图上，除了 ABCD 四个组群，我们还能看到组群之外的空白，这些空白就是市场的空档，因此，划分竞争群体的方法也成为企业寻找市场空档的手段之一。企业可根据市场的实际情况以及自身的实力来决定是否填补某一市场空档。

(三) 考察竞争个体

在市场竞争中，虽然企业面临的是一个竞争群体，但对于这个群体中个体的分析更有利于企业明晰竞争态势，判断主要竞争对手，进而制定竞争策略。对于这些个体的竞争对手，我们可以通过以下几个内容来对其进行考察和判断：

- 消费者群体的相近程度（相近程度越高，越易形成竞争）；
- 产品功能、特征、包装等的相近程度（相近程度越高，越易形成竞争）；
- 市场占有率的相近程度（相近程度越高，越易形成竞争）；
- 地域覆盖范围的相近程度（相近程度越高，越易形成竞争）；
- 未来发展方向的相近程度（相近程度越高，越易形成竞争）。

(四) 确定竞争对手

通过划分竞争群体和考察竞争个体，可以帮助企业清晰地找到所属群体及其在竞争中的位置，并由此确定竞争对手。如图 6-2 中，如果企业处于 B 组中 B3 的位置，则同属 B 组的

B1、B2、B4 洗发水都可能成为企业的竞争目标，只不过 B1、B2、B4 之间的竞争地位有所区别。比如，与企业实力相当的 B2 是企业最主要的竞争对手，实力较强的 B1 和实力稍弱的 B4 是企业的次要竞争对手。除相同的竞争群体之间存在竞争外，不同的竞争群体之间也可能存在着竞争，在图 6-2 中，B 组之外的其他组群距离 B 组越近，则给企业带来的竞争压力就会越大。随着竞争的演变，企业甚至可以在适当的条件下选择 C 组中的 C1 作为竞争对手。

第二节　监测竞争对手

对竞争对手进行监测可以使企业熟悉竞争对手的优劣势，了解其目标、内部状况和未来战略，从而为制定市场竞争战略提供依据。通常情况下，对竞争对手的监测主要从市场和广告两个方面进行着手。

一、对竞争对手的市场监测

对竞争对手的市场监测既包括对竞争对手静态市场概况的监测，也包括对竞争对手动态市场行为的监测。

（一）监测竞争对手的市场概况

1. 竞争对手的基本情况

正所谓“不打无准备之仗”，在制定广告策略之前，有必要先对竞争对手的历史、企业文化、企业规模等基本情况进行深入了解。只有获得了这些基本信息，才能揭示竞争对手的特征，进而为后续市场行为的监测做出铺垫，也为将来的策略制定提供依据。具体来说，可以从以下几个方面来了解竞争对手的基本情况：

- 公司经营历史和发展目标；
- 公司性质、规模和财务状况；
- 法定代表人和经营决策层构成；
- 公司决策程序、主要决策者的做事风格和特殊偏好；
- 公司机构和职能部门设置、人员规模；
- 关联企业状况：重要合作伙伴、上下游企业、顾问机构等；
- 公司文化；
- 公司经营形式；
- 社会评价、媒体舆论评价、专家评价、行业人员评价、消费者评价；
- 其他需要说明的情况。

上述基本情况是进行竞争对手监测时所获取的最初级资料，但也是必不可少的资料，因此，必须引起监测人员的注意。

2. 竞争对手的市场现状

表 6-1　竞争对手的市场现状监测①

监测项目	监测内容	监测渠道	监测方式
市场成长状况	年总销售额 产品品种销售构成	权威机构	资料查询
市场容量	市场容量 市场消费量 普及率/持有率/购买率	权威机构	资料查询
市场竞争结构	市场集中度 产品品种市场占有构成 品牌市场占有构成 区域市场占有构成 市场占有率变化趋势	企业内部 权威机构	内部访谈 资料查询
渠道结构	销售渠道分类和特点 基本的渠道策略 进入销售渠道的基本方法	产业资料 经销商	资料分析 深度访谈
市场发展趋势	需求预测	企业内部 权威机构	资料查询 深度访谈

在把握了竞争对手的基本情况之后，接下来需要了解的就是竞争对手的市场现状，包括市场成长状况、市场容量、市场份额、渠道结构等相关数据和资料。这些数据是明确竞争对手及企业在市场上所处位置的依据，也是进行竞争分析、制定广告策略的基础，我们可以通过竞争对手内部管理层的公开讲话、经营业绩报告、财务报告及公开发表的战略规划，以及国家管理部门、市场研究组织、金融机构、媒体等外部权威机构对竞争对手的调查研究和评价等途径获得。在表 6-1 中，我们归纳了一些关于竞争对手市场现状的关键指标与资料的获取途径。

3. 竞争对手的产品信息

在对竞争对手的产品进行监测时，应有目的地搜集以下信息：

- 竞争对手的产品有哪些；
- 核心产品项目是什么；
- 产品的基本特征；
- 产品的生命周期；
- 产品的总体价格水平；
- 产品的功能、特性；
- 产品的设计与包装。

获得了这些方面的信息，就可以描绘出一幅竞争对手如何实现产品经营目标和策略的图景。

① 黄升民、段晶晶著：《广告策划》，中国传媒大学出版社 2006 年版，第 51－52 页。

4. 竞争对手的营销战略

在对竞争对手的营销战略进行监测时，应有目的地搜集以下信息：

➢ 产品的销售渠道；
➢ 营销手段及特点；
➢ 市场推广策略。

5. 竞争对手的消费者信息

在对竞争对手的消费者信息进行监测时，应有目的地搜集以下信息：

➢ 消费者的基本信息，如数量、地域分布等；
➢ 消费者的消费渠道；
➢ 消费者心理，如满意度、期望值等；
➢ 个体消费者的人口统计特征分析与态度。

（二）监测竞争对手的市场行为

在市场竞争中，竞争对手的市场行为一直处于动态变化之中。为了掌握竞争对手未来的发展目标与市场战略，企业必须时刻关注竞争对手在当前竞争活动中的动向。

1. 产品的变化

对竞争对手产品变化的关注是市场行为监测的首要任务，因为产品变化是竞争对手实施营销策略的重要手段，也是其广告诉求变化的根源。我们可以从新产品开发、产品设计、产品系列、产品质量、产品价格等方面的变动来进行监控。比如，在新产品开发中，考察竞争对手的新产品开发活动是如何组织的，是否依据产品经营方针策划开发战略，开发的新产品是同属一族的系列产品，还是不同种类的产品；在产品质量方面，监控产品是否会出现某些变化，产品质量水平是提高了还是降低了等；在产品价格层面，实时监控竞争对手产品价格的波动可以帮助企业在竞争中获胜。

2. 销售渠道的变化

竞争对手在产品铺货渠道、分销成本等方面的变化直接影响着产品的终端销售，企业通过监测这些变化而开展针对性的广告活动往往十分有效。

3. 促销及其他营销手段

竞争对手近期开展了哪些促销活动，开展的目的、时间、地点、力度以及促销手段是什么，最终效果又如何？这些问题都离不开对竞争对手的实时监测。此外，除促销活动外，还需监测竞争对手开展的公关活动、事件营销等其他营销活动，通过对这些活动的监控，企业可以有的放矢地制定相对应的市场与广告策略。

4. 合作伙伴的变化

通过监测竞争对手在原料、资源、技术、渠道等方面合作伙伴的变化，寻找合适的市场机会。

5. 地域的开发与撤退

竞争对手在销售区域方面有何变化？是否准备拓展新市场或退出原有市场？在各个地

区，竞争对手的市场投入有无显著变化？了解这些问题，可以帮助企业随时抓住竞争对手给予的时机，进而扩大市场份额。

二、对竞争对手的广告监测

广告是企业市场营销策略的有效手段之一。除了对竞争对手的市场进行实时监测外，对竞争对手的广告监测和分析也是广告策划的重要内容。通过掌握竞争对手的广告状况，企业可以制定有效的广告应对策略，以在广告竞争中取胜。对竞争对手的广告监测通常包括以下内容：

（一）竞争对手的广告概况

与竞争对手的市场概况调查相同，广告概况调查也是对最初级、最表层信息的搜集，但却是广告监测中必不可少的一步。具体来说，主要包括：

- 竞争对手广告活动开展的时间、地点与主要内容；
- 广告各媒介的具体表现；
- 广告发布的媒体与具体的时段/版面/地点；
- 广告费用投入及分配；
- 广告活动的效果（如销售量、知名度、美誉度、品牌形象、社会影响及其他方面的改变）。

（二）竞争对手的广告策略

竞争对手的广告概况分析可以使企业把握竞争对手开展广告活动的基本情况，而竞争对手的广告策略则可以为企业提供策略上的借鉴，主要包括：

- 目标市场策略，即广告的目标市场及其营销特征如何；
- 产品定位策略，即广告的定位是什么，有何合理与不合理之处；
- 广告诉求策略，即广告的诉求对象是谁、诉求重点有何变化、诉求方法是什么，有何合理与不合理之处；
- 广告表现策略，即广告主题是什么、广告作品风格有无变化、广告创意如何，有何合理与不合理之处；
- 广告媒介策略，即采用什么样的媒介组合和媒介排期、广告发布的时机如何、广告投放量的变化，有何合理与不合理之处；
- 除广告外，还采取了什么样的促销方法与手段？

总之，在进行对竞争对手的广告监测时，应先从上述两个方面对每个竞争对手进行调查，然后再将每个主要竞争对手的分析结果综合整理，得到较系统的对比资料。通过这些资料，可以认清企业在竞争中所处的地位，找出竞争对手的薄弱环节，并以此为出击方向进行突破，从而为广告策划提供必要的依据。

需要注意的是，对竞争对手的广告监测工作是一个长期的过程，相关资料不可能通过一次监测就轻易获得，而是在一点一滴的积累中形成的。可以说，没有长期的监测资料积累，就不可能全面综合了解竞争对手的情况，也就不可能制定有效的、针对性强的竞争策略。

【案例6-3】 柯达数码相机中国市场的竞争对手分析

一、竞争状况

1. 行业品牌构成

中国数码相机市场上的产品分为四个系列，以索尼、佳能、奥林巴斯、尼康为首的日系，以柯达为首的欧美系，以三星为首的韩系和以联想为首的国内厂家。

2. 市场集中度现状

数码相机市场呈现高度集中状态。索尼占据了25%左右，佳能占据20%左右，两家加起来就近半。奥林巴斯、尼康、柯达也分别占有百分之十几的市场份额。剩余部分由数目庞大的追随厂商瓜分。各国厂商的竞争主要集中在200万–300万像素之间的产品上。高端应用市场仍基本是日系品牌的天下。

3. 产品/市场竞争形势

表6-2 大众、大学生和高端数码相机市场上各品牌消费者占有率（单位%）

大众市场（CMMS）		大学生市场（CUS21）		高端市场（H3）	
	消费者份额		消费者份额		消费者份额
索尼	22.14	奥林巴斯	22.25	索尼	29.65
佳能	14.10	佳能	15.97	佳能	28.17
奥林巴斯	12.71	索尼	14.10	奥林巴斯	14.35
柯达	6.75	富士	6.47	尼康	10.56
三星	5.86	三星	6.40	富士	7.88

数据来源：中国市场与媒体研究（CMMS，2004）、21世纪中国大学生消费与生活形态研究（CUS21，2004）、中国新富市场与媒体研究（H3，2004）

4. 品牌定位图

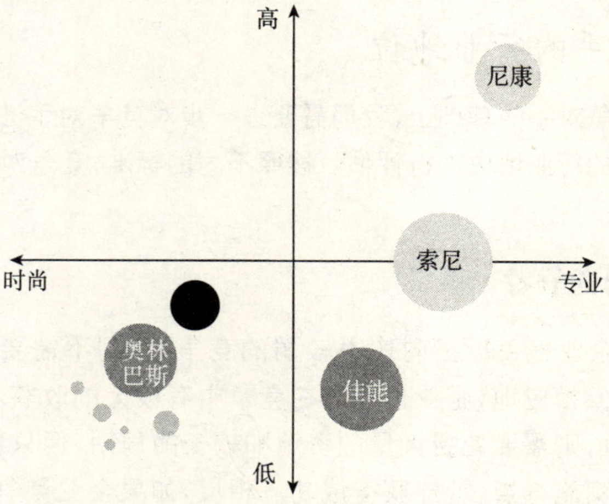

（注：图中黑色部分为柯达目前定位）

图6-3 数码相机行业主要品牌定位图

二、竞争广告分析

1. 索尼

广告重点为低端时尚机，广告语为“自由我主张”，诉求重点注重个性化。代言人由索普改为韩国男星裴勇俊，强调索尼的高品味形象，吸引广大女性消费者。在广告投放上，选择全国性媒体，投放重点为华南地区。

2. 佳能

广告重点放在时尚机型 IXUS 系列上，G5 和 A75 也有少量广告。IXUS 系列以个性张扬的莫文蔚为代言人，莫文蔚在 24 岁以上的年轻人心目中有一定的号召力，这些人群正好是 IXUS 系列机型的目标群体，广告诉求点是突出张扬的个性。

3. 奥林巴斯

与索尼、佳能相比，奥林巴斯的产品线相对单一，广告诉求也相对集中。其广告重点推广时尚 U 系列，以“野蛮女友”全智贤为形象代言人，体现年轻人的动感青春。广告以塑造品牌形象为主，系列电视广告“我的数码故事”主打时尚牌。在广告投放上，选择全国性媒体，投放重点为华南地区。

4. 尼康(中国)

尼康改变以往不重视广告的做法，开始大力投放广告，且多以品牌形象广告为主。

(资料来源：陈培爱编著：《广告策划与策划书撰写》，厦门大学出版社 2007 年版，有修改)

第三节　评价竞争对手

一、评价竞争对手的行业地位

在识别和监测竞争对手的基础上，我们需要进一步对竞争对手进行评价。评价的首要步骤就是对竞争对手的行业地位进行评估。按照不同的标准，竞争对手的行业地位可分为以下几类：

(一)强竞争者与弱竞争者

在竞争中，如果企业把目标指向实力较弱的竞争者，则不需要花费太多的人力、物力和财力便能取胜，但相应地，企业也不会在竞争中有很大的收获。如果企业选择与强有力的对手进行竞争，则需要花费大量的资源和较长的周期，但只要企业瞄准强竞争者的弱点，策略选择与实施得当，就能获得成功。相反，如果企业竞争策略出现失误，则可能功亏一篑。选择强竞争者还是弱竞争者，要根据企业的实际情况和未来发展目标来定。

(二)近竞争者与远竞争者

多数企业会选择近竞争者,即与其十分相似的竞争对手进行竞争,如蒙牛选择伊利作为主要竞争对手。在选择近竞争者的同时,企业也要尽量避免"摧毁"相邻的竞争者,因为如果打败了邻近的对手,企业就会引来更难对付的竞争者。

(三)"良性"竞争者与"恶性"竞争者

波特认为,每个行业都有"良性"和"恶性"竞争者,一个公司应明智地支持"良性"竞争者,攻击"恶性"竞争者。"良性"竞争者遵守行业规则,希望有一个稳定而健康的行业,他们对行业的增长潜力所提出的设想切合实际,他们合理地制定价格,他们把自己限制于行业的某一部分或细分市场里,他们接受为他们的市场份额和利润所规定的大致界限。"恶性"竞争者违反规则,他们试图花钱购买而不是靠自己的努力去赢得市场份额,他们喜欢冒险,在生产能力过剩时仍继续投资,他们打破了行业的平衡。

各个企业在目标市场上参与竞争时,由于所追求的战略目标各不相同,所选择的竞争对手类型也应该是不同的,企业应依据自身情况制定相应的竞争策略。

二、明确竞争对手的定位

在前述分析和监测的基础上,想要明确竞争对手的定位并非难事,因为定位通常是竞争对手营销策略中最突出的部分之一,只要稍加观察和研究就可获得。在分析竞争对手的定位时,要把注意力集中于他们是如何根据自己的特点而定位的、消费者对这一定位是否认可、他们在定位特征上与同类产品有何异同等问题上。分析竞争对手定位是否成功是评价竞争对手的关键步骤,因为定位成功与否直接关系到产品在消费者心目中的形象。

三、辨别竞争对手的战略

任何一个企业的营销战略都与其竞争对手的营销战略存在密切联系,两者之间的战略越是相似,竞争就会越激烈。在大多数行业中,企业的竞争对手都可以区分为不同的战略群体。所谓战略群体,就是指在既定目标市场实施相同战略的企业群。通过考察战略群体状况,可以洞悉一些重要情况。尽管在一个战略群体内竞争最为激烈,但在群体之间也同样存在着很多竞争。如果不同群体间的企业在规模和实力上大致相等,而且群体间流动壁垒较低时,竞争就会更激烈。

四、分析竞争对手的目标

在辨别了竞争对手的战略后,还要对竞争对手的未来目标做出分析,比如,每个竞争对手在市场上追求什么?他们的行为动力又是什么?这些分析有利于预测对手对目前市场地位的满意程度,从而推断出其下一步可能会采取的策略。

一般来说,竞争对手的目标是由多种因素共同影响和决定的,包括公司规模、历史、目前的经营管理状况和经济状况等。通过分析这些因素,我们大致可以了解竞争对手的当前目标和未来目标。这些目标大体可分为单一的利润目标和多种目标组合两种。比如，有些竞争对手指向的是单一的利润目标，他们以获取长期或短期利润为目的；有的竞争对手则指向一组目标，如利润、市场份额增长和服务领先等多个目标的组合，我们可以通过了解竞争对手对这些目标赋予的相对权数，来判断其对各种竞争攻势作何反应。

五、评估竞争对手的优劣势

在广告策划中，企业进行竞争分析的最终目的是挖掘自身的优点，努力在竞争对手薄弱的环节寻求突破，从而建立竞争优势。需要注意的是，企业自身的优点与竞争对手的弱势都是相对的，也就是说，是建立在相互比较的基础之上的。通常情况下，对竞争对手优劣势的评估可以从以下因素入手：

- 市场占有率
- 心理占有率
- 情感占有率
- 产品/服务差异化（多样化）程度
- 广告投放
- 企业理念与形象
- 研究开发的重心
- 企业总部与分支机构所在地
- 销售组织和销售渠道
- 地域市场范围
- 品牌的数量
- 纵向一体化的程度
- 技术领先程度
- 成本结构和价格定位
- 所有者结构
- 背景及关系资源（如与政府、银行的关系）
- 产品质量、基本和附加功能
- 新产品开发
- 产品系列的宽度和深度
- 细分市场的数目
- 生产能力
- 成本情况
- 能源和原材料供应
- 财务状况
- 营销工具使用
- 分销渠道
- 营销体系的规模与力量
- 产品或服务的质量
- 研究开发能力
- 设备水平
- 组织的规模

本章小结

企业要想在竞争中获胜，除了要知己——科学分析营销环境、准确把握目标市场的需求，还必须知彼——准确识别和评价竞争对手，运用相应的策略为自己谋求竞争优势。

进行竞争对手分析，第一步便是确定哪些是竞争对手。迈克尔·波特的五种竞争力模型为企业分析其竞争环境提供了有效的工具，在这个模型中，一个行业中的竞争被划分为五种基本力量：新进入者、替代品的威胁、购买者的议价能力、供应商的议价能力和行业内现有竞争者。一般来说，识别竞争对手可以通过识别竞争层次、划分竞争群体、考察竞争个体、确定竞争对手四个步骤来进行。

确定竞争对手后，有必要对竞争对手进行监测，以使企业熟悉竞争对手的优劣势，了解其目标、内部状况和未来战略,从而为制定市场竞争战略提供依据。通常情况下,对竞争对手的监测主要从市场和广告两个方面进行着手。

在识别和监测竞争对手的基础上,需要进一步对竞争对手进行评价。我们可以从评价竞争对手的行业地位、明确竞争对手的定位、辨别竞争对手的战略、分析竞争对手的目标以及评估竞争对手的优劣势等五方面来评价竞争对手。

一、思考题

1. 如何确定企业的竞争地位和角色?
2. 波特的五种竞争力模型对广告策划中的竞争分析有何借鉴意义?
3. 我们可以通过哪些步骤来识别企业的竞争对手?
4. 怎样对竞争对手的市场和广告状况进行监测?
5. 如何对竞争对手进行评价?

二、课外资源

1. [美]迈克尔·波特著,陈小悦译:《竞争优势》,华夏出版社2001年版
2. 宋联可、杨婕著:《较量》,中国言实出版社2004年版
3. 《销售与市场》杂志
4. 《市场观察》杂志
5. 《经济观察报》
6. 中国企业家(http://www.iceo.com.cn)

CHAPTER 7

第七章

消费者分析

在广告战略分析的四个维度中，消费者分析无疑是最具重要意义的维度。对消费者需求与消费行为的把握是竞争环境下企业进行市场营销活动的出发点。因为只有准确预测消费者的需求并及时应对消费者的反应，才能使产品为消费者所接受，企业才能在市场营销中取得成功。对于广告策划来说，消费者分析同样为其提供了可靠的依据。广告活动要实现有效的信息沟通，就必须了解其目标对象是谁，目标对象有什么样的消费特征与消费习惯，对消费者的深入分析可以使广告活动有的放矢。

第一节　消费者与消费需求

现代营销和广告策划都是建立在对消费者行为的分析之上，而驱动消费者行为的基本因素就是消费需求。因此，消费者需求研究成为我们进行消费者分析的首要步骤。

一、消费者的角色分析

在消费者的消费过程中，往往不止扮演购买者一种角色。他们可能是个人消费的决策者和购买者，家庭消费的发起者，或者组织消费的影响者。无论是简单的还是复杂的消费过程，一般都会出现以下五种角色（如图 7-1 所示）。

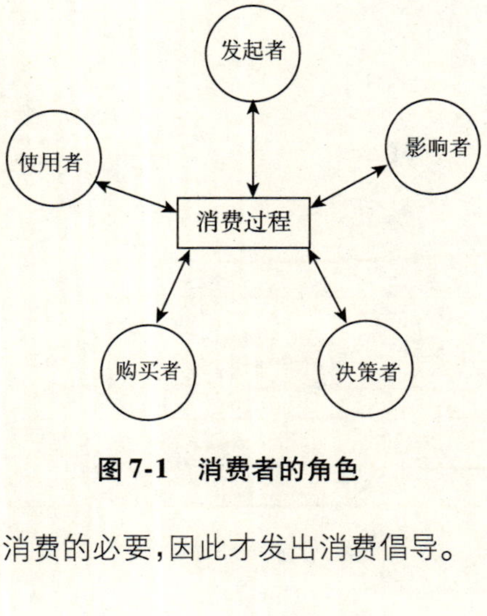

图 7-1　消费者的角色

（一）发起者

发起者又称倡导者，指的是第一个想到及建议购买某一产品的人。在家庭消费中，发起者能促使家庭其他成员对该产品发生兴趣。对于发起者来说，他们或者是本人有消费需要或消费意愿，或者是认为他人有消费的必要，因此才发出消费倡导。

（二）影响者

影响者是指对发起者的建议表示支持或反对的人，他们的意见会对最终购买决策产生直接或间接的影响。影响者包括家庭成员、朋友、邻居、购物场所的销售人员、广告中的代言人，甚至素昧平生的过路人等。影响者的影响力有大有小，因人而异。比如，消费者有可能因为对某个明星的崇拜而做出购买决策，这时候，明星就成为有分量的影响者，策划人员在制定广告表现策略时，可以通过使用形象代言人的方式来增强影响者的示范作用，进而引发消费者的从众行为。

（三）决策者

决策者指作出最终购买决定的人。在是否购买、为什么购买、怎样购买、在哪里购买、购买什么样的产品等方面，决策者能做出全部或部分的最终决定。在家庭消费中，根据购买产品的不同，决策者会有所不同。一般来说，决策者是所购产品的直接消费者或家庭中某领域的权威角色。比如，在保险、汽车等服务或产品的购买中，丈夫一般是决策者；在洗衣机、家具、厨房用品等家庭用品的购买中，担任决策者角色的往往是妻子；在住宅、度假等产品的消费中，则是丈夫和妻子共同担任决策者。

在企业的营销活动中，决策者这一角色具有十分重要的价值，因为他们直接导致了购买行为的产生。对于广告策划人员来说，广告的重点诉求对象就是决策者，广告表现策略和广告媒介策略均应围绕这类人群展开。比如在家庭消费用品的广告表现中，可以针对家庭成员的不同角色进行有效暗示——谁该负责某一项购买任务，然后将专家的形象赋予其上，最典型的案例就是宝洁的系列产品，如在宝洁的舒肤佳香皂电视广告中，通常选定母亲为购买者，以“爱心妈妈，呵护全家”的形象作为诉求，使一个家庭中的母亲顺理成章地扮演决策者的角色，并捍卫自己的购买决策。

（四）购买者

购买者即直接购买产品的人。通常情况下，决策者做出购买决策后，购买者便会实施购买行为。在个人消费中，决策者和购买者是同一个人，但在家庭消费中，决策者和直接的购买者有可能是不同的家庭成员，由于受购物现场环境的影响（如 POP 广告），购买者有时会临时改变已有决策，现场做出新的购买决策。

（五）使用者

使用者即最终使用、消费产品的人。比如在儿童食品的购买中，发起购买建议的往往是儿童本人，但影响者一般是儿童的父母或周围亲友，决策者和购买者通常是儿童的母亲或父亲，使用者则是儿童自己。产品的使用者是实现消费体验的最终角色，而这种消费体验（如使用后的满意度）会对消费者本人及其他人的消费行为产生影响。在广告表现中，可以专门以使用者的这种使用体验为诉求点，来刺激其他消费者的模仿。

总之，了解消费过程中的主要参与者和他们所起的作用，有助于营销策略和广告诉求策略的制定。营销人员必须识别出谁是真正的决策者，然后针对其开展有目标的营销活动；广告策划人员则应针对不同的角色开展不同的诉求。

二、消费者的消费需求

在市场营销学中，市场有三大构成要素——人口、购买力、购买欲望与需求，三者缺一不可。在市场营销的4C理论中，营销组合完全是以消费者的需求为中心。因此可以说，市场营销的基础就是人的各种欲望与需求。

在心理学中，心理学家对人类需求进行了深刻的剖析，其中，对市场营销最有启发意义的就是美国心理学家马斯洛提出的需求层次理论（如图7-2所示）。

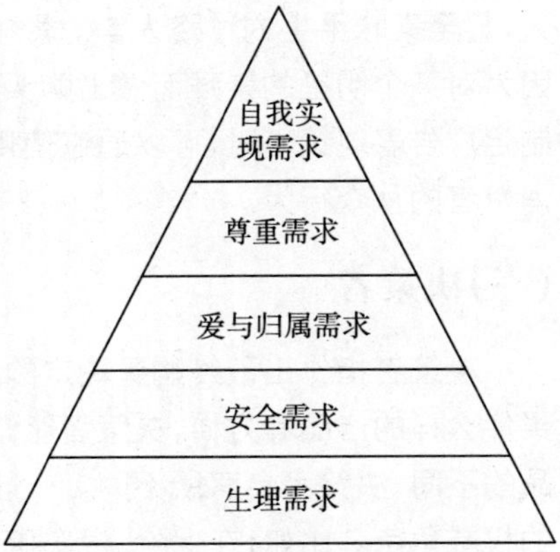

图 7-2　马斯洛需求层次

马斯洛认为，人类在不同阶段有不同的需求，这种需求可以划分为五种不同的层次，按其重要程度进行排列，依次是生理需求、安全需求、爱与归属需求、尊重需求和自我实现需求。根据需求层次理论，人们总是首先满足低层次的需求，当低层次需求满足后才会上升到高一层次的需求。

（一）生理需求

这是维持人类自身生存的最基本需求，主要体现在衣、食、住、行等方面。消费者出于生理需求而购买的产品，包括食品、饮料、服装、药品等，这些产品能否满足消费者的需求，主要体现在产品的功能上。这反映到广告中，就要求广告创意人员尽可能地向消费者传达关于产品的具体使用信息，而避免空洞抽象的诉求。

（二）安全需求

马斯洛所定义的安全需求不仅包括人类身体不受伤害，还包括物品、财产不受损失；不仅表现在对稳定的社会秩序和职业的追求上，还表现在对衰老死亡的恐惧上等。消费者出于安全需求而购买的产品包括保险、养老投资、预防性药物等。

（三）爱与归属需求

在生理与安全需求得到基本满足后，人类就开始追求满足与他人建立融洽关系，并在所属群体中求得一席之地的需求。以爱与归属需求为诉求的产品有娱乐、休闲服务等。

（四）尊重需求

人人都希望自己有稳定的社会地位，要求个人的能力和成就得到社会的认可。尊重需求分为自尊和受人尊重两种。自尊是指一个人希望在各种不同情境中有实力、能胜任、充满自信；受人尊重是指一个人希望有地位、有威信与名望，受到别人的尊重。消费者出于尊重需求购买的产品往往超越产品本身的使用价值，而更多地追求产品的象征意义，比如手表、汽车、饰品等产品。在对满足尊重需求的产品开展广告活动时，应注意挖掘产品的象征价值，从而满足该类产品消费者的心理需求。

（五）自我实现需求

这是最高层次的需求，是指实现个人理想、抱负，最大限度地发挥个人潜能，完成与自己能力相称的一切事情。消费者自我实现的需要，体现在其借助某种产品，如教育、运动、美食等充分发挥自己的才华与创造力，开发自己的潜能，追求理想，实现抱负。

马斯洛的需求层次理论为企业营销和广告活动的开展提供了强有力的依据，也为企业进行消费者分析奠定了基础。

【案例 7-1】 从万宝路香烟的定位看消费者需求

1924 年，美国菲利浦-莫里斯公司生产了一种名为“万宝路”的香烟，专供女士享用。广告口号“像五月的天气一样柔和”来尽显其味道。然而，产品投放市场后，销售业绩始终不佳。为改善销售状况，菲利浦-莫里斯公司多方努力，但效果不佳，公司不得不停止生产这个香烟。

第二次世界大战结束后，美国经济有了新的发展，烟草消费量增加，过滤嘴香烟问世，美国菲利浦-莫里斯公司对万宝路情缘未了，又生产了过滤嘴万宝路香烟，但销量依然不佳。于是，公司求助于李奥·贝纳。李奥·贝纳勇敢接下了这一挑战。经过周密的市场调查，李奥·贝纳提出了一个“颠倒阴阳”的大胆构想：去掉万宝路浓厚的脂粉气，为其重新塑造具有男子汉气概的全新形象。得到菲利浦-莫里斯公司的认可，选用被美国人公认的最具男子汉气概的西部牛仔担当万宝路的广告形象。1954 年，粗犷、剽悍、豪爽的牛仔形象在不同的广告画面上以不同的姿态出现，一下子征服了美国公众的心，万宝路的销量提高了 3 倍，一跃成为全美十种畅销香烟之一。

在牛仔形象的感召下，到 1968 年，万宝路已成为美国主要香烟品牌，占美国市场的 13%，仅次于云丝顿排名第二。从 20 世纪 70 年代起，万宝路全面进入国际市场，牛仔形象风靡全世界，如今，万宝路已经成为全世界最著名、销量最大的香烟品牌。

消费者的需求与欲望是多方面、多层次的。基于生理需要和满足的物质利益需求只是其中一种，此外，还有更高层次的心理需求和精神上的需求。就香烟来说，任何香烟都可以满足烟民们的消费。但更为普遍的情形是人们对香烟品牌的选择越来越追求高层次的心理满足，香烟品牌已经成为一种身份和地位的象征。万宝路香烟广告所赋予产品的硬汉气质，寄托了烟民的英雄崇拜心理，使他们成为真正的男子汉的渴求和虚荣得到满足。李奥·贝纳在广告上的大胆创意，正是基于对消费市场的详细调查和对消费者心理的把握，结合美国“二战”后的经济环境，从消费者的心理入手，在美国旧的价值观念解体的情况下，树立了标榜个性、崇尚自由的牛仔形象，迎合了美国战后出生的一代人膜拜英雄、追求时尚的需要，因此获得了巨大成功。也就是说，广告设计必须符合产品自身的特性，不能脱离产品特定的生存环境，更不能脱离消费者的心理需求和行为特征，要把握消费者的心理动机和产品的营销目标,这就是李奥·贝纳给我们的启示。

(资料来源:张金海主编:《经典广告案例评析》,武汉大学出版社2001年版)

第二节　消费者与消费动因

消费者不可能无缘无故地做出购买决策,他们的消费行为一定是有动机的,也就是说,消费者是在某些因素的影响下而引发购买行为,我们把这些因素归纳为四种,分别是文化因素、社会因素、个人因素和心理因素。广告策划,特别是广告诉求主题的确定离不开对这些因素的分析和研究。

一、文化因素

(一)文化

有人说:"如果有人想欧洲化,他必须去买一辆奔驰车;如果有人想美国化,那他只需抽万宝路,穿李维斯牛仔裤,喝可口可乐就行了。"这一说法是否过于主观这里暂不做讨论,但我们可以从中窥探出的是文化对消费者的巨大影响力。在很多消费者眼中,奔驰、万宝路、李维斯、可口可乐不再仅仅是一辆车、一包香烟、一条牛仔裤、一瓶饮料,它们更是欧美文化的象征。

消费者做出的任何判断和决策,都来自于其喜好和习惯,而这些喜好和习惯又取决于消费者所受的教育和其价值观,这便是文化。文化是人类需求和行为最基本的决定因素,它对消费者的行为产生的影响最为广泛和深远,文化通常表现在各种风俗习惯、宗教信仰、种族、地域、价值观等中。

以美国和日本两种不同的价值观对消费行为的影响为例,美国消费者的基本心理特征是追求个性与时尚,讲究自然和健康,消费行为表现为:不仅对商品的内在质量要求高,而且喜欢新奇的商品,市场上的健康食品、旅游物品、名牌服饰、手表、珠宝等占有很高的市场份额。日本消费者在东西方两种文化的冲击下,形成了独特的消费方式,主要表现在:第一,消费观念国际化,新潮商品和新潮购买方式是典型代表;第二,储蓄意识传统化,日本人一直保持勤俭节约、积极储蓄的习惯;第三,购买过程严格化,日本消费者可以说是世界上最挑剔的消费者。在开展广告活动之前,企业必须对目标消费群的文化背景有所了解,包括其偏好、禁忌等,在此基础之上再"投其所好",做出有针对性的广告诉求。

(二)亚文化

亚文化又称小文化,指某一文化群体所属次级群体的成员共有的独特信念、价值和生活习惯。一种亚文化不仅包括与主文化相通的价值与观念,也有属于自己的独特价值与观念。每一文化都由若干亚文化组成,这些亚文化群体为其成员提供更为具体的认同感。亚文化一般是建立在年龄、地域、宗教、种族、民族、职业、阶层等差别的基础之上,并由此形成多彩多姿的亚文化群体。

以当前中国的"80 后"为例，围绕"80 后"形成了众多的亚文化群体，如小资一族、SOHO 一族、胶囊一族、网络一族、BOBO 族、乐活族、月光族、宅族等，这些群体有各自的生活方式和价值观念，也有不同的追求和品位，譬如小资一族追求典雅、精致、舒适、绅士化、不落俗套；SOHO 一族把休闲与办公融为一体；乐活族主张贴近生活本源，追求健康、环保、可持续的生活方式……这些不同生活方式的"80 后"亚文化组群带来了不同的消费方式，也为广告主提供了各种各样的机遇。广告主应该抓住这些机遇，针对不同群体开展不同的营销和诉求。

二、社会因素

除文化因素的影响外，消费者的消费行为也受到一系列社会因素的影响，这些因素包括消费者所在的社会阶层、参照群体和家庭。

（一）社会阶层

社会阶层是由具有相同或相似社会地位的社会成员组成的相对持久的群体。正是由于社会地位的差别，才使社会成员分成高低有序的不同阶层。虽然对社会阶层的划分有不同的方法，但可以确定的是，社会阶层并非由单一的经济标准来决定，而是由多种因素，包括职业、经济收入、受教育程度和价值观等共同来决定的。当然，一个人所处的社会阶层并非是一成不变的，随着时间的推移，人们所处的社会阶层可能会发生变化，变化的程度因社会的层级森严程度不同而不同。

对于社会阶层的种类，西方学者倾向于三分法，即把社会阶层划分为上层阶级、中层阶级和下层阶级三个层次。美国社会学家科尔曼从社会成员的职业、受教育程度、居住区域和家庭收入四方面综合评估，把美国人划分为七大阶层，如表 7-1 所示。

表 7-1　社会学家科尔曼划分的美国社会阶层

层级	具体层级	所占比例	人群及特征
上层阶级	上上层	0.3%	靠世袭而获取财富、拥有贵族头衔的名副其实的社会名流。
	中上层	1.2%	靠业务成就、社团领导地位起家的社会新贵。
	下上层	12.5%	除新贵以外的拥有大学文凭的经理和专业人员，专注于事业、私人俱乐部和公益事业。
中层阶级	中产阶级	32.0%	收入一般的白领人士，居住在"较好的居民区"，力图干"合适的事"。
	劳动阶级	38.0%	收入一般的蓝领工人，以及各种有不同收入、学历和工作背景，但过着典型的工人阶级生活方式的人。
下层阶级	下上层	9.0%	地位较低，但不是最底层的社会成员。他们有工作，不需要福利救济，生活水平只是维持在贫困线之上。
	下下层	7.0%	接受福利救济，在贫困中挣扎，通常失业或做"最脏"的工作。

在我国，对社会阶层的不同划分也有很多。最具代表性的是2001年中国社会科学院所做的“当代中国社会阶层研究”课题，这个研究把当代中国的社会成员划分为十个阶层，分别是：国家与社会管理者阶层、经理人员阶层、私营企业主阶层、专业技术人员阶层、办事人员阶层、个体工商户阶层、商业服务业人员阶层、产业工人阶层、农业劳动者阶层以及城市无业、失业和半失业者阶层。

对于营销和广告策划来说，社会阶层是一个非常重要的概念，因为同一阶层的消费者往往具有相近的经济利益、生活方式、价值观和兴趣爱好等，不同社会阶层的消费者，在产品的选择和购买、休闲活动、购买模式、信息搜寻方式和媒体接触习惯等方面有着明显的差异。

首先，在产品的选择和购买上，不同阶层的消费者有着不同的行为。比如在住宅、服装和家具等能显示地位和身份的产品的购买上，处于上层阶级的消费者往往选择环境优雅的住宅，高品位、高档次的服装和家具；中层阶级消费者一般对家具和装修要求不高；下层阶级消费者的住宅环境通常较差，在服装和家具上的花费较少。

其次，在休闲活动上，不同阶层之间用于休闲的支出占家庭总支出的比例以及休息类型都有很大差别。上层阶级消费者一般会选择高尔夫、网球等运动；中层阶级消费者则是商业性休闲设施和公共设施如公共泳池、公园、博物馆的主要使用者；下层阶级消费者一般倾向于团体性的体育活动如足球等。

在购买模式上，上层阶级消费者通常去环境优雅、品质和服务上乘的商店购物，同时，他们喜欢单独购物，对服务有很高的要求，且乐于接受新的购物方式；中层阶级消费者对购物环境也有一定要求，但有时也会选择去折扣店，购物对其来说是一种消遣；下层阶级消费者在高档购物场所容易产生自卑和不自在的感觉，他们一般会选择去折扣店或小店，且对价格非常敏感，喜欢成群结队地购物。

在信息搜寻方式和媒体接触习惯上，上层阶级消费者因受过良好的教育，因此对印刷媒体和网络媒体更感兴趣；中层阶级消费者除从大众媒体上获取信息外，也会主动从外部搜寻信息；下层阶级消费者因为信息来源有限，购物时受亲朋好友的影响较大，另外，由于受教育较少，比较喜欢接触电视、广播等电子媒体。

（二）参照群体

参照群体是指消费者个人在做出消费决策时用做参照点的其他人群，这个群体既可以是家庭、朋友、邻居、同事等关系密切的群体，也可以是专业协会、俱乐部等关系疏离的群体。根据接触的直接与间接程度，参照群体可以分为成员群体和榜样群体两种类型。

成员群体即直接群体，它是消费者所归属的群体，包括家庭、朋友、邻居、同事等，家庭因素我们将在后文专门论述，这里只论述朋友、邻居和同事等人对消费者的影响。朋友之间通常在价值观上会有相似之处，与消费者接触频繁，并能在购买行为上相互产生影响。邻居和同事对消费者的消费行为尽管影响不会很大，但仍然不可忽视。比如，邻居、同事之间的相互攀比，往往会使消费者做出不理智的购买决策。

榜样群体即间接群体，由消费者羡慕或视为榜样的人构成，如明星、NBA球员、成功企业家等。由于地域和物理条件的限制，这些人不可能直接与消费者接触，但其行为却会对消费者产生榜样和示范效果，由此产生的名人广告正是借助于名人的这种声望和影响力来为广告主推荐产品。

在实际生活中，参照群体会以各种方式影响消费者的消费行为，这种影响主要表现在三个方面：

1. 信息性影响

消费者在消费过程中遇到不确定因素时，往往会通过搜寻信息来降低风险，这时参照群体就成为消费者的信息咨询者和购买决策的影响者。比如新生儿的母亲在购买婴幼儿产品时，通常会向周围有相关经验的亲人、同事或邻居打听相关信息，进而做出购买决策。

2. 价值性影响

参照群体，尤其是榜样群体经常通过生活方式或价值观念的展示，来影响消费者的价值观，进而影响其消费行为。比如，中学生由于对篮球明星乔丹的崇拜，开始追捧乔丹代言的一系列产品，包括耐克运动鞋等。

3. 功利性影响

由于消费者总是处在一定的社会环境中，因此会受到周围群体的压力和规范逼迫，为了遵从这些规范，消费者在购买产品时，会迎合参照群体的偏好或标准。比如，中学生群体中流行对名牌运动鞋的追求，这种风潮使很多中学生渴望拥有一双名牌运动鞋。

参照群体的影响力取决于品牌与产品的生命周期，企业应充分重视参照群体的示范作用，善于运用其对消费者的影响力，进而扩大产品的知名度和销售量。

（三）家庭

家庭是社会组织的一个基本单位，也是消费者最基本的相关群体，在众多的社会因素中，家庭因素对消费者的购买行为产生的影响最深远。因此，家庭应当成为策划人员进行消费者分析、制定广告诉求策略时必不可少的因素。家庭主要从以下两个方面对消费者产生影响：

1. 家庭结构对消费者购买行为的影响

一个人在一生中通常会经历两个家庭，第一个是父母的家庭，在父母的养育下长大成人，然后组建自己的家庭，即第二个家庭，我们称第一个家庭为血亲家庭，第二个家庭为夫妻家庭。随着家庭观念的变化，夫妻家庭中的核心家庭（由已婚夫妇及其子女组成的家庭），尤其是三口之家成为中国当前家庭类型中的主流。当然，除核心家庭外，其他非核心化的小家庭如空巢家庭、丁克家庭、单亲家庭等，也逐渐成为我国家庭结构的重要组成部分。

家庭小型化的发展趋势对消费结构产生了重大影响：人们对食品的要求从“量”转变为“质”和“快捷”，结果导致了罐头、方便食品和快餐食品的盛行。家庭人口的多少，不仅会影响耐用消费品的购买频率、品种、规格，也会引起家用设备、医疗、娱乐、体育等方面的支出在家庭总支出中所占比重的明显上升。①

① 黄升民、段晶晶著：《广告策划》，中国传媒大学出版社2006年版，第109页。

2. 家庭生命周期对消费者购买行为的影响

家庭是许多产品的基本消费单位，如住房、汽车和家庭电器等产品都是为家庭所购买和消费。不过，家庭并不是一成不变的，它是个动态的消费组织，学者们用"家庭生命周期"这一概念来描述一个家庭的转变历程。

家庭生命周期是指以家长为代表的一个家庭存在的全过程。一般来说，每一个家庭都会经历从形成到解体的过程，我们把这一过程划分为八个阶段：单身阶段、新婚夫妇阶段、满巢期Ⅰ、满巢期Ⅱ、满巢期Ⅲ、空巢期Ⅰ、空巢期Ⅱ、鳏寡退休期。在不同的阶段，由于家庭成员的年龄、婚姻状况、子女状况的不同，家庭所消费的产品、购买情况和消费行为也会有明显区别，见表7-2所示。

表7-2　家庭生命周期各阶段及消费行为

家庭所处阶段	家庭成员	消费特征	主要需求产品
单身阶段	单身青年	收入不高，但无经济负担，消费观念紧跟潮流	娱乐休闲产品和基本生活必需品
新婚夫妇阶段	新婚夫妇	经济状况较好，需求量大，购买力强，耐用消费品的需求量最多	家具、家电等耐用消费品
满巢期Ⅰ	年轻夫妇及6岁以下小孩	常感购买力不足，对新产品感兴趣且倾向于购买有广告的产品	住房、儿童用品和大量生活用品
满巢期Ⅱ	中青年夫妇及6岁以上小孩	经济状况较好，但消费慎重，已形成较稳定的购买习惯，极少受广告的影响，倾向于购买大规格包装的产品	儿童保健品、玩具、智力教育用品
满巢期Ⅲ	年纪较大的夫妇及尚未完全独立的孩子	经济状况尚可，消费习惯稳定，可购买富余的耐用消费品	耐用消费品
空巢期Ⅰ	中老年夫妇 子女独立生活	经济状况最好，对新产品不感兴趣，很少受广告影响	娱乐产品、奢侈品、运动产品、保健品
空巢期Ⅱ	老年退休夫妇 子女独立生活	收入大幅下降，消费更趋谨慎	有益健康的产品
鳏寡退休期	单身独居老年人	收入很少，消费量很少	医疗产品、药品

三、个人因素

除文化和社会等外在因素的影响外，消费者的购买行为还受内在因素即消费者个人因素和心理因素的制约。就个人因素来说，主要包括消费者的年龄阶段、职业、经济状况、生活方式、个性及自我观念。

首先，处于不同年龄阶段的消费者对产品有不同的需求，比如食品、服装、娱乐、运动等产品的消费与消费者的年龄直接相关。

第二，从事不同职业的消费者具有差异化的消费行为。比如蓝领工人通常会购买便宜耐穿的衣服，乘坐公共交通工具，吃快餐盒饭，抽中低档的香烟；而公司总裁则会购买昂贵的深色西服，乘坐高档轿车，在高档餐厅就餐，成为高尔夫俱乐部的会员。

第三，消费者的经济状况不同，则其购买欲望和购买能力会有很明显的区别。

第四，消费者的生活方式直接决定着消费需求与欲望。生活方式是指一个人在生活方面所表现出的兴趣、观念等，通常由一个人的工作和休闲方式、趣味与偏好、自我评价与对社会争议的见解等因素构成。比如，同样是“80后”，有的消费者选择做乐活族（追求健康、环保、可持续的生活），有的消费者选择做月光族（挣多少花多少），有的消费者选择做辣奢族（疯狂追求名牌时尚奢侈品），这些不同的生活方式导致了不同的消费需求。因此，广告主不但要生产满足消费者欲望的产品，还要专门针对不同的消费者做不同生活方式的广告。

此外，消费者的个性和价值观也会对其消费行为产生影响，前文已有论述，这里不再赘述。

四、心理因素

影响消费者行为的内在因素除个人因素外，还有动机、感觉、态度、信念等心理因素。

就动机来说，不同层次的需求会产生不同的购买动机，人们购买食品是基于基本的生理需求，而购买奢侈品则是出于尊重的需求。同样，消费者在购买过程中，会受到其感觉和知觉的影响，比如，女性消费者更易受外在的视觉、触觉的影响而引发购物行为，男性消费者则较为理性。

态度是消费者对某一产品的内在感受和情感，如喜爱、厌恶等情绪。消费者对产品的态度直接影响到其购买行为。当消费者对某一产品持否定的态度时，则其购买这一产品的机率大大降低，因此，广告传播的一大任务就是对消费者态度的影响或改变。

在消费者头脑中，信念主要体现在其对产品已经存在的印象上，比如德国汽车代表着安全、稳定和高质量，日本汽车则是细腻、省油的代名词等，消费者的信念成为其购买决策的依据。

第三节　消费者与消费行为

在对消费者的众多分析中，最终的落脚点通常是对消费者行为的分析。由于消费行为直接关系到广告的终极目标——销售，因此，消费行为分析成为策划人员进行消费者分析时的重中之重。

一、消费行为的概念

消费行为即消费者购买行为，美国营销协会对消费者行为的定义是：人类在进行生活中各方面的交换时，表现出来的情感、认知、行为和各种环境因素的相互作用的动态过程。也就是说，它是消费者在购买过程中内心活动和购买行动的综合体现，通常具有目的性、动态性、多样性和替代性等几个特点。

在实际的消费活动中，真正了解和把握消费者的行为是一件非常困难的事情。这是因为，消费者在采取购买行动时，往往带有很大的随机性和盲目性，例如，在比较火热的购买环境中，消费者往往容易产生购买欲望和行为。但是，消费者的消费行为并非完全不可把控，我们可以通过分析消费行为发生的过程，以及这个过程中的各种相关因素来了解神秘多变的消费者行为。

二、消费行为的发生过程

对于影响消费者行为的各种相关因素，我们已在第二节专门展开了论述。在分析了这些因素后，还要进一步研究消费行为的发生过程，即消费者的购买决策过程。图7-3显示了消费行为过程的五个阶段。

图7-3　消费者购买决策过程

（一）产生需求阶段

在这一阶段，消费者由于有了某种需求，而产生了购买某产品的欲望，可以说从这时起，消费者对产品的购买决策就已经开始了。在前文中我们已对消费者需求的种类和动因做出了分析，实际上，导致消费者产生需求的原因有时很复杂，但有时也很简单。比如，消费者有可能仅仅因为购买环境的诱导而产生购买行为，这时就需要策划人员有一双慧眼，能够识别引起消费者某种需要和兴趣的环境，并且及时安排一些诱导性因素，通过合理巧妙的广告引导，在适当的时间、地点，以适当的方式来刺激消费者，使其对产品的需求更加强烈，并立即采取购买行动。

（二）信息搜寻阶段

一旦消费者认识到其需求可以通过购买某种产品来解决，他们便会开始不同程度地搜寻信息的行动，信息搜寻一般来自内部和外部两个方面：

1. 内部搜寻

消费者收集信息的第一选择通常是调集自己的个人经验和现有知识，即所谓的内部搜寻。如果消费者对待定的产品已经有相关知识和经验，那么，他就会对这个产品进行一定的评估，并由此做出自己的选择。消费者的已有知识往往来自于其一次又一次有意或无意接触广告的行为之中，当然，消费者的已有经验可能来自于其使用同类产品的经验，也可能来自于其亲自到商店试用产品后的感受。在消费者进行内部信息搜寻的过程中，广告策划人员的职责是提高产品的联想率和提及率，以便使消费者在进入搜寻状态时，就会立即考虑是否有可能用这个产品来满足自己的需要。

2. 外部搜寻

当消费者无法从内部搜寻中获取决策信息时，他们便开始进行外部搜寻。外部信息搜寻有很多来源，主要包括：

- 人际来源：即消费者通过社会关系征询建议和意见，包括从家人、朋友、同事、邻居等途径搜寻信息，了解他们的看法和评价。
- 商业性来源：即从广告、包装、促销、销售人员介绍、橱窗陈列、展销会等途径接收有关产品性能和特征的信息。一般说来，消费者接触最多的是商业性来源信息，尤其是广告，但最有效的往往是来自个人内部的信息。
- 公共来源：即消费者从大众媒体的新闻报道，或消费者协会的介绍等途径了解到的有关信息。

当然，消费者在购买某一产品时的积极性以及由此导致的信息搜集量大小是不同的，当消费者有较强烈的需求和购买欲望时，其往往会积极、大量搜集信息，反之，则不会进行积极主动去搜寻。营销和广告策划人员可以根据消费者的信息来源及其影响程度，采取恰当的诉求策略和媒体策略，从而使消费者能充分接触到有关产品的信息，并优先考虑购买该产品。

（三）选择评估阶段

在产生需求和搜集信息后，消费者需要进一步对信息进行比较和评估，这就是购买决策的第三个阶段——选择评估阶段。在这一阶段，消费者面对收集到的或丰富或不丰富的信息，根据特定需要对其重要程度进行对比、评估、判断和选择，以此作出购买决定。可以说，这是企业产品与消费者的最直接接触。在选择评估过程中，消费者会受到各种因素及其重要程度的制约，这些因素通常都涵盖了产品的一些重要指标和特征，主要包括：

第一，产品特性，即产品能够满足消费者需要的属性，如产品的质量、功能、包装与外观、特色以及其他能满足需求的产品特征。这些属性对于消费者来说并非同等重要，有的消费者希望产品的质量较好，有的消费者希望产品功能齐全，而有的消费者则非常看重产品的包装与外观。营销人员应认真分析企业产品具备哪些属性，以及不同类型的消费者分别对哪些属性感兴趣，以便进行市场细分，对不同需求的消费者提供具有不同属性的产品。

第二，产品的价格与促销。价格是消费者进行产品评估时的重要依据，消费者往往会通过与同类其他产品的比较、与以前购买过的类似产品进行比较，以及评估产品价格与使用价值是否匹配等方式来做出判断。此外，购买现场的促销活动对于消费者的评估和决策也具有至关重要的作用，许多消费者，尤其是女性消费者，如果能获得优惠及其他利益，就会得到一些心理满足并对产品给予较高的评价。

第三，品牌知识与信念。在评估过程中，消费者会把有关品牌的知识、意义与信念综合起来考察。首先，消费者会对品牌是否为名牌产品进行判断，然后再对产品可能带来的意义进行评估，如看重的是产品的实用价值还是象征意义，最后将两方面结合起来综合评估。

对企业而言，这一阶段制胜的关键就是准确把握影响消费者做出评估和决策的各种因素，并对这些因素的重要性进行排列。同时，通过相应的广告和促销策划来帮助目标消费者建立对产品的积极态度。

(四)购买阶段

这一阶段包括消费者产生购买意向和采取实际购买行动两个方面的内容。经过选择评估，消费者开始决定由谁、在什么时候、到哪一家商店去购买产品，也就是说，消费者形成了对某个产品的购买意向。不过，这里的购买意向并不等同于真正的购买行动，在此过程中，消费者并非完全按照前述评估因素来做选择，其他人的态度、购物环境，以及很多不可预知的因素都可能使最后的决策发生改变。这一阶段对于营销和策划人员来说最为关键，这是因为消费者马上就要采取购买行动，营销和策划人员可以通过一些措施来强化消费者，使购买意向真正转变成购买决策和行动，比如，通过附送赠品、货架陈列等促销方式来保持消费者对产品的关注，加深其对企业及产品的印象，强化其购买行动。

消费者的购买意向得到强化后，其购买决策基本形成，购买行为也呼之欲出。关于消费者购买行为的类型，我们将在后面做专门陈述。

(五)购买后的使用与评价阶段

采取购买行动并非消费行为的终点。消费者在购买产品后，会通过使用、体验以及他人的评价，来对所购买的产品进行再次评价，同时，消费者还会将产品的实际表现与所期望的表现进行比较，并根据对比的满意程度做出相应的反应。这种购后体验会直接影响到其以后的购买行为，并对周围的人产生扩散传播。如果消费者的满意程度较高，则意味着其再次购买的可能性加大，且有可能会向相关人群传达产品的正面信息；相反，则表示消费者会减少购买甚至不再购买，且有可能会向相关人群传达产品的负面信息。因此，消费者购买后的评价也是品牌忠诚度形成的前提和基础。企业必须非常重视对消费者购后评价的引导和培养，努力通过真诚的售后服务或补偿来消除购后不满，并将其转化为扩大企业影响力的有效渠道。

三、消费者的购买行为类型

(一)消费者的购买行为分析框架

国外市场营销学家从消费过程的六个方面来分析消费者的购买行为，这六个方面又被称为6W，成为消费者购买行为研究的基本框架。

1. 消费者需要什么(What)

分析消费者有什么样的需求，希望购买什么产品，企业如何提供适宜的产品来满足消费者的需求。

2. 为何购买(Why)

消费者购买的目的和动机是什么，对于动机的分析要从多层面进行，只有了解消费者购买产品的目的，产品诉求才有选择性。

3. 购买者是谁（Who）

分析购买者是个人、家庭还是集团，购买的产品供谁使用，谁是购买的决策者，购买的发起者和影响者又是谁。只有进行了这样的分析，才能做针对性诉求。

4. 如何购买（How）

是注重产品性能，还是注重外观；是一次付清，还是分期付款；是就近购买，还是要求送货上门……不同经济水平、不同价值观念、不同生活方式的消费者会对购买方式提出不同的要求。企业应依据这些要求，提供有针对性的营销服务。

5. 何时购买（When）

在夏季购买还是冬季购买，工作期间购买还是休闲期间购买，节假日购买还是普通工作日购买，企业可以通过分析消费者对特定产品购买时间的要求，把握时机，适时推出产品。

6. 何处购买（Where）

是就近购买，还是去商业区或专卖店购买；是在实体商店购买，还是去网络虚拟店铺购买，分析消费者对不同产品的购买地点的要求，是企业制定销售渠道和销路策略的立足点。

（二）消费者的购买行为类型

消费者的购买行为有各种表现类型，有的较为理智，有的则较为感性，容易产生购买冲动；有的干脆利索，有的则疑虑重重，经过多次反复比较才决定购买。根据消费者的参与程度（关心度）和品牌间的差异程度，可将消费者购买行为分为四种类型：习惯型购买行为、寻求多样化的购买行为、化解不协调的购买行为和复杂的购买行为。如表 7-3 所示。

表 7-3　消费者四种购买行为类型

		购买者的介入程度	
		高	低
品牌差异程度	大	化解不协调的购买行为	习惯性的购买行为
	小	复杂的购买行为	多样化的购买行为

1. 习惯性的购买行为

这种购买类型的消费者参与程度低，品牌之间的差别小。这类行为主要针对一些价格低廉、需要多次重复购买的产品，如盐、香皂、牙膏等日常生活用品。这些产品间的差别很小，消费者对其很熟悉，因此在购买时一般不做太多考虑，经常表现为随意性购买。

对于消费者的习惯性购买行为，企业可以从两个方面来进行营销和广告策划。一方面，可以利用价格优惠和促销等方式来鼓励消费者试用、购买和持续购买。另一方面，通过形象化的、便于记忆的广告，加深消费者对产品的印象，使消费者能够在购买此类产品时能够想起该品牌。比如，舒肤佳香皂通过儿童接触细菌的多个场景来表现其除菌功效，使消费者一提起除菌香皂便会联想到舒肤佳。

2. 寻求多样化的购买行为

这种购买类型的消费者参与程度低，但品牌之间的差别大，适合于品牌多且差异大，但价格低、购买频率高的产品。对于消费者来说，虽然品牌之间差异较大，但因为价格低廉，消费者不愿在上面花费太多时间和精力，往往会通过不断变换品牌来体验不同产品。比如在一些食品和糕点等产品上，消费者一般不会用过多时间来进行选择和评估，而是在下次购买时变换另一种品牌和口味。

对于这种购买类型，企业可以通过适当的促销活动和售点广告（POP）的配合，来增加消费者的试用机会，刺激其选择此产品。

3. 化解不协调的购买行为

这种购买类型的消费者参与程度很高，但品牌之间的差别较小，适合于品牌差别不明显，但价格高、风险大，消费者不经常购买的产品，如家电、沙发、装修材料等。由于品牌差别不大，所以消费者购买时更关心价格是否优惠，购买时间与地点是否便利等问题。

当然，在购买后，消费者有可能会出现心理失衡或不够满意等情况，这时候，企业应该通过传播沟通来增强消费者的信心，如通过广告帮助消费者重新建立信心，使其在购买后消除不平衡心理，增加满意度。

4. 复杂的购买行为

当消费者购买品牌间差异较大、又不经常购买，且价格很高、风险很大的产品时，消费者往往会在购买过程中高度参与，谨慎决策。消费者往往会通过认真仔细的分析，总结现有各品牌的优劣势，甚至通过大量的学习和调查后，才做出购买决策。比如在住宅、汽车、奢侈品等产品的消费上，消费者通常会经历上述复杂的购买过程。

对于这种购买行为，企业应该采取适当的方法，帮助消费者学习有关产品的知识，利用广告来突出自身品牌与众不同的优势。同时，加强对销售终端人员的营销培训，以影响消费者作出最后的选择。

本章小结

对消费者需求与消费行为的把握是竞争环境下企业进行市场营销活动的出发点，驱动消费者行为的基本因素就是消费需求。在心理学中，心理学家对人类需求进行了深刻的剖析，其中，对市场营销最有启发意义的就是美国心理学家马斯洛提出的需求层次理论。他将人类的需求划分生理需求、安全需求、爱与归属需求、尊重需求和自我实现需求五种，为企业营销和广告活动的开展提供了强有力的依据，也为企业进行消费者分析奠定了基础。

消费者不可能无缘无故地做出购买决策，他们的消费行为一定是有动机的，我们把这些影响购买动机的因素归纳为四种，分别是文化因素、社会因素、个人因素和心理因素。

在对消费者的众多分析中，最终的落脚点通常是对消费者行为的分析。消费行为是消费者在购买过程中内心活动和购买行动的综合体现，其发生过程一般会经历以下五个阶段：需求与动机阶段、信息搜寻阶段、选择评估阶段、购买阶段、购买后的使用与评价阶段。其中，在购买阶段，消费者会表现出不同的购买行为类型。根据消费者的参与程度（关心度）和品牌间的差异程度，我们把消费者购买行为分为四种类型：习惯性的购买行为、多样化的购买行为、化解不协调的购买行为和复杂的购买行为。

一、思考题

1. 请分析马斯洛的需求层次理论与市场营销的关系。
2. 消费者在做出购买决策之前会受到哪些因素的影响？
3. 消费者在消费过程中分别会扮演哪些角色？
4. 试结合具体案例分析消费者的购买过程。
5. 试结合具体案例分析不同的购买行为类型。

二、课外资源

1. ［美］利昂·G. 希夫曼著，江林译：《消费者行为学》（第8版），中国人民大学出版社 2007年版

2. ［澳］马克斯·萨瑟兰著，瞿秀芳等译：《广告与消费心理》，世界知识出版社 2002 年版

3. 余小梅著：《广告心理学》，北京广播学院出版社 2003年版

4.《中国广告》杂志

5.《中华读书报》

6. 中国营销传播网（http://www.emkt.com.cn）

CHAPTER 8

第八章

广告产品分析

在整个广告策划活动中，最基本的一项工作就是对所要做广告的产品或者服务情况进行全面分析和彻底了解。在此基础之上才能继续进行之后的各个环节，如市场细分与产品定位、广告表现策略、广告推广策略、整合营销传播策略等，从而针对产品或者服务实施最有效的广告策划活动。

第一节　产品特征分析

任何产品都有自身的独特性，无论是自身的特点还是由特殊的成分构成，都能给消费者带来某种与众不同的利益。产品特征分析就是要在对产品进行整体分析的基础上，寻找出产品与众不同的特点，使之与竞争产品相区别，最终找出产品的独特性所在。

产品特征分析包括很多方面，例如，产品的构成是怎样的？在广告主的目标市场中，价格和质量之间的关系是怎样的？产品的使用方法和接受程度如何？产品在竞争市场中，处于什么样的位置？产品的优势和劣势是怎样的？消费者对于产品的包装和设计是否满意？结合产品的整体概念，产品特征分析的内容主要包括以下几个方面①：

一、产品物质形态特征的分析

产品物质形态特征的分析，就是通过与竞争产品的比较，寻找出产品整体概念中有形产品层面的突出特征。所要进行比较的内容包括产品的质量、品质、性能、材料、质感、特色、款式、色彩、造型、品牌、价格、工艺水平、设计水平、科技水平、包装、陈列等等。如蒙牛的果蔬酸酸乳和伊利的果之优酸乳，虽然是同类竞争品，但是其从本质上就有区别：蒙牛果蔬酸酸乳是牛奶饮品，而伊利果之优酸乳则是酸奶饮品，这样导致这两个产品的保质方式等各不相同；此外，包装价格等方面也有些许差别，这些在做广告策划时，都是应该首先进行观察和分

① 张翔、罗洪程编著：《广告策划——基于营销的广告思维架构》，中南大学出版社2003年版，第86页。

析的表层内容。

二、产品利益特征的分析

经过对产品的初步的表层认知，接下来要进行的是对产品利益特征的分析，通过与竞争产品的比较，寻找出产品整体概念中无形产品层面的突出特征，这种利益特征包括产品对消费者需求提供的与众不同的满足以及附加价值。很多人愿意购买海尔的产品就是出于这个原因，他们认为，当海尔的产品出现问题时，能够得到及时的维修，这就是产品的利益特征。

三、产品个性特征的分析

产品个性是消费者对产品满足其个性需要的心理期待，而产品个性特征的分析就是要在产品物质形态特征分析和产品利益特征分析的基础上，进一步寻找出产品与众不同的个性。发掘出产品的独特个性，将产品激活，使它鲜活起来。如奔驰给人的感觉就是稳重有安全感，这就是产品个性的一种体现。

总之，对于产品的认识是广告策划首要解决的问题，策划者需要综合分析产品各方面的特征，找到产品最突出的特点，这个特点需要满足消费者的需求，之后才能确定广告策划的主题和广告的诉求点，最终形成统一有效的广告活动。

这种产品分析的方法在20世纪50年代最为流行，当时市场处于竞争初期阶段，很多产品品种较为单一，竞争主要通过产品本身的特性以及功能造成的差异化来体现，受到生产力发展和消费水平的限制，消费者更注重实效，因此，广告以理性诉求为主。这一时期的广告主要要求在广告活动中利用本产品与其他产品相比找出的最独特之处进行宣传，为分析产品的特征、制定产品策略、进行广告创意提供了一条有效的路径。当时的M&M巧克力豆就是最好的例证，那一句“只溶在口，不溶在手”一时成为家喻户晓的广告语。①

目前，通过这种产品特征分析就能获得广告主题的产品主要是科技产品，因为科技产品与其他日用品相比，其特征更加明显突出并且难以模仿复制。例如，在法国娇兰公司的一则“纯金美化容颜用品”广告中，着力突出采用纯金化妆的最新科技的优势，用这个特殊的点来吸引追求时髦的女士。广告标题十分刺激和有吸引力：“纯金美容 肌肤瞬间添艳彩”，副标题是“天然艳光 璀璨持久”，正文紧扣产品特征，娓娓道来，极具诱惑力：“欧洲远古开始，人们已经致力于追求持久之美，天然纯金散发的永恒光艳，从那时起已经令侍女们趋之若鹜。她们相信璀璨的黄金，具有令青春不灭的神奇力量。法国娇兰以现代美容护肤科技实现了这个美的传说，运用多年研究成果，创制最新DIVINAURA美化容颜用品，让你经常拥有天然艳光。DIVINAURA蕴含点点天然金箔，具有神奇修复功能，能促进细胞活动，令肌肤紧滑细柔，金箔的柔润光泽为肌肤添上动人的光彩。”②

然而，在产品日益同质化的今天，产品的功能基本相同，单凭产品分析的方式获得广告创意已经变得十分困难。例如矿泉水和纯净水行业就是一个产品高度同质化的行业，很难

① 丁俊杰、康瑾著：《现代广告通论》，中国传媒大学出版社2007年版，第288页。

② 饶德江著：《广告策划》，武汉大学出版社2002年版，第25页。

找到一个独特的销售卖点，广告诉求也多以情感诉求打动消费者。农夫山泉推出"农夫山泉有点甜"的口号，并在2000年被评选为中国跨世纪十大策划经典案例之一。其独特的销售主张是关于口感的概念，即"有点甜"。农夫山泉是第一家对水的广告诉求于口感的品牌，出其不意地从另一个角度挖掘了矿泉水的特性，不是无味而是略甜。这种诉求方式与七喜的"非可乐"有异曲同工之妙。

第二节　产品生命周期分析

一、产品生命周期概念

产品生命周期是美国哈佛大学教授雷蒙德·弗农(Raymond Vernon)于1966年在其《产品周期中的国际投资与国际贸易》一文中首次提出的。产品生命周期理论是作为国际贸易理论分支之一的直接投资理论而存在的，它反映了国际企业从最发达国家到一般发达国家，再到发展中国家的直接投资过程。

在市场营销学中，产品生命周期(Product Life Cycle，简称PLC)是指新产品从进入市场开始，到最终被淘汰退出市场为止所经历的全部时间。

产品的生命周期，指的是产品在市场中的寿命，而不是产品的使用寿命。产品进入市场时，它的市场生命周期就正式开始了，直到最后退出市场标志着生命周期结束。

产品处于生命周期的不同阶段会具有不同的市场特点，通过对产品在市场上的销售额、利润率、市场占有率、市场增长率、产品知名度等指标的变化进行分析，确定产品处于生命周期的哪一个阶段，从而为企业采取相应的营销策略和广告策略提供相应的依据。

二、产品生命周期过程

一个完整的产品生命周期通常要经历四个阶段：导入期、成长期、成熟期、衰退期(即呈S形曲线)。

(一)导入期(Introduction)

1. 市场特点

导入期是指产品从设计投产到刚刚投入市场且缓慢增长的起始阶段。处于导入期的产品，一般只有少数厂家或是只有一家企业生产某种样式，产品种类少，知名度低，消费者对产品还不了解，只有少数追求新奇的消费者才可能会尝试购买，因而销售量低，销售增长缓慢，企业急需开拓市场。此外，由于产品研制开发费用高，产品引入市场必须支付高昂的宣传费用，促销费用也很高，因此，几乎没有利润，在这个阶段企业承担的风险很大。

2. 应对策略

这个阶段应集中宣传，从而培养该产品的最早消费者。为了拓展销路，企业需要投入大量的资金进行新产品的促销活动，同时，企业必须把销售力量集中投放给最有潜力的消费者，尽量缩短导入期的时间。此阶段企业可以采取开放性的广告策略，以提高产品的知名度，使产品成功进入市场。

在产品导入期，可以通过产品、价格、分销、促销四个基本要素的组合来形成不同的营销策略，而仅从将价格高低与促销费用高低组合的角度来说，主要包括以下几种方式：①

- 快速掠取策略：是指以高价格、高促销费推出新产品。采用高价格的同时，配合使用大量的宣传推广活动，把新产品迅速推向市场。目的在于迅速扩大销售量和抢占市场，在竞争对手没有大量出现之前迅速回收成本实现利润。使用此策略的情况一般是产品独特性强、品质高、代替品很少或很难出现，消费者对产品进行认知之后愿意承担高价格。同时，消费者对产品的潜在需求量很大，可以在短时间内实现销售量激增以快速回收资金实现盈利。另外，企业面对潜在的竞争对手，在对方赶超之前迅速建立自己良好的品牌形象时，也可采用快速掠取策略。
- 缓慢掠取策略：是指以高价格、低促销费推出新产品。在采用高价的同时，配合使用少量的促销费用，目的就在于及时回收投资获取利润的同时降低销售成本，使用此策略的情况一般是产品的市场比较稳定和明确，大部分的潜在消费者对产品已经有了认知并愿意出高价购买。还有一种情况就是产品的生产经营有一定的要求和难度，其进入门槛很高，其他企业很难与其竞争。
- 快速渗透策略：是指以低价格、高促销费推出新产品。采用低价的同时，配合大量的促销活动。产品可以迅速进入市场，占领大部分市场份额，有效应对竞争对手。使用此策略的一般情况为产品有很大的市场潜力和容量，产品可以大量销售并降低生产和销售成本，消费者对产品的认知度不高并对价格敏感。还有一种情况是潜在的竞争非常激烈，企业急需快速占领市场份额。
- 缓慢渗透策略：是指以低价格、低促销费推出新产品。采用低价的同时，配合少量的促销活动。目的是缓慢推出产品的同时降低生产和促销成本。使用此策略的情况一般为商品有很大的市场潜力和容量，消费者对产品的认知度不高并对价格敏感。还有一种情况是在当前市场存在某种程度的竞争。

（二）成长期（Growth）

1. 市场特点

新产品经过市场导入期的成功后，转入成批量生产和扩大销售额的成长期。产品通过试销效果良好，消费者对新产品逐渐熟悉并接受，消费者对产品的使用习惯基本形成，产品的知名度上升，被市场已接受，市场销售大量增加的时候，该产品就进入了成长期。

进入成长期之后，有了部分重复购买者，大量新的消费者不断出现，销售量激增，而企业的利润率迅速增长，在这一阶段企业的利润达到最大。产品具备大批量标准生产的条件，而

① 黄升民、段晶晶著：《广告策划》，中国传媒大学出版社2006版，第71页。

产品成本不断降低，同时，这时也会有新的竞争者涌入市场，甚至有假冒品出现，威胁企业的市场地位。

2. 应对策略

由于意识到了这个市场的价值，新的竞争者不断涌入市场，原有厂家可以保持自己已经具备的优势。同时，企业为了维持市场的继续增长，需要保持或者稍微增加促销的费用和力度。

此时，应该将广告诉求的重点放在突出本企业产品优于其他竞争者的特性上，进一步改进产品，使产品在质量上优于其竞争者。可以采取：增加新的产品特色和式样，从而让更多的潜在消费者知道该产品；增加新产品和侧翼产品以突破新的市场；进入新的细分市场争取潜在消费者；进入新的分销渠道获得更大的市场份额；适当降低价格以争取对价格敏感的消费者。

广告宣传的重点则应从介绍产品的特征转移到树立产品基本的品牌形象上，从产品知名度转移到产品偏好上，从感性上对消费者进行宣传，增强消费者的品牌偏好。此阶段可以采用竞争性广告策略，以说服更多的消费者购买本产品，以提高产品的市场占有率为目的。广告的目标对象应该主要是社会上的大多数使用者。

（三）成熟期(Mature)

1. 市场特点

该阶段是产品进入大批量生产，竞争最为激烈的阶段。经过成长期的一段时间后，产品已经被大多数购买者所接受，潜在消费者已经很少，消费群体进一步扩大，市场需求趋于饱和，销售量达到最高水平，从显著上升逐步过渡到平稳增长，然后缓慢下降。同类产品不断涌现，竞争加剧，价格战和广告战层出不穷。在此期间，企业为了对抗竞争，维持产品地位，维持市场份额，营销费用日益增加，进而导致该产品利润逐步下降。

2. 应对策略

该阶段是产品的营销费用有所增加，处于保持已有的消费者和市场占有率的阶段。

该阶段企业一方面应该优化市场，为成熟的品牌寻找继续扩大市场的机会，争取新的消费者，进入新的细分市场，争夺竞争对手的消费者，促使消费者增加购买数量，提高购买频率。另一方面，为产品增加新的和更广泛的用途，提高产品质量，改进产品特性和款式，扩大使用功能等，概括而言主要包括产品性能的质量改进、增加产品新特点、提高产品的安全性或者便利性，以及增加对产品的美学诉求，进行式样改进，此外，可以通过改进市场营销组合等方式延长成熟期。

该阶段企业应该投入更多的广告费用来保护市场份额，产品的广告诉求放在品牌和产品形象宣传上。在巩固原有市场规模基础上，进一步开拓新的市场，广告发布频率可以保持在一定的水平上。由于产品已经拥有了比较稳定的消费群体，并且消费者的消费习惯也已经基本稳定，所以广告要以对消费者进行提醒为主要目的。

(四)衰退期(Decline)

1. 产品特点

在成熟期,产品的销售量从缓慢增加延续到缓慢下降。产品在市场上已经老化,不能满足市场需求。同时,市场上出现了比其更能满足消费者需求的产品。如果产品的销售量下降速度增快,利润水平较低,那么,产品就进入了衰退阶段。这意味着产品在市场上已经饱和,价格下跌,竞争者纷纷撤离市场,该类产品的生命周期即将结束,直至最后完全退出市场。

2. 应对策略

该阶段重点在宣传产品新的改良、新的用途以及价格和售后服务等方面,诉求对象是老用户以及下一个周期的新用户。当企业发现产品进入了衰退期时,应该迅速采取应对措施,一般来说主要采取以下几种策略:

- 继续策略:企业在目标市场、价格、销售渠道和促销方面维持现状,可以通过广告尽量维持现有的市场占有率,直到产品彻底退出市场为止。使用这一策略的企业可以采用多种方式延长产品寿命,增加产品功能以开辟新的产品用途,开拓新的市场,提高产品的质量、包装等使产品生命周期再次循环。
- 集中策略:有选择地降低投资态势,把所有的营销力量包括资金和促销手段等集中到一个或者几个细分市场,加强对有利可图的补缺领域的投资,进而从一部分忠实顾客身上得到利润。
- 收缩策略:根据市场变动和行业退出壁垒的难度,适度降低促销水平,减少费用,让产品加速衰落。
- 放弃策略:企业决定放弃经营某种产品,重点转移到其他更有潜力的产品上。需要考虑以下几个问题:以前的资源哪些可以用来继续经营新的产品业务,产品的品牌以及生产设备等剩余资源如何处理,保留多少零件存货从而可以为过去的消费者进行后续的服务。①

最后,将产品生命周期各阶段特征与策略汇总如表8-1。

表8-1　产品生命周期各阶段特征与策略汇总

阶　段		导入期	成长期	成熟期	衰退期
特征	销售额	缓慢增长	快速增长	缓慢增长之后下降	快速下降
	利润	易变动	增长	增长然后下降	低或无
	现金流量	负数	适度	顶峰	低谷
	顾客	创新使用者	大多数人	大多数人	落后者
	竞争者	稀少	渐多	最多	渐少

① 黄升民、段晶晶著:《广告策划》,中国传媒大学出版社2006年7月版,第72页。

（续）

阶段		导入期	成长期	成熟期	衰退期
策略	策略重心	扩张市场	渗透市场	保持市场占有率	提高生产率
	营销支出	高	高	缓慢降低	低
	营销重点	产品知晓	品牌偏好	品牌忠诚度	选择性
	营销目的	提高产品知名度	追求最大市场占有率	追求最大利润及保持市场占有率	减少支出及增加利润回收
	产品策略	基本型为主	改进品质，增加产品种类及服务保证	差异化、多样化的产品	剔除弱势产品项目
	价格策略	成本加价策略	渗透性价格策略	竞争性价格策略	削价策略
	渠道策略	选择性分销	密集式分销	密集式分销	选择性分销
	广告策略	争取早期使用者，建立产品知名度	大量营销	建立品牌差异	维持品牌忠诚度
	促销策略	大量促销及产品试用	针对消费者需求增强促销力度	针对品牌增强促销力度	强度降至最低

三、特殊的产品生命周期

以上我们看到的都是惯常的产品生命周期情况，实际上，并不是每种产品都会经历同样的过程，最后到达消亡的阶段，而是根据影响产品的各种因素不同而有所变动。在实际情况中，产品生命周期曲线的形状通常表现得丰富多彩，我们可以通过观察，识别许多种不同形状曲线所代表的产品特性。

特殊的产品生命周期包括风格型产品生命周期、时尚型产品生命周期、热潮型产品生命周期、扇贝型产品生命周期这四种类型，它们的产品生命周期曲线并非通常的S型。下面就逐一加以概括性介绍：

风格型产品生命周期：产品风格一旦产生，可能会延续数代，根据人们对它的兴趣而呈现出一种循环再循环的模式，时而流行，时而又不流行。

时尚型产品生命周期：该型产品的生命周期特点是，刚上市时很少有人接纳（称之为独特阶段），但接纳人数随着时间慢慢增长（模仿阶段），终于被广泛接受（大量流行阶段），最后缓慢衰退（衰退阶段），消费者开始将注意力转向另一种更吸引他们的时尚产品。这类产品从导入期到衰退期的转折点可以在几个月内就能完成，然后产品迅速退出市场。

热潮型产品生命周期：热潮型产品的生命周期往往呈现出快速成长又快速衰退的特点，主要是因为它只是满足人类一时的好奇心或需求，所吸引的只限于少数寻求刺激、标新立异的人，通常无法满足更多的需求。

扇贝型产品生命周期:主要指产品生命周期不断地延伸再延伸,这往往是因为产品出现新的特性,不时发现新的用途,或者发现了新的市场,从而延长了产品生命周期。

四、产品的生命周期理论特点

(一)适用范围

S型曲线适用于对一般产品的生命周期的描述,不适用于对风格型、时尚型、热潮型和扇贝型产品的生命周期的描述。

(二)优点

产品生命周期提供了一套适用的营销规划观点。它将产品分成不同的策略时期,营销人员可针对各个阶段不同的特点而采取不同的营销组合策略。此外,产品生命周期只考虑销售和时间两个变量,简单易懂。

(三)缺点

- 产品生命周期各阶段的起止点划分标准不易确认。
- 并非所有的产品生命周期曲线都是标准的S型,还有很多特殊的产品生命周期曲线。
- 无法确定产品生命周期曲线到底适合单一产品项目层次,还是一个产品集合层次。
- 该曲线只考虑销售和时间的关系,未涉及成本及价格等其他影响销售的变量。
- 易造成"营销近视症",认为产品已到衰退期而过早将仍有市场价值的好产品剔除出产品线。
- 产品衰退并不表示无法再生。可以通过合适的改进策略,从而公司有可能再创产品新的生命周期。

总之,产品生命周期是一个很重要的概念,它和企业制定产品策略以及营销策略有着直接的联系。管理者要想使其产品有一个较长的销售周期,以便赚到足够的利润来补偿在推出该产品时所做的一切努力和经受的一切风险,就必须认真研究和运用产品的生命周期理论。此外,产品生命周期也是营销人员用来描述产品和市场运作方法的有力工具。

第三节　产品品牌形象分析

一、品牌形象的定义

"品牌"一词来源于古斯堪的纳维亚语"布兰多",意思是"燃烧"。这个词现在依然是牲畜所有者用来标识他们动物的工具。①

① [美]凯文·莱恩·凯勒著:《战略品牌管理》,中国人民大学出版社2008年版,第4页。

美国市场营销协会(AMA)对于品牌的定义是:品牌是指名称、专有名词、标记、标志、设计或者将上述综合,用于识别一个销售商的产品或者服务,并使之同其他竞争的产品或者服务区分开来。简单来说,品牌就是一种标识,首先标识产品或者服务与生产者或服务提供者的从属关系;其次标识与其他竞争者的区别。

"品牌形象"概念早在20世纪50年代就已提出,但是到目前为止还没有建立起一个关于"品牌形象"的稳定的权威概念。美国著名营销理论专家菲利普·科特勒认为,品牌形象即消费者对某一品牌的信念。品牌不仅仅用以区别商品,它还是一种象征,远超出了文字本身的意义。而美国著名品牌管理理论家凯文·凯勒认为品牌形象就是消费者对品牌认知的综合结果。

品牌形象的建立是由品牌识别、品牌定位和品牌个性三者互动形成的。品牌识别的精髓在于回答与一个特定品牌相关的问题,即品牌个性、品牌的长期目标和最终目标、品牌的持续性、品牌的价值、品牌的基本事实、品牌的认识符号等。品牌定位是品牌识别的一部分,是建立一个主张,这个主张必须与众不同,同时用以显示其优于竞争品牌之处。这个主张应该回答以下问题:品牌识别中哪些因素该成为定位的元素,谁是主要的目标对象,什么是传播的目标,什么是优势点等。而品牌个性是回答"说什么"的问题,掌握品牌个性是完成品牌传播的核心要求。品牌个性是以品牌定位为基础的,品牌个性反映品牌定位,同时又是对品牌定位的深化。两个品牌可能存在同样的定位,但完全可以拥有不同的个性。最后,品牌传播一致性应从品牌内部要素(即品牌的思想、品牌的识别系统)开始,保持企业或品牌精神理念的一致。品牌定位、品牌个性必须依据品牌识别中的核心识别(即品牌永恒的精髓、本质和价值)来确定,品牌识别为建立品牌定位的限度、规范表达的方式和保持品牌个性提供了框架,三者之间必须确保一致,必须保持协调、统一和连贯。

二、品牌形象法

20世纪60年代,品牌形象法由奥美广告公司的创始人大卫·奥格威创立,他认为,任何产品的品牌形象都可以通过广告建立起来。一个产品如同一个人,人需要有一定的形象,产品也需要有自己的形象。而品牌形象并不是产品本身所固有的,而是消费者联系产品的质量、价格等方面,在外在因素的刺激下形成的,这个形象是由广告策划者根据产品的个性和消费者对产品的审美需求设计出来的。基于这种观点,奥格威创立了品牌形象法。其基本要点包括:

首先,为塑造品牌服务是广告最主要的目标。广告就是要通过宣传策略为产品塑造一种品牌形象,并且要维持这种形象的高知名度。

其次,任何一条广告都是对品牌形象的长期投资,为塑造品牌服务,因此需要在时间跨度上共同维护品牌的整体利益。从长远来看,广告必须尽力维持一个好的品牌形象,而不是牺牲长期品牌形象而追求短期利益。

再次,产品同质性增强,同类产品之间的差异性逐渐缩小,这种情况下,消费者在选择品牌时所运用的理性就会减少。因此在广告宣传策略中,描绘品牌的形象要比强调产品的具体功能重要得多。

最后，人们购买的是产品的物质利益和心理利益的综合，而不是产品本身，广告应该重视运用恰当的形象来满足消费者对产品的心理需求。

奥格威曾经说过，大多数企业都不承认这样的现实，即他们的品牌形象具有一定程度的局限性。企业总是希望其产品及品牌适合所有的人，无论是男性还是女性，无论是上流社会还是普通大众，结果，他们的产品却没有了个性。品牌是产品特性的无形集合，包括它的名称、包装、价格、历史、声誉及其广告方式。奥格威认为，要赋予每个广告与品牌相适应的风格，塑造出其个性特色，这才是成功的奥秘所在。

广告宣传不是强调其特性和功效，而是通过表现消费者使用这种产品时的风度、形象和生活氛围，而给人以心理冲击。与其说消费者为了某种需要而购买某种产品，不如说是为了享受该产品所表现出来的一种形象、追求和心理的愉悦与满足。

典型的品牌形象广告的代表例子就是万宝路香烟。万宝路以女性为目标消费者，广告宣传带有明显的女性诉求特征，后来为了改变其女性的形象转变目标受众，推出了一系列新的广告活动。新的平面广告和电视广告中只表现粗犷的男人形象，无论是牛仔还是纹身的体力劳动者，每个万宝路男子汉都向消费者诉说自己的户外生活经历以及选择万宝路的理由。由此，万宝路在众多香烟广告中脱颖而出，树立起独特、易识别，并且持久有力的品牌形象。

这里，有一点需要注意的是，品牌形象在建立之后应该保持一致性，这样才有利于消费者对本品牌形成统一的认知，但是，这并不是说形式上就不能改变了。在外界环境不同或者产品的广告目标发生变化等情况下，品牌形象可以有所变化，但是，在整体核心不变的基础上，该品牌形象的核心精神、独特风格和内涵必须一脉相承，与最初的品牌形象保持一致。

比如，在 20 世纪 80 年代，面对百事可乐强大的竞争压力，可口可乐通过测验后，决定以口感更甜的新配方来争取消费者，但是由于“可口可乐，真正的可乐”这一品牌形象已经深入人心，新配方推出后遭到消费者的强烈抵制甚至示威游行，抗议可口可乐公司侵犯他们饮用“正宗”可乐的权利。

三、品牌形象分析①

要想在广告策划中充分利用品牌形象，发挥较好的作用以更好地达成广告目标，需要进行以下几个方面的分析：

（一）产品品牌个性分析

产品品牌形象的核心就是产品的品牌个性，它决定了产品最终呈现给消费者的形象，因此需要深入分析产品所承载的个性，产品品牌个性包括各种影响因素，例如：企业历史、企业文化、企业理念、消费者需求和心理，以及产品的商标、价格、质量、包装等。马克里（Chris Macrae）在《世界顶级品牌》一书中将品牌个性划分为六种形态，这种类型的划分有助于产

① 张翔、罗洪程编著：《广告策划——基于营销的广告思维架构》，中南大学出版社 2003 年版，第 88 页。

品品牌个性内涵的分析：

1. 仪式型。将品牌与特定的节日和场合相联系，使该品牌成为在此场合下消费者的一种特定需要，例如圣诞树、火鸡与圣诞节相联系，粽子与端午节相联系。

2. 标志型。赋予产品以某种特殊的附加价值，突出产品的形象。LV 的品牌名称，耐克的品牌，都代表了本品牌的一种附加价值，并且是凌驾于产品之上的。

3. 开拓型。第一个以某种特性为诉求的品牌，通常定位于这类产品的开拓者。比如可口可乐的"真正的可乐"，柒牌男装的"中华立领"。

4. 独特型。将一种与众不同的气质传递给消费者的品牌，突出其自身的独特性。例如香奈儿的香水，Zippo 的打火机。

5. 归属型。让消费者感觉到他们属于某一个特定，并有某种程度同质性的群体。例如李维斯牛仔裤宣扬一种年轻、不拘形式的个性。

6. 历史型。产品有真正的历史渊源，给消费者一种可以值得信赖的印象。例如同仁堂，九芝堂等。

（二）消费者对产品品牌形象的期望与认知分析

随着市场和消费者观念的逐渐成熟，消费者的基本需求得到满足后，购买商品不再仅仅满足于产品本身的使用价值，而是对产品有更多的心理需求。这时，产品能承载品牌价值的重要性就凸显了出来，品牌形象不但可以满足消费者对产品的现实需求，而且可以满足其对产品的心理需求。在分析消费者对产品品牌形象的期望与认知时，一方面需要弄清楚消费者期望的准确内涵，另一方面要弄清楚消费者对既定产品在品牌形象方面的认知程度。

（三）产品品牌形象设计与传播分析

产品品牌的形象设计要以消费者为中心，在充分考察消费者的心理之后，了解其对产品品牌形象的期望，然后才能有针对性地设计出产品品牌形象。在这个分析过程中，一方面要研究根据产品品牌个性设计出来的品牌形象是否符合消费者的审美心理，是否符合消费者对产品品牌形象的期望，这个设计是否合理。另一方面，需要研究企业本身有没有正在传播品牌形象，是否根据总体策略选择正确的传播方式，这种传播方式在消费者对于产品品牌形象认知方面取得了什么样的效果等。

四、品牌形象的构成内容

品牌形象在企业的竞争中至关重要，良好的品牌形象深深地吸引着消费者，从而刺激其购买行为。品牌形象的内容主要由两方面构成：一方面是有形的内容，另一方面是无形的内容。

品牌形象的有形内容又称为"品牌的功能性"，即与品牌的现实产品相联系的特征。从消费者的角度来讲，"品牌的功能性"就是品牌产品满足其功能性需求的能力。例如，洗衣机具有减轻家庭负担的能力、吸尘器具有清洁家庭卫生的能力等。品牌形象的有形内容是最基本的，只有满足消费者的基本需求，才能在更高的层面上满足消费者的心理需求。品牌形象的有形内容将产品提供给消费者，并与品牌形象紧紧联系起来，使人们一接触到品牌，便可以马上将其功能性特征与品牌形象有机结合起来，形成感性的认识，进而影响消费者的购买决策。

品牌形象的无形内容主要指品牌的独特魅力，是营销者赋予产品并被消费者感知的附加价值。在这里品牌形象的无形内容主要反映了人们的情感，显示出人们的身份、地位、心理等个性化要求。

五、品牌形象分析方法

关于品牌形象分析有两种方法，一是凯勒的关于品牌形象的联想模型；另一种是奎廉的联想网络模型。

凯勒从基于顾客的品牌资产角度出发，认为品牌资产的来源是品牌知识，品牌知识又包括品牌意识和品牌形象。其中品牌形象指的是在消费者记忆中品牌联想对品牌感知的反应，品牌联想从总体上体现了品牌形象，决定了品牌在消费者心目中的地位。品牌联想是消费者在与品牌的长期接触中形成的，它反映了消费者对品牌的认知和情感，同时也预示着消费者未来的行为倾向。

奎廉在凯勒联想模型的基础上进一步挖掘，认为人们头脑中的记忆是由一些结点和连接组成的网络。结点代表了存储的概念或信息，连接代表了信息和概念间联系的强度。任何信息都可以存储在这个记忆网络中，包括文字的、视觉的、抽象的信息。基于记忆网络联想理论，奎廉主张品牌联想应从联想的数量、联想的偏好、联想的独特性和联想的来源四个方面来考察，进而理解品牌形象的认知过程。

【案例8-1】 “野力干红”与“张裕干红”的品牌形象分析比较

野力干红曾经大力开拓红酒市场，三年内的广告费超过一个亿，但现在市场上基本看不见野力干红的产品。在广告宣传活动之初，野力干红斥巨资请出国际巨星巩俐，但收效甚微，虽然知名度很高，但是销售量很低，问题就出在品牌形象上。红酒品牌往往要演绎浪漫气质，向消费者传递出一种独特的魅力，野力干红的电视广告情节是这样的：“巩俐款款走来，众嘉宾沸腾了，纷纷让道欢迎并频频举杯，一男子被巩俐的美色倾倒并有些失态盯着巩俐，巩俐回眸一笑”，场面热烈、隆重，但却一点儿都没有浪漫气息，特别是盯着巩俐看的男模特的表情和眼神没有一丝高雅，与红酒本身所承载的气质完全不符。而张裕干红在其“百年张裕、传奇品质”的广告片中，一袭红绸长裙的女士在背景幽雅的殿堂漫步，眼神与表情“宁静、清新、高雅”，把红酒的浪漫文化渲染得淋漓尽致，与轩尼诗XO的广告片相比都毫不逊色，其宣传效果自然远远好于野力干红。

（资料来源：管理者论坛，http://www.onlyit.cn/）

【案例8-2】 “高露洁”的品牌形象分析

高露洁——“口腔护理专家”。牙膏产品与人们的生活关联很大，但是属于低关注度产品，而广告的诉求内容——防治蛀牙，又比较理性，因此权威人士或专家就是品牌最好的代言人。在广告片中，高露洁请来面目和蔼的“白大夫”，向孩子们讲述高露洁牙膏是如何以双层氟化物保护牙齿的，其中，孩子不但是产品的使用者，而且是产品购买决策的影响者，广告诉求对象明确有效。这一经典的广告形象已经深入人心，并且得到消费者普遍认可。同时，高露洁公司在促销和公关活动中也一直在配合品牌的“口腔护理专家”形象。从进入中国市场的第一天起，高露洁就十分注重与口腔专业人士的良好合作，分别与中华预防医学会、中华口腔医学会和全国牙防组等专业团体合作，双方共同开展了针对儿童的“甜美的微笑，光明的未来”口腔健康教育活动，在未来潜在消费者和影响购买决策者——儿童中建立了良好的品牌口碑。

〔资料来源：根据浩顿英菲（中国）市场信息咨询有限公司网站资料整理〕

本章小结

在整个广告策划活动中，最为基本的一项工作就是对所要做广告的产品或者服务情况进行全面分析和彻底了解。而广告产品分析主要包括产品特征分析，产品生命周期分析和产品品牌形象分析三个方面的内容。

产品特征分析就是要对产品进行整体分析，如物质形态、利益特征和个性特征等，寻找出产品与众不同的特点，而这个特点必须满足消费者的需求，同时又要与竞争产品相区别。之后就能确定广告策划的主题和广告的诉求点，最终形成统一有效的广告活动。

产品生命周期是美国哈佛大学教授雷蒙德·弗农首次提出的。它是指新产品从进入市场开始，到最终被淘汰退出市场为止所经历的全部时间，分为四个阶段。产品处于生命周期的不同阶段具有不同的市场特点，通过对产品的生命周期进行分析，可以为企业采取相应的营销策略和广告策略提供相应的依据。

“品牌形象”概念早在20世纪50年代就已提出，最具代表意义的理论就是大卫·奥格威创立的品牌形象法。品牌形象分析包括产品品牌个性分析，消费者对产品品牌形象的期望与认知分析和产品品牌形象设计与传播分析三个方面的内容。其中，品牌形象的构成则包括有形和无形两方面的内容，只有将这两方面综合，才能对产品形象有全面的认识。

一、思考题

1. 产品特征分析的主要内容包括哪几个方面？
2. 产品生命周期是什么，分为哪几个阶段，每个阶段的市场特点和应对策略是什么？
3. 特殊的产品生命周期包括哪几种？
4. 产品生命周期理论的特点是什么？
5. 品牌形象的构成内容和分析方法包括哪几个方面？
6. 试结合具体广告案例谈谈对品牌的认识。

二、课外资源

1. 丁俊杰、康瑾著:《现代广告通论》,中国传媒大学出版社 2007 年版

2. 黄升民、段晶晶著:《广告策划》,中国传媒大学出版社 2006 年版

3. 张翔、罗洪程编著:《广告策划——基于营销的广告思维架构》,中南大学出版社 2003 年版

4. [美]凯文·莱恩·凯勒著:《战略品牌管理》,中国人民大学出版社 2008 年版

5. 李书成、江华编著:《广告策划学》,知识产权出版社 2000 年版

6. 张金海、龚轶白、吴俐萍编著:《广告运动策划教程》,北京大学出版社 2006 年版

GUANGGAOCEHUA

第三篇

策略篇

CHAPTER 9

第九章

广告目标策略

广告目标是广告活动所要达到的预期目的，是广告战略规划的逻辑起点，也是最核心的任务，它规定着广告活动的总任务，决定着广告活动的行动和发展方向。一项广告活动，不管其活动方式如何复杂，广告表现如何独特，如果没有正确的战略导向——目标，那么广告主与广告公司的一切努力便会连同大把的广告费用一起付诸东流。同样，一项广告活动，如果建立了明晰的目标，就等于迈出了通向成功的第一步。

第一节　广告目标概述

一、广告目标的功能

广告目标是指在广告策划活动中，为达到一定的广告目的和要求而制定的广告任务，这一任务是广告策划其他环节开展的依据和指南，可以说，广告策划的每一项工作都是为了保证广告目标的实现。因此，广告目标的首要功能便是指引方向。广告目标通过制定各项广告任务来指引广告活动的开展方向，目标市场策略、广告定位策略、广告表现策略、媒介策略等各项广告策略的制定，各项计划的推行，都要围绕广告目标来进行，且以其为评价依据。换句话说，广告目标像一块磁铁，吸引着广告策划的每一项工作向其靠拢。当然，广告目标只是一个总体的战略目标，具体到每一项决策，都会有一个更加具体的目标，如文案创作的目标、媒介选择的目标等，这些具体目标均以总体的广告目标为准则，由此确保广告活动的顺利进行。

协调和沟通是广告目标的第二大功能。广告活动是一项涉及多环节、多部门的系统工作，不仅广告公司、广告主的广告部门会参与其中，广告主的财务部门、销售部门与公关部门，再加上广告制作单位、广告媒介机构等也会协助开展工作。除此之外，广告主还必须协调其与政府相关部门、公众利益机构等的关系。在广告运作过程中，为确保所有相关机构和个人能相互配合，就必须提供一种有效的沟通工具，以此协调广告运作中出现的各种分歧。

这个有效工具就是广告目标，它为广告活动的协调工作树立了一个准则，凡与广告目标不一致的，都应该进行适当调整，直至符合广告目标为止。

广告目标不仅在广告策划开展过程中发挥作用，还在广告活动结束后发挥着作用。这就是广告目标的第三个功能——检测和评价功能。通常广告活动结束后，需要对活动的效果进行检测和评价，这是广告公司提高自身水平的重要步骤。进行效果评价必须有一定的标准，广告目标就是进行评价的最重要依据。也就是说，判断一项广告活动的最终效果如何，必须以其是否完成了广告目标为依据。

二、广告目标的分类

一个企业的广告目标往往不是唯一的，且可以根据不同的标准进行分类。按照不同的划分依据，广告目标可分为以下几种类型：

（一）按目标的层次划分

根据不同层次，广告目标有总目标和分目标两种。总目标是广告活动所要达到的最终目标，它从总体上显示出企业开展广告活动的目标。分目标是总目标在广告活动各方面的具体目标，如广告预算目标、广告效果目标等。

（二）按目标所涉及的范围划分

根据广告目标涉及的范围，分为外部目标和内部目标。

外部目标是与广告活动的外部环境有关的目标，如市场目标，包括市场占有率、销售量目标、广告目标市场等；发展目标，包括树立企业形象、扩大知名度和美誉度；竞争目标，包括与竞争对手相比较的广告投放量、广告频次等。外部目标的重点在于影响企业的外部环境，改善企业对外形象，提升销售业绩，赢得竞争优势等，在大众媒介上发布的广告大多具有此类目标。

内部目标是与企业的内部环境有关的目标，如改善内部关系，激励员工士气等。具体到一项广告活动来说，内部目标主要是指与广告活动本身有关的目标，如广告媒介目标，包括媒介组合、媒介投放等；广告预算目标，包括投入与产出目标等。

（三）按目标的具体内容划分

依据广告目标所涉及的具体内容，可分为产品推广目标、市场拓展目标、销售增长目标和企业形象目标四种类型。

其中，产品推广目标旨在扩大产品的影响，希望通过广告活动使企业的产品被消费者接受，它一般更注重产品知名度和美誉度的提高，注意广告的覆盖面和目标市场消费者对广告的接受程度，总体来说更适用于新产品的宣传，如某一新饮品在上市之初将广告目标设定为：产品推出两个月后知名度达到70%、店铺陈设率达80%，三个月后饮用经验率达30%。

市场拓展目标旨在拓展新的市场，希望通过广告活动吸引一批新的消费者加入产品的消费行列，它更注重在新的消费群体中树立品牌及企业形象，注重改变这些消费者的消费观念，因此具有较强的竞争性和挑战性。

销售增长目标主要是为了提高销售量，希望通过广告活动使企业的总销售额或某一产品的销售额增长到一定的程度，它注重对消费者购买欲望的刺激，适用于在市场上有一定影响力和销路的产品。

企业形象目标旨在扩大企业的影响力，提高企业的知名度和美誉度，抑或是希望通过提供某种服务，显示企业的社会责任感及对大众的关注，它更注重同目标市场消费者之间的信息和情感沟通，增强其对企业的好感，进而建立良好的公共关系。

(四)按目标的期限划分

按照广告活动开展的时间长短，广告目标可分为长期目标和短期目标。长期目标为企业的广告战略服务，又被称为战略性目标，其特征是广告运作周期长，通常为半年或一年以上，且规模庞大，内容复杂，一般与企业建立长期的品牌形象、实施长远的营销目标有关，如全球性的新产品推广活动、品牌形象提升活动等。短期目标为企业的短期广告活动服务，又被称为战术性目标，其特征是广告运作周期短，常常为一个月或一季度，活动内容相对简单，一般与企业的阶段性营销活动有关，如节假日期间特定主题的广告发布活动、短期降价促销活动等。

三、广告目标的内容表达

在不同的企业、同一企业的不同产品乃至同一产品的不同生命周期，广告目标的内容会有很大差别，我们这里只归纳广告目标通常会包括的几个内容要素。需要注意的是，以下五个内容要素在广告目标的表述中不一定要全部囊括，具体表达形式可视情况而定：

第一，时间跨度，既可以是广告活动持续的时间，即从何时开始到何时结束，也可以是广告活动开展之后的一段时间，如某产品的广告目标是"在本次广告活动结束后的半年内，本市超过10%的潜在消费者转变其对本产品的反对态度"。

第二，地域界限，包括广告活动开展的地区以及广告信息传播的地区。

第三，目标受众，亦即广告对象，也就是说广告面向哪一部分受众进行宣传。

第四，任务描述，即期望通过广告活动达到什么样的效果，是提升销量、提高知名度还是其他等。

第五，数量指标，把广告活动想要达到的效果通过具体的数字描述出来，这也是广告策划活动结束后进行效果评估的重要依据。典型的表述如"在广告活动开展后的7个月内，产品销售额将比广告活动开展前提高7%以上，产品知名度提高10%以上"。

四、建立广告目标应遵循的原则

在广告运作中，广告目标深刻影响着广告活动的发展方向，对于广告目标的制定是否得当，既关系到广告计划的制定与实施，又关系到广告效果的好坏，同时也会直接影响企业的各种效益。因此，广告目标的建立一定要遵循科学的原则。

（一）符合企业营销目标

广告活动是企业整体营销活动中的一项具体工作，因此，必须在企业整体营销计划指导下进行，广告目标的制定要符合企业目标和营销目标，并反映出整体营销计划的考虑重点，如广告发挥影响的范围、时限、程度等，以便使广告活动配合整体营销活动。

（二）目标要单一，突出重点

广告主往往希望在一次广告活动中实现多个目标，但这实际上是非常不现实的。因为多个广告目标会导致广告诉求重点的分散，给受众造成混乱、不统一的印象，最终导致一个目标都不能实现。因此，策划人员应将广告目标集中于广告的最主要目的上，切忌因追求多个目标而导致竹篮打水一场空。如果广告主确有多种目的需要达到，则应分清主次，突出重点，避免矛盾，并通过多种不同的广告活动来逐一实现。

（三）切实可行

广告目标应避免看似明确实则空洞的表述，如"提高产品的知名度，扩大产品的市场份额，树立良好的品牌形象"，这类表述过于宏观而导致内容空洞无物，毫无价值可言，阅读者无法从中了解广告活动到底是为了达到什么目标，需要执行什么样的步骤，花费多少成本，广告效果又该如何评价等信息。因此，一个有价值的广告目标应该是切实可行的，从企业和市场的实际出发，全面分析，既不降低标准，也不盲目求高，同时切忌大而无当，从而为活动执行者提供恰当合理、切实可行的指南。

（四）具体明确，可以被测量

广告目标是整个广告活动的核心，应具体明确，容易执行。如果没有一个明确的广告目标，广告活动可以轰轰烈烈地开展，但最终却无法评价其达到了什么效果，因此，广告目标应能够细化成一系列的具体目标，以指导广告策划的每一个具体环节（如后文中大众汽车新车型的广告目标）。除此之外，广告目标还应可以被测量，目标制定人员应尽可能将目标具体化，使人们能以一套公认的标准对其测量。其中，最常见的方式是通过量化的数字来表述，如对知名度、美誉度、记忆度等指标进行量化，从而有利于企业对广告活动的执行、控制和修正，比如提高品牌偏好度，使之达到50%以上。当然，可测量不一定是严格地要求广告目标定量化，只要广告目标可以进行明确比较就行。

（五）考虑环境要素

任何广告目标的设立都是建立在对企业内外部环境周密调查的基础之上的。因此，制定目标时要审时度势，密切关注周围的环境。比如，对于企业的内部环境，广告目标既要考虑营销战略、财务计划、传播战略等因素，又要考虑到与其他部门的协调配合，求得理解和支持，这样才能保障广告活动的顺利开展；对于外部环境，广告目标既要考虑经济、政治法律政策、人口、文化和技术等宏观环境的制约作用，也要考虑竞争对手、中间商、目标受众等微观环境的变化。

(六)要有一定的弹性

广告目标一经确立,就要保持相对稳定,不能朝令夕改,同时保持与企业目标的协调平衡。不过,广告目标并非一成不变,也要具有一定的灵活性,如当企业内外部环境发生重大变化时,要及时调整目标,以适应形势的变化。当然,这种调整不代表彻底地变换广告目标,而是在广告目标所能容许的限度内进行适度的调整。

第二节 广告目标的制定方法

一、影响广告目标制定的因素

从表面上看,广告目标的内容通常很简短,制定广告目标似乎不是一件很困难的工作,但在实际操作中,由于市场情况复杂,广告目标的制定受多种因素的影响,具体来说,主要包括以下几个因素:

(一)企业营销战略

企业在市场营销中所采取的战略决定着广告活动的方向和目标,策划人员应根据不同的营销战略,制定或长期或短期的广告目标。具体来说,企业的营销战略主要有市场主导者战略、市场挑战者战略、市场跟随者战略和市场补缺者战略等,以市场主导者为例,为了开发新的消费者群体,美国强生公司的婴儿洗发露在美国出生率开始下降时,通过电视广告宣传的方式向成年人推广洗发露,并取得了不错的市场效果,使强生成为洗发露市场的领导者。

(二)市场结构与模式①

在市场营销学中,市场模式主要指市场上的垄断与竞争态势。一个市场主要分为完全竞争市场、垄断竞争市场、寡头市场和完全垄断市场四种模式,处在不同市场模式中的企业,在广告目标的制定上也各不相同。

在完全竞争市场中,同一行业的众多企业地位大致相似,他们以相同的方式向市场提供同类的、标准化的产品,如粮食、油料等农产品。由于产品差异非常小,交易的买者和卖者都很多,所以企业无需进行价格竞争。为处于完全竞争市场模式中的企业制定广告目标时,通常把广告作为人员推销的辅助工具,也就是说,人员推销是首要的促销方式,广告只是辅助手段,因此,印刷宣传品、礼品广告以及一些特殊形式的广告在这种模式下往往更能发挥作用。

在垄断竞争市场中,一个行业有许多企业生产或销售同一产品,但并没有显著的领导者,这些企业的产品虽可以互相替代,但在价格、质量、服务等方面又各不相同,因此,价格竞

① 梁绪敏、石束编著:《广告策划》,山东大学出版社2004年版,第65页。

争对企业影响不大，最典型的如食品、服装等中小型零售店市场。处在这种市场结构中的企业，其广告活动通常以提高产品知名度、扩大市场占有率、增加顾客重复购买等为目标。

在寡头垄断市场中，少数几家大企业控制着市场上绝大部分产品的生产和销售，如冰箱、彩电等大件家电企业，这些企业间一般不进行价格竞争，以免造成两败俱伤，广告是其极为重要的营销手段，广告目标一般以塑造品牌形象、提升品牌影响力、打击竞争对手为主。

在完全垄断市场中，一个行业只有一家企业，这类企业通常是国家支持的、无可替代的企业，如电力、天然气、钢铁等。由于其行业的特殊性，这类企业一般不需要进行广告宣传，但随着经济环境的变化，他们也面临着严峻的竞争局面，广告成为其营销的必备手段之一。不过，由于市场的特殊性，其广告目标通常也比较特殊，最常见的是从服务方面树立企业的社会形象，以获得社会公众的信任和支持。

（三）产品供求状况和生命周期

一般来说，产品处于不同的供求状况下，其广告目标也是不同的。就产品在市场上的三种供求状况来说，在产品供不应求的条件下，广告目标通常以巩固已有市场及树立品牌形象为主；在产品供过于求的情况下，应先确定产品滞销的原因，然后根据原因确定广告目标，如加强广告宣传力度、加大产品促销力度等；在供求平衡的情况下，广告目标一般以促进产品销售为主。

除受产品供求关系的影响外，产品所处的生命周期也对广告目标产生着影响。在产品的不同生命阶段，广告所要达到的目标是不同的，一些企业的广告无视产品的生命周期变化，数十年不换，最终导致品牌的夭折。通常情况下，在产品的导入期，广告目标是以建立消费者的认知度、提高产品知名度为主；进入成长期，广告目标则变为提高产品的美誉度、树立品牌形象；在成熟期，广告目标是提高消费者对品牌的忠诚度，提升消费者的重复购买率；而进入衰退期，广告目标则是通过提醒式广告保持消费者的记忆。

二、广告目标设定策略

广告目标的制定不是随机、任意而为的，它是建立在对当前市场营销情况透彻分析的基础上，以企业目标市场、产品定位等重要决策为依据，运用科学的方法来进行的。当然，这并不意味着制定广告目标要以僵硬的方式进行教条化操作，目标制定人员一定要结合企业产品和竞争状况作出合理判断。通常情况下，广告主会选择以下三种策略来设定广告目标：①

第一，以产品销售状况来制定广告目标。广告是市场营销的手段之一，是为了实现营销目标服务的。因此，广告目标就应该以产品营销现状为基础，在某些情况下，目标制定人员可以根据产品的销售情况即销售金额或销售数量来确定广告目标。比如，广告目标可以设定为：在广告开展的一年内，本产品在北京市场的销售量增加 15%。这种制定策略的优点是相对简单，且明确直接，不足之处则是在某些特定情况下（尤其是在销售消费产品的情况下）难以据此来制定广告目标。当然，以产品销售状况来制定广告目标的方式并非适用于所有情况，它必须建立在一个前提之上，这个前提就是——广告是使产品销售量增加的唯一方

① 蒋旭峰：《广告目标的功能策略分析》，《学海》2002 年第 2 期。

式。如果除广告外还有其他方式能使产品销量提升，则不适宜如此制定策略。

第二，以消费者消费行为来制定广告目标，这是最常用的广告目标设定策略。当广告目标不能直接根据产品销售状况来制定时，目标制定人员可以选择根据消费者的消费行为来设定。这一点将在后文中详细论述，这里不再赘述。

第三，以传播效果来制定广告目标，这也是比较常见的广告目标设定策略。通过传播效果制定广告目标就是以消费者对产品的知名度、偏好度、美誉度或其他心理效果来作为测定广告效果的依据，这种策略比较直观，也容易量化，因此，被众多广告主竞相采用。

三、广告目标的制定方法

广告目标的制定方法有很多，我们重点介绍通过消费者消费行为和传播效果两种策略来设定广告目标的方法，具体主要有广告金字塔法、DAGMAR 法、莱维奇和斯坦纳模式（L&S 模式）以及邓恩的分类法。

（一）广告金字塔法[①]

虽然多数广告活动鼓励潜在消费者采取购买行动，但销售的终点始终是营销目标，而非广告目标，也就是说，广告不能承担销售的全部责任，广告目标也不能等同于营销目标。实际上，广告的首要任务是向目标受众进行宣传、劝服或提醒活动，进而间接影响消费者的购买决策。根据受众对广告信息理解的过程，广告目标通常分为几个阶段，我们通过"广告金字塔"的方法来加以说明，如图 9-1 所示。

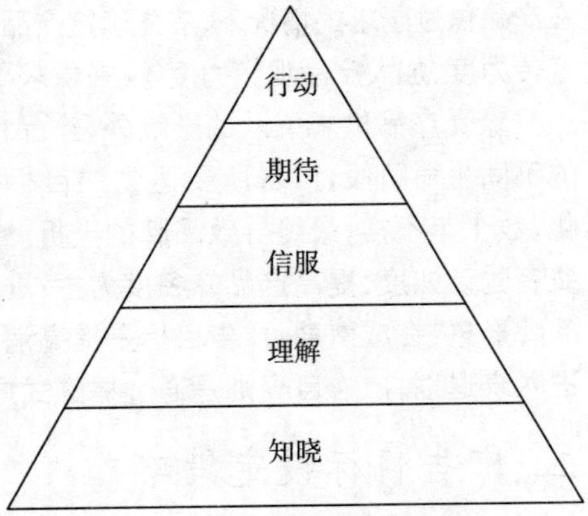

图 9-1　广告金字塔

在这个广告金字塔中，位于第一层级也就是塔底位置的是知晓。知晓就是目标消费者再认或回忆品牌名称及其所属产品类别的能力，尤其是对于新产品来说，通过创造知名度，可以使对产品一无所知的潜在消费者形成初步认识。因此，广告的首要目标便是提高消费者对产品的知晓水平，也就是创造产品的知名度。要提高产品知名度，首先必须能引起人们对该产品信息的注意，可以通过琅琅上口、生动活泼的广告语引人注意，如"人头马一开，好事自然来"、"鹤舞白沙，我心飞翔"等；也可以通过广泛宣传品牌符号来加强品牌记忆，如人们可以从红彤彤的缺口苹果想到苹果电脑，从三个菱形组成的图案联想到三菱电器等。

第二层级是理解。理解就是向已知晓产品的人群传递更加充分的产品信息，使他们全面理解产品的功能、特征、形象及定位等信息。理解是知晓的深层延伸，尤其是对于一些较复杂的产品来说，消费者只有在全面理解的基础上才能作出正确判断和选择。比如，在大

---

① ［美］威廉·F. 阿伦斯著，丁俊杰等译：《当代广告学》，人民邮电出版社 2006 年版，第 327－329 页。

卫·奥格威为劳斯莱斯汽车所做的广告中，通过列举劳斯莱斯的19个优点来说明为什么劳斯莱斯是世界上最好的车子。

接下来是信服和期待层级。与知晓和理解不同的是，在信服和期待阶段，消费者已经具有了一种明确的倾向性，或者说是发生了态度上的转变。他们通过对产品信息的深度了解，开始相信产品的价值，一部分人甚至形成对产品的期待。比如，在大卫·奥格威为劳斯莱斯汽车所做的广告受众中，部分受众通过阅读广告信息对劳斯莱斯汽车进行了深入了解，并开始对劳斯莱斯品牌产生信任感，一些人甚至开始渴望拥有一辆劳斯莱斯汽车。

最后一层是位于金字塔塔尖的行动层级。最终，对产品形成期待的受众中会有一部分采取行动，当然，这个行动不一定是最后的购买行动，它也可以是主动索取额外信息或光顾商店等行为。

【案例9-1】 大众汽车新车型"发光甲虫"的广告目标

大众汽车新推出一种名为"发光甲虫"的新产品，它可以同时使用汽油和电力驱动，为其所制定的初步广告目标可以是：

1. 在两年内，向那些每年购买国外经济型小汽车的50万人群中的一半传播"发光甲虫"汽车上市的消息，使之对"发光甲虫"汽车的知名度与适用性有所了解。

2. 进一步使上述"知晓"群体中的2/3了解"发光甲虫"汽车是一种技术优越、功能齐备、安全、操作简单的经济型轿车，这个品牌可以提供一流的服务质量与价值，且只通过大众特约经销商出售。

3. 让2/3的"理解"人群相信"发光甲虫" 汽车是一种高质量、安全、经济、能带来无穷驾驶乐趣的汽车。广告目标是进一步劝服消费者，使其相信"发光甲虫" 汽车的优点。

4. 激励2/3的"信服"群体，使其产生试车的欲望。

5. 促使2/3的"期待"人群光顾某家经销商，进行试车并产生购买冲动。

上述5个广告目标在时间、受众以及程度上都进行了量化，非常具体，循序渐进地实现了知晓—理解—信服—期待—行动的广告目标。同时，量化的数字还为后期的广告效果测定提供了依据。比如，通过对受众人群的量化，我们可以计算出"信服"群体大概为11万人，这无疑为测定这个阶段的广告效果提供了具体的标准。

（资料来源：参见[美]威廉·F. 阿伦斯著，丁俊杰等译：《当代广告学》，人民邮电出版社2006年版）

作为一种传统的广告目标制定方法，广告金字塔法通过"知晓—理解—信服—期待—行动"模式描绘了广告对受众的作用过程。在传统营销背景下，这个模式是有效果的，尤其适用于新产品宣传。但是，这种方法是建立在广告效应的"认识—感觉—行动"模式基础之上的，随着互联网等信息传播新手段的出现，以及整合营销传播观念的提出，"认识—感觉—行动"模式不再代表所有消费者的购买行为，广告金字塔所反映出的"广告主讲，消费者听"的一言堂式营销显然已不再合适。因而，广告目标的制定方法也要随之发生新的改变。

（二）科利的达格玛(DAGMAR)法

1961年，美国广告专家罗素·科利(Russell H. Colley)在"全美广告人联合会"的资助下，完成了一项名为“制定广告目标以测定广告效果”（Defining Advertising Goals for Measured Advertising Results）的研究，在研究中科利最先提出必须制定区别于营销目标的广告目标，并提出一种把广告目标转变为具体的可测量的目标的方法，简称达格玛（DAGMAR）法。在 DAGMAR 法提出的 20 世纪 60 年代，广告主十分重视对广告效果的测量，但由于广告与销售的间接关联，广告效果往往很难测定出来。科利提出的 DAGMAR 法不仅解决了广告主的担忧，也为广告公司的科学化运作提供了理论指导。DAGMAR 法的主要内容是：先设定广告目标，而后针对所设定的广告目标来测定广告效果。

1. DAGMAR 法：以传播效果设定广告目标

DAGMAR 法把广告视为一项在特定时期内针对特定受众的具体传播任务，也就是说，它把传播沟通任务作为广告目标的核心，并根据传播效果制定广告目标。具体来说，科利把广告传播效果分为五个阶段：不知晓、知晓、理解、信服和行动，这就是著名的 DAGMAR 广告效果模型，如图 9-2 所示。

图 9-2　DAGMAR 广告效果模型

这个模型与前面所述及的“广告金字塔”模型非常相似，它们都假定：在广告的作用下，受众的意识将理性地按顺序经历上述一系列步骤。DAGMAR 模型显示，受众最初并不知道产品的存在，因此，第一步的传播任务便是让受众知晓；接下来，第二步就是使潜在消费者对产品有所了解，如产品的性能、特征、定位，以及这个产品能给其带来什么；第三步是使潜在消费者逐渐对产品产生信赖意识，并出现购买渴望；第四步是经过最后的激励产生购买行为。

2. DAGMAR 法执行要点

科利认为，根据目标消费者来制定的广告目标一定是具体的、可测定的，它应该符合企业整体营销的要求，且能分解为一系列具体广告活动的目标，同时，还可通过书面形式加以表述，可定量测量。具体来说，一个广告目标主要包括以下五个要点：

第一，用简洁、可测定的文字表述。科利认为，广告目标记载的是营销工作中有关传播方面的简明陈述，一方面广告目标必须能通过书面文字来概括，另一方面对于广告目标的概括必须简洁、明确、可以测定。譬如，某企业推出一款新的运动型饮品 A，初期旨在提高其知名度，则广告目标可用文字表述为：在半年的时间内，使 B 地区中 16－35 岁的年轻消费者对 A 品牌的知晓度由零提升到 60%。

第二，可定量测量。制定出的广告目标必须具体化，且可以测量，为之后的广告效果评估提供依据。以 DAGMAR 模型第一任务“知晓”为例，广告目标中就必须拟定知晓什么具体信息，以及使多少人知晓。比如，广告活动实施之前知晓人数占潜在受众的 20%，目标要求为 60%，则广告目标可以表述为：在半年内，将目标消费者对产品的认知度从 20% 提高到 60%。

第三，确定基准点。一般来说，基准点是依据其所完成事项能够被测量而制定的。它为广告目标的量化提供了可能。如果没有基准点，则很难了解初始状态，很难对量化的广告目标进行对比，那么，对广告效果的测定更是天方夜谭。譬如，DAGMAR 模型的第一任务便是从“不知晓”到“知晓”，但这仅是针对新产品，如果其广告产品并非新产品，为了使广告效果能得到测量，那么，广告实施之前就要测量目标市场达到“不知晓—知晓—理解—信服—行动”五个层级的百分比，这样才能为事后测量提供基准尺度。

第四，确定目标受众。恰当地确定目标受众是 DAGMAR 法的一个关键，一般来说，广告活动的实施都是针对目标群体而进行的，这个目标群体应当是一个可以准确测量的清晰的群体。

第五，规定时限。一个确定的目标必须要有一个时限，比如持续半年或一年。广告目标如果没有时间限定，则无法制定细化的周期性目标，也不利于评估目标的实现程度。

罗素·科利在其著作中运用 DAGMAR 法列举了一个案例，我们从中可以具体分析 DAGMAR 法的应用。

【案例 9-2】 某电器用品的广告目标

1. 营销目标：发动销售攻势，在本季度销售大量电器用品，减少主要分销商和生产者的库存。

2. 广告目标：引发即时购买行为。品牌名称和产品优点由于持续广告已经非常有名。目前阶段，任务是劝导家庭主妇走访分销商，到其展厅去看产品，并为之特别增设一个冰块托盘作为奖励。

3. 量化目标：劝导 40 万家庭主妇在 4 周内走访 1 万个分销商，平均每个分销网点吸引 40 人。

有关结果的调查是：两套电视节目覆盖 8400 万人，约 18% 即 1500 万人可能收到了信息，其中有近 50 万人采取了即时行动，走向分销商并购买产品。圆满地完成了其吸引消费者到分销点的任务，分销商因此卖出了大量电器。虽然广告只是促销宣传中的一个因素，但进一步调查显示，有 44% 购买冰箱的人将广告作为选择品牌的主要因素。

（资料来源：[美]巴茨等著：《广告管理》，清华大学出版社 1999 年版）

3. DAGMAR 法的局限性

DAGMAR 法与传统广告目标方法的不同之处在于，它更注重沟通传播而非销售量的变化。此外，它更加注意广告目标的明确性和可测定性，这种可测定性虽然具有一定的难度，但为广告活动的调控和监测提供了依据，具有更大的策略性指导价值。因此，DAGMAR 法受到众多广告从业人员和客户的重视。不过，它仍然存在一些局限性。

第一，它未能描述现实生活中消费决策过程的全部，它所假定的受众意识将理性地按顺序经历“不知晓—知晓—理解—信服—行动”等一系列步骤，这在一些情况下不适用，如对于冲动型购买者来说，其购买决策过程并不符合 DAGMAR 模型所阐述的顺序。

第二，对目标进行量化这一原则从表面上看很具体，可用具体的数字来说明，但对于消费者的认知、态度和品牌理解等概念性问题，量化的数字显然没有太大的说服力。

第三，给广告创意带来障碍。DAGMAR 模型基本上是一个合理的、富有计划性的方法，通过与其他方法的配合，可以给广告创意提供一种指导。但 DAGMAR 法在工作方法上非常强调步骤和数值上的可测量性，这一点有时候会抑制一些创造性的想象冲动。当创意人员的创造性受到抑制时，就很难想出好的创意，这就使广告活动变得单调和沉闷的可能性增大。①

(三)莱维奇和斯坦纳模式(L&S 模式)

莱维奇和斯坦纳于 1961 年在美国《市场杂志》上，提出了一种不同于 DAGMAR 模式的层级模式，这个模式又被称为“从知名到行动的发展”模式。该模式认为，广告是一种必须把人们推上一系列阶段的力量，它将一般消费者在接受一种产品时的知觉、态度和行动，进一步细化为“知名—理解—喜爱—偏好—信服—购买”六个阶段，主张应将广告目标分解为这六个阶段的指标来进行设定。

与 DAGMAR 模式相比，L&S 模式更为细腻，其对消费者消费行为细致的划分使其更容易考察广告是如何对消费者产生作用的。因此，针对各阶段的特点，也就更容易设定具体的、可测定的广告目标。不过，从本质上看，L&S 模式仍然是从传播效果方面对广告目标做出界定，与 DAGMAR 模式一样，它也存在假定错误的问题，有的消费者购买行为形成的过程完全不同于这种模式，同时，六个阶段间还存在相互影响的问题。总的来说，L&S 模式并未能从根本上解决如何提升广告活动质量这一问题。

(四)邓恩的分类法

美国学者沃森·邓恩运用分类方法对广告目标进行如下归类：

1. 心理性目标

- 将产品新的使用途径或服务以及新的构思传达给消费者；
- 产品必须与消费者能得到的最大利益联系起来；
- 告诉消费者使用该产品不会产生任何麻烦；
- 将产品与消费者广泛认可的人物或符号联系起来；
- 将产品与消费者共有的心愿或理想联系起来；
- 将产品与一种独特的东西联系起来；
- 促使消费者回想起先前有过的经验；
- 表明该产品或服务如何满足基本需求；
- 利用消费者的潜意识需求；
- 要改变消费者原有态度。

2. 行动性目标

- 鼓励消费者增加使用的次数；

① 卫军英著：《现代广告策划》，首都经济贸易大学出版社 2006 年版，第 141 - 142 页。

- 鼓励消费者增加更换产品的频率；
- 劝说消费者购买非时令产品；
- 鼓励消费者试用某一产品的代用品；
- 感动一个人，让其影响他人购买；
- 向消费者推荐试用品；
- 让消费者点名购买该产品；
- 采取试样和其他咨询形式；
- 欢迎消费者来商店浏览。

3. 企业的目标

- 表明公司富有公众意识；
- 搞好内部员工间的关系；
- 增加股东对公司的信赖；
- 让大众认为公司是行业先锋；
- 吸引从业人员；
- 表明公司产品和服务范围广泛；
- 营销的目标；
- 刺激对该产品的基础性需求；
- 确立对该产品的选择性需求；
- 激发公司销售人员的工作热情；
- 鼓励商家扩大公司产品销售；
- 扩大公司产品的销售网络。

本章小结

广告目标是广告战略规划的逻辑起点，它规定着广告活动的总任务，决定着广告活动的行动和发展方向。一个企业的广告目标往往不是唯一的，可以根据不同的标准进行分类。比如，依据广告目标所涉及的具体内容，可分为产品推广目标、市场拓展目标、销售增长目标和企业形象目标四种类型。

在内容表达上，广告目标通常会包括五个要素：时间跨度、地域界限、目标受众、任务描述和数量指标，需要注意的是，上述五个要素在广告目标的表述中不一定要全部囊括，具体表达形式可视情况而定。

广告目标的建立应遵循科学的原则，这些原则包括：符合企业营销目标、目标要单一、切实可行、具体明确、可以被测量、考虑环境要素、要有一定的弹性。

广告目标的制定方法有很多，我们重点介绍了通过消费者的消费行为和传播效果两种策略来设定广告目标的方法，主要有广告金字塔法、达格玛（DAGMAR）法、莱维奇和斯坦纳模式（L&S 模式）以及邓恩的分类法。

一、思考题

1. 广告目标可以被划分为哪些类型?
2. 举例说明广告目标是如何确定的。
3. 影响广告目标制定的因素有哪些?
4. 广告目标的制定应遵循哪些原则?
5. 对达格玛(DAGMAR)法中量化目标的方式加以评述。

二、课外资源

1. [美]威廉·F.阿伦斯著,丁俊杰等译:《当代广告学》,人民邮电出版社 2006 年版
2. 卫军英著:《现代广告策划》,首都经济贸易大学出版社 2006 年版
3. [美]巴茨等著:《广告管理》,清华大学出版社 1999 年版
4.《大市场·广告导报》杂志
5.《商界》杂志
6.《中国经营报》
7. 中国广告网(http://www.cnad.com)

第十章

CHAPTER 10

市场细分与产品定位

第一节　市场细分策略

面对庞大的消费者市场，任何企业都不可能满足所有消费者的所有需求，而只能满足其中一部分消费者的特定需求。要明确企业到底要满足哪些消费者的需求，这意味着企业需要选择目标市场，而对市场进行细分则是企业选择目标市场的基础和前提。在选择目标市场的基础上，才能确定相应的市场营销组合，也就是说市场细分是制定市场营销策略的核心。

一、市场细分的概念

市场细分的概念是美国营销学家温德尔·R. 斯密斯（Wendell R. Smith）在20世纪50年代中期通过总结宝洁公司的实践经验而提出来的。宝洁发现消费者对肥皂产品功效有不同的需求，于是，改变以往提供单一品种产品的做法，针对消费者不同的需求，推出三种不同功效和牌子的肥皂。市场细分概念顺应了第二次世界大战后美国众多产品的市场转为买方市场这一新的市场趋势，是企业营销思想的发展，是企业转向市场导向的体现。

市场细分（Marketing Segmentation）就是通过市场调查，按照消费者的欲望和需求、购买行为和购买能力等方面的明显的差异性，把某一类产品的总体市场划分为若干个具有共同特征的子市场的过程。每一个细分市场内部消费者需求差别不大，基本一致，而不同的细分市场之间需求差别比较显著。

通过市场细分，企业可以使自己的产品与竞争对手的产品在市场上进行有效的区分，同时，还有利于产品在市场上处于优势地位。市场细分相对于大众市场来说，更能针对特定的目标对象推出特定的产品，并且有利于集中力量与分销传播，在特定的领域里面对相对较少的竞争。

二、市场细分的客观基础

(一)消费者偏好的不同是市场细分的内在条件

消费者的需求千变万化并具有复杂性,这要求企业设计并为消费者提供具有差异化的产品和服务来满足不同消费者的不同偏好,因此需要我们进一步了解消费者心理,通过消费者对某一产品的态度来深入了解消费者的偏好模式。

一般来说,消费者对某一产品所关注的属性体现出三种不同的偏好模式:同质偏好、分散偏好和群组偏好。同质偏好是指在某一市场内所有消费者具有大致相同的偏好,在这种模式下,消费者的需求差别性不大,不存在惯常的市场细分潜力,企业推出一种产品就可以满足几乎所有消费者的需要。同质类的偏好并不多见,因为,过去的同质产品和市场正在逐步地演变成为异质产品和市场。这时企业推出一种产品难以满足所有消费者的需求,此时可以采用两种应对方式:一是企业可以兼顾产品的属性,把自己的产品定位于中心位置,赢得尽可能多的消费者;另一种方式是偏重于一部分消费者,将产品定位于某一种属性。第二种偏好类型——分散偏好是指消费者的偏好呈现均匀分散的状态,在这种模式下,消费者对产品的不同属性有不同的需求。最后一种偏好类型——群组偏好处于同质型和分散偏好之间,消费者的偏好具有一定的集中性,形成不同的群组,同一个群组之内消费者偏好大致相同。

(二)企业的有限资源和市场竞争是市场细分的外在条件

任何企业的资源都是有限的,无论拥有多少人力、物力、财力等资源,都不可能兼顾市场的方方面面,为消费者提供其所需要的所有产品,也不能满足市场所有的需要。同时,绝对垄断的市场几乎不存在,所有的企业都要面对竞争的问题,企业不可能将自己的市场无限扩大。因此,任何一个企业都要受到资源的限制和竞争的压力,对市场需求进行分析、进行市场细分,选择目标市场,集中自己的资源突破某一个市场,在有限的市场内利用有限的资源达到利润的最大化。

三、细分方法

市场细分可以根据不同的标准,按照消费者不同的特点从不同的角度对市场进行分析和细分,一般而言,具体的细分标准包括地理、人口统计、心理和行为四种。

(一)地理细分

地理细分是最为简单和常见的市场细分标准。从市场营销的角度来看,处于不同地理位置和不同地理环境下的消费者对产品的需求、观念、购买能力都会有所差别,并且对企业所采取的价格、分销和促销等营销策略会表现出不同的反应,企业可以根据不同地区的需求差别来制定相应的细分策略。具体变量包括地区、气候差别、城市规模、经济发达程度、风俗习惯等,根据这些标准可以细分出不同的细分市场层面。

市场潜力和营销成本会因市场不同而有所变化,企业应该选择外在条件更好,更有利于企业为之服务并盈利的细分市场。例如,北京燕京啤酒公司的酒厂和物资设备等都集中在北京、河北地区,以这些地区为目标市场,将成本费用压到最低,保证企业效益。

(二)人口统计细分

因为消费者对产品的需求、偏好和购买等与消费者的人口统计指标密切相关,因此,依据此标准可以有效地区分出不同的购买群体。人口统计细分的方法很久以来一直是细分消费者市场的重要变量,同时,人口变量比其他变量更容易测量和统计。

按照人口统计因素来细分市场时,具体变量有很多种,通过性别、年龄、受教育程度、职业、收入、民族、婚姻和其他可以量化的因素对市场进行细分。某些企业根据人口统计因素来细分市场时,采用单变量分析,即通过某一特定的人口变量来细分市场。但是,大多数企业都采用多变量分析的方法,各种因素通常要结合起来共同进行市场细分。例如某公司通过调查发现家居市场的需求主要受到户主年龄、家庭人口数和收入水平这三个人口变量影响,将这三个变量具体分为 36 个子市场,估算每一个子市场的家庭数目、平均购买频率和其他厂家的竞争程度,综合分析这些信息,就可以估算出每一个细分市场的潜在价值,然后选择出目标市场。

(三)心理细分

地理细分和人口统计细分都非常直观,可以通过外部观察或者简单询问获取相应信息,而心理细分则复杂得多,需要根据消费者的态度、兴趣、价值观、生活方式等心理特征将消费者划分为不同的群体。尽管如此,随着消费心理对消费者的购买所产生的影响越来越突出,而由于心理细分更能够挖掘细分市场的特征,因此,利用心理因素进行市场细分的方式越来越被营销界和广告界所应用。在心理细分中,可以通过生活方式和个性等变量作为划分消费者群的依据。

此外,来自相同的亚文化群、社会阶级、职业的人们可能有各自不同的生活方式,而生活方式的不同可以影响消费者产生不同的需求。越来越多的企业按照消费者的不同生活方式来细分消费者市场,也就是说,根据消费者的不同生活方式来设计不同的产品并安排不同的市场营销组合。

最后,企业还可以根据消费者不同的个性来细分消费者市场,个性可以作为分析消费者的有效变量,其差别将导致购买行为的不同。企业通过宣传,赋予其产品和服务与消费者个性相似的品牌特色,从而吸引有相应个性的消费者。

(四)行为细分

企业按照消费者购买或使用产品的时机、消费者追求的利益、使用者、使用率等行为变量将市场进行细分。

时机。企业需要了解消费者什么时候产生需要、购买或者使用产品来细分市场,可以使产品的广告更加贴近目标消费者的生活。例如,我国企业在春节、元宵节、中秋节等传统节日期间进行大幅度的宣传和促销以促进产品销售。

利益。消费者对产品追求的利益不同会影响其购买不同的产品，正因为这样，企业需要依据自己的优势资源，在整个市场中选择某一个满足消费者某种特殊利益的细分市场，针对这个细分市场提供有较强针对性的产品，并进行相应的宣传。

使用者。使用者可以划分为非使用者、曾经使用者、潜在使用者、初次使用者和经常使用者。企业根据自身所占有的资源和市场占有率，针对不同的消费者群，采取不同的市场营销组合和市场营销策略。

使用率。按照产品使用的频率，可以细分为轻度使用者、中度使用者和重度使用者三类。重度使用者往往在实际和潜在购买者总数中所占比重不大，但是其消费的产品数量在总量中所占的比重却很大。针对这部分群体进行集中的宣传，可以投入少量费用而获取高额的市场回报。

四、细分原则

细分市场的方法有很多种，但并不是所有的细分都是有效的。企业可以根据单一变量，也可以根据多个变量进行细分，选用的细分标准越少，子市场就越少，每一个子市场的市场容量就相对较大。同理，选用的细分标准越多，相应的子市场就越多，每一个子市场的容量就越小。只有符合以下原则才能使企业细分出有效市场，从而有针对性地推出营销计划。

(一)可测量性

细分的市场是可以被识别和测量的，细分出来的市场不仅范围明确，而且对其容量人们也能大致做出判断。

(二)可进入性

它是指企业营销活动能有效到达细分市场并为之提供相应的产品和服务。一方面，产品的宣传信息能够有效到达该细分市场的大多数消费者，这就要求消费者能在特定时间内接触到其宣传媒介。另一方面，企业在一定时期内可以通过一定分销渠道将产品呈现给消费者，保证消费者不仅可以接触到媒介对产品的宣传，并且确保能购买到产品。

(三)有效性

市场细分是把整体市场切割成若干个子市场的过程，有利于企业集中优势力量在有限的市场占据较大的市场份额。但是，这个细分市场要足够大，值得企业为之设计一套营销方案，以保证企业可以获得足够的利润。这就要求企业必须考虑细分市场内消费者的数量，以及他们的购买能力和购买频率。

(四)差异性

要求细分市场在观念上能被消费者区别，并且消费者对不同的营销组合方案会有不同的反应。如果不同细分市场的消费者对相同的营销计划反应基本相同，那么，该细分就不应该再继续下去。

五、细分步骤[①]

美国市场营销学家麦卡锡提出了一套简单易行、可操作性强的细分市场方法，对于我们细分市场具有重要的借鉴意义。

（一）选定产品市场范围，确定经营方向

在企业明确了战略目标的前提下，对市场环境进行了充分的调查分析之后，首先需要依据自身情况从市场需求的角度出发，选定一个可行的产品市场范围。消费者的需求和爱好则是细分市场的基础，这不是由产品本身的特征来确定的。比如，某房地产公司建造一栋简朴的住宅，如果只是考虑产品本身的特征，则会认为住宅的目标消费者是低收入家庭，但是从市场需求的角度来看，高收入家庭为了追求乡间的生活，也可能是住宅的消费者。

（二）列举潜在消费者的基本需求

由企业决策者从地理因素、心理因素和购买行为因素等不同方面估计一下潜在购买者对产品的基本需求，列举出各种可能的情况，为市场细分提供可靠依据。比如，公司可以通过调查分析，了解潜在消费者对住宅的基本需求，可能包括安全、便利、设计合理美观、陈设完备等。

（三）分析潜在消费者的不同需求

对于列举出来的基本需求，不同消费者需求的侧重点可能存在差异。企业根据人口因素做抽样调查，向不同的潜在消费者调查询问上述哪些需求对他们更重要，初步形成几个消费需求相近的细分市场。如不同的消费者对上述住宅的价格、室内陈设等的要求可能差别很大。

（四）剔除潜在消费者的共同需求，以特殊需求作为细分标准

对初步形成的几个细分市场之间的共同需求加以剔除，以它们之间需求的差异性作为细分市场的基础，筛选出最能发挥企业优势的细分市场。如上述所列出的购买住宅的共同需求虽然重要，如安全等，但是它们并不能成为市场细分的基础，因为几乎所有的住宅都提供了这些服务，没有可使企业拥有异于其他竞争对手的优势。

（五）确定细分市场名称

根据潜在消费者基本需求的差异，将其划分为不同的子市场，并赋予其不同的名称。例如，西方房地产公司常把购房的顾客分为好动者、老成者、新婚者、度假者等多个子市场，并据此采用不同的营销策略。

---

① 张金海、龚铁白、吴俐萍编著：《广告运动策划教程》，北京大学出版社2006年版，第94页。

（六）进一步分析每一细分市场的需求与购买行为特点

在第五步的基础上，决定是否可以对这些细分出来的市场进行合并，或做进一步的细分。这样可以使企业不断适应市场变化，在竞争中立于不败之地。

（七）估计每一细分市场的规模并开发其潜力

在调查的基础上，估计每一细分市场的顾客数量、购买频率、平均每次的购买数量等，并对细分市场上产品竞争状况及发展趋势作出分析，选择出有利于企业发展的细分市场。

第二节　目标市场策略

市场经历了细分环节之后，形成了若干个细分市场即子市场，于是，企业进入目标市场选择的环节。任何企业和市场都不可能满足所有消费者的需求，占有所有的市场，因此，企业在评估了自己的优势、能力和细分市场的规模以及增长程度、细分市场结构的吸引力、企业的目标和资源之后，就会选择其中一个或几个具有共同需要或特征，并最具潜力、最有利于企业发展的市场进入。目标市场（Target Market）即这些被企业选定的市场，针对这个市场的消费者，企业会开展一系列的宣传活动。

广告的目标市场与营销的目标市场并不是完全一致的，这取决于企业根据其广告目标、广告费用和广告进程安排等因素的制约所进行的调整。当企业决定在整个营销活动的目标市场中开展活动，这时广告的目标市场与营销的目标市场相同；当企业由于广告目标和经费等因素的制约，只能在部分营销目标市场中开展活动，这时广告的目标市场是营销的目标市场的一部分；当广告进程安排和广告经费受限时，企业可能在其营销目标市场中按照顺序逐步在不同子市场中开展广告活动，这时广告的目标市场按照时间的进行也只是营销的目标市场的一部分。

一、选定目标市场

公司在对不同的细分市场进行评估后，就要对进入哪些市场和为多少个细分市场提供服务做出决策。公司对目标市场范围的选择策略，一般有以下几种：

（一）市场集中化策略

企业的目标市场无论是从市场角度还是从产品角度，都集中于一个细分市场，企业就选择这个细分市场作为目标市场，进行营销活动。例如理查德·D. 伊尔文公司集中经营经济商业科研书市场。公司通过集中化的营销策略，深入了解细分市场中消费者的需要，树立了独特的品牌定位，因此在该细分市场占据了较大的市场份额和较高的地位，同时由于市场集中，生产、分销渠道和促销等环节也实现了专业化分工，从而降低了经营成本。

同时，市场集中化策略意味着企业只针对某一特定的消费者群体生产一种产品，那么在某种程度上，这种策略就会面临着很大的风险，一旦细分市场选择错误、竞争对手涌入同一市场、或者个别细分市场出现不景气的情况，企业就会遭受严重的损失。由于以上原因，所以多数公司还是选择在多个细分市场进行分散营销。

（二）产品专业化策略

企业集中生产一种产品，并为所有细分市场的所有顾客提供这一种产品。当然，由于面对不同的消费者群，产品在档次、质量或者款式等方面会有所变化。比如跑步机生产厂家向不同的消费者群体销售不同种类的跑步机，而不生产其他健身器械，公司可以通过这种策略在某个领域树立起很高的声誉。但是，产品专业化策略面临着产品被淘汰的风险，如果产品被全新的竞争产品替代，企业就会出现危机。

（三）市场专业化策略

企业向同一消费者群体提供其所需要的性能有区别的同类产品，也就是说企业专门为满足某一细分市场的需求而提供各种产品，会在特定的市场得到良好的声誉。比如，公司为大学生实验室提供一系列不同的产品，包括显微镜、化学烧瓶等。但是，由于市场单一，如果消费者需求发生变化，企业就会面临市场危机，例如，大学实验室经费预算削减就会使公司陷入危机。

（四）选择性专业化策略

企业有选择性地进入若干个细分市场，其中每个细分市场都很有吸引力，并且符合公司的目标和优势资源，从而为不同的消费者群体提供不同的同类产品。同时，各个细分市场之间联系很少或者根本没有联系，但是每个细分市场都可以盈利。采用这种策略可以分散公司的投资风险，即使是在某一个细分市场失利，企业依然可以在其他市场获取利润。例如爱丽丝广播公司想要吸引老年人，又想要吸引年轻人，于是在同一市场设立了两种不同的电台，纽约的 KISS－FM，它自称是“流畅的蓝色曲调和经典”，用来吸引老年听众。WQHT－FM 演奏城市街头音乐，用来吸引 25 岁以下的年轻人。

（五）完全市场覆盖策略

公司全方位地利用各种产品满足各种细分市场的需要，为所有的顾客提供其所需的性能不同的系列产品，这是在市场上占据领导地位的大企业试图垄断所有市场时，采用的目标市场选择策略，比如宝洁公司在家庭卫生洗涤市场就是采取这种策略。

在运用上述五种策略的时候，企业一般首先是选择最有吸引力并且最符合自身优势资源的细分市场，只有在条件和机会都成熟的时候，才会逐步扩大目标市场范围，进入其他细分市场。

二、目标市场广告策略

目标市场的营销策略概括而言有三种：无差别市场策略、差别市场策略和集中市场策略。三种市场营销策略各有利弊，分别适用于不同的企业和产品。而目标市场广告策略则主要依据市场营销中的目标市场策略，分为无差别目标市场广告策略、差别目标市场广告策略和集中目标市场广告策略。

（一）无差别目标市场广告策略

无差别的目标市场，是指企业只着重满足消费者需求的共同点，而忽略消费者需求之间的差异性，将整个市场视为一个整体。其市场策略是企业针对这种无差别目标市场，不考虑细分市场之间的差别，只推出一种单一的产品和单一的营销方法，这样可以通过规模化生产来降低成本以及宣传成本，缺点就是消费者的不同的需求没有得到差异化满足。

相应地，无差别目标市场广告策略也只是针对某一目标市场，广告策略相对统一和单一，无论时间、地点还是广告媒体、广告文案、广告设计和广告口号等是统一的。这样的广告策略有利于运用多种媒介进行同一主题和内容的宣传，降低广告宣传费用，能迅速提高某一产品的知名度。但是其缺陷在于对于差别性需求而言，广告宣传效果较差。

（二）差别目标市场广告策略

差别目标市场是企业把整个产品市场划分为若干个具有共同特征的子市场，并且在其中选择两个或者以上的细分市场作为自己的目标市场。差别性广告策略就是企业针对所选择的细分市场的不同特点，提供多种产品满足消费者的不同需求，同时推出多种不同的营销手段，为每个细分市场制定独立的营销策略。这种策略能很好地满足细分市场的需求，比无差别目标市场的灵活性更强。

差别性目标市场广告策略，是指企业采用不同的广告形式，通过采用不同的产品主题、媒介组合、广告创意和设计等，向不同的消费者进行不同的广告宣传。采用这种策略能较好地满足不同消费者的需求，针对性和灵活性很强，广告效果较好，但是同时也会增加成本。因此，企业一般会利用较少的品牌吸引范围尽量大的消费者群体，为每一种产品寻找较大的市场容量。

（三）集中目标市场广告策略

集中目标市场是指企业只选择一个细分市场作为目标市场，而集中目标市场策略是指企业集中人力、物力和财力对已经选定的目标市场进行集中营销的策略。其优点是可以使企业在一个特定市场中集中资源进行宣传，在市场上有所突破，能有力地敲开市场，并且可以节省营销费用，有助于企业迅速发展。但其风险性在于，如果目标市场选择错误，就会造成很大损失。

集中目标市场广告策略是指，企业在广告宣传中使用多种广告宣传形式，较为集中地对准所选择的目标市场进行持续的广告诉求宣传。这种广告宣传策略较适合于实力有限的中小型企业，为了发挥自身有限的资源优势，集中所有力量重点打开最为有利的市场。

第三节 产品定位策略

随着生产能力的不断提高,产品的趋同性不断增强,品牌形象这个一度点石成金的理论的局限性便随之不断显现出来。此时,产品定位理论应运而生。这一理论对整个广告市场影响极大,被列为20世纪70年代兴起的重要营销概念之一,具有划时代的意义。

一、产品定位概述

在广告活动中,产品定位策略的制定是一个关键、核心的环节。经过了目标市场分析之后,企业选择了将要进入的细分市场,这时候需要给自己的产品一个明确的定位。产品定位是否合理,直接关系到广告活动的效果好坏,而产品定位的内容,则决定着广告的诉求重点是什么。因此,需要将其作为广告策划的一个重要理论,对产品定位策略进行全面的阐述。

在营销和广告领域,"定位"概念最早是由美国人艾尔·里斯(Al Rise)和杰克·特劳特(Jack Trout)在20世纪六七十年代提出来的。作为广告人,他们从消费者认知心理入手,发现:首先,为了应付产品和信息的过量情况,消费者学会了在头脑中自行将产品和品牌分类,构建出"产品阶梯",他们将产品按照一个或是多个方面的要求在这些小阶梯上排队,因此,定位并不是创造出新奇的东西,而是将消费者头脑中现存的各种阶梯与产品相对接联系;其次,不同于以往以厂商为中心的理论,定位是以消费者为中心的,不是企业要对产品所做的事情,而是企业期望其顾客所做的事情;最后,定位的主体可以是产品、服务,也可以是机构或是个人。

1969年,两人又在美国营销杂志《广告时代》和《工业营销》上发表了一系列文章,首次提出"定位"这一概念,当时广告界对此有不同的看法。1979年,两人合作出版了第一本明确定位理论的专著《定位:攻心之战》。该书认为"定位是一种观念,它改变了广告的本质","定位改变了现今广告游戏的方法"。到了20世纪80年代,定位理论终于超越了独特的销售建议理论和品牌形象理论,至此,广告界纷纷用定位理论于广告宣传之中,并被奉为经典。①

定位是一种使产品更具有竞争力的营销策略和广告策略。对产品进行定位是一个动态的过程,而最终得到一个静态的结果,即企业最终决定向消费者传达一个怎样的定位的信息。而产品定位则是指,按照定位策略,通过定位的分析、决策和传播过程直接把产品传达给消费者,明确产品在消费者心目中与众不同的地位的信息。其目的是按照企业的意图改变目标消费者心目中对产品或品牌的看法,不能仅仅依靠广告或是促销,还需要明确单纯的定位主题,投入必要的资源,制定统一的整体战略。

由于各地广告业发展不均衡,至今,对于"定位"的概念并没有一个确切统一的定义。简单来说,"定位"就是通过各种营销手段的综合运用,使目标市场顾客得以理解和正确认识本企业有别于其他竞争者的特征,并在目标顾客心中为本企业及其产品塑造有利形象的活动。

定位不是要企业在产品上做出重大改动,而是在产品的名称、品牌、包装、服务上进行改

① 徐凤兰编著:《广告策划学》,浙江大学出版社2003年版,第65页。

善，为产品在市场上树立一个明确的、与竞争对手相区别并且符合消费者需求的形象的过程，其目的就是在潜在消费者的心目中得到一个有利的地位。定位不仅仅要考虑到自身的优势，还要考虑到竞争对手的弱点，在对于产品和竞争产品以及潜在消费者的需求深入分析之后，确定产品与众不同的优势以及与此相联系的在消费者心目中的独特地位。

二、产品定位的作用

定位的目标是使某一品牌在消费者心目中占据一个有利位置。在20世纪60年代，奥美广告公司就指出，“决定广告效果的第一要素在于应该将此项商品归类在哪个位置”。1971年，美国广告专家大卫·奥格威在《具有推销力的广告》一文中指出，广告有38个要点，在所有这些定位中，他把“产品的位置”放在第一位，并且指出“唯有正确的位置，才是有效销售最重要的一步”。同时，他认为广告活动的结果不在于怎样策划广告，而是取决于广告中的产品被放在什么位置上。总体来说，产品定位具有以下作用：

（一）定位能赋予产品以竞争对手所不具备的优势

这种优势是一种观念上的优势，是一种关于产品特定的形象、特定的用途、特定的市场、特定的风格的观念，而产品本身也许并不具备这些特殊性，并不是包含在产品实际的质量、性能和用途等的优势上。这种观念上的优势能够使产品突破“同质化”所带来的竞争困扰，获得在更高层次上取胜的机会。

例如，米克劳（Miche Lob）啤酒定位于美国最高价格的啤酒，声称“第一等啤酒是米克劳”，虽然它并不是美国国内价位最高的啤酒，但是，在消费者心目中该产品占据了第一的位置。

（二）树立产品在消费者心目中与众不同的位置

对于消费者而言，具有相同质量和用途的不同品牌产品之间并没有本质上的差别，但是，如果广告宣传某种产品是专门为特定消费者设计、满足其特定的生理和心理需求的，那么，消费者就会容易被这些广告产品所打动。产品定位能够帮助产品更加有针对性地指向目标消费者，从而在大量同质化的产品中争取到特定并且稳定的用户群。

（三）定位帮助产品占据有利地位

人们往往忽略第二或者第三的产品是怎样的，但是不会忘记第一的产品，对其印象会比其他的产品深刻很多，因此，选择该产品的机会也会更大一些。消费者会对与众不同的产品产生更加深刻的印象，并且会更倾向于选择那些有特点的产品，这就需要通过产品定位来确定与竞争对手不同的特点，进而在消费者心中获得与众不同的地位。

三、产品定位的步骤

产品定位有一个过程，即在细分市场的基础上分析消费者对某种产品的态度，并且根据市场调查的结果和消费者群体的态度，确定本产品和同类竞争产品的差别，研究消费者对本产品和竞争产品所期望的“平均”水平，从而确定产品的位置。因此，产品定位的过程本身就是一个逻辑分析的过程。

一个完整的定位过程，一般包括以下几个步骤：

- 按照细分化的市场综合分析消费者对某种产品的态度。
- 调查消费者最重视该产品的哪个或者哪些特征，其评价标准和了解产品特性的途径是什么。
- 通过市场调查，对竞争对手和消费者态度进行分析，确定本产品与竞争对手产品竞争时，各自的形象和在市场上所处的位置，了解两者是否一致，如果不一致，其主要原因是什么。
- 在了解消费者对手产品所期望的形象之后，根据竞争对手本产品在市场上的位置，及早做出更新产品定位的决策。
- 在上述的基础之上，尽快决定本产品所投向的市场和开拓潜在市场的区域，使产品定位符合市场的需要。设计并实施一系列旨在把产品个性和形象传达给消费者的营销活动，并根据实际效果及时调整改进营销组合，或者重新设计产品的定位。

四、产品定位的主题

定位的主题是定位活动的关键，为广告创意和表现指明方向。这需要企业根据自身资源和外界条件来进行选择，基本上包括以下三种情况①：

（一）利益型定位

主要强调产品能够给消费者带来的实际利益，包括功能利益、情感利益和自我表现利益。无论是在感性上，还是在理性上，企业都在向消费者传递一个信息，即本产品可以提供一种特殊的利益，让消费者获得好处。

（二）用户型定位

这种方式不以产品的属性为诉求重点，而是针对目标消费者的特殊心理，传递本产品是专门为特定顾客服务的专业形象信息，通过瞄准特定的消费者群体，获取其他消费者的认同。

（三）竞争型定位

竞争型定位主题通常是在比较自己品牌和竞争品牌基础上，从而确定自身所具有的优势，选择这种方式的企业一般是市场上的竞争者，通过与市场领导者的比较定位，可以提升自身的价值，使消费者把本产品与领导者产品联系到一起。

五、产品定位的误区②

企业在对产品进行定位时，需要根据自身资源和外在条件来进行，其概念应该尽量明

---

① 丁俊杰、康瑾著：《现代广告通论》，中国传媒大学出版社 2007 年版，第 199 页。

② 黄升民、段晶晶著：《广告策划》，中国传媒大学出版社 2006 年版，第 128 页。

确、单一,并且要避免出现以下情况:

(一)定位过低

为了迅速占有市场,提高市场占有率,吸引更多的消费者,一些企业采取了过低的定位。这样的方式虽然在一段时间内可以暂时收到成效,在市场份额上发展迅速,但是限制了企业长久的发展和产品的品牌形象。消费者可能会认为企业只能生产一般化的大众产品,将其定位于低端产品,这样,即使企业推出高端产品,也很难获取消费者的信任。

(二)定位过高

很多企业将自己的产品定位的非常高端,从而在消费者心目中树立高端的形象,以赚取更多的利润,但是这样的定位,会在某种程度上限制市场占有率的增长,并且有时会出现企业实际能力无法达到相应水平的情况。

(三)定位混乱

有些企业对于产品定位没有一个统一的概念,定位包含的内容太多太杂,传达给消费者的信息混乱,这样会让消费者的认知出现困难,对产品难以形成统一的印象,影响消费者对产品的理解以及购买行为。

第四节　广告定位策略

定位原本是指产品本身的位置,如品质定位、包装定位、价格定位等,企业要为产品定位的目的就是区别本产品与其他产品,以便在竞争中占据有利地位。因而,美国学者把定位的含义扩大为旨在消费者心目中占据有利的位置。由此可见,定位理论的内涵已经把原来企业内部的产品定位,包括品质、价格、包装等,扩展到了市场和消费者,并且把确定产品在消费者心目中的位置作为广告定位理论的主要内容,由此广告定位也就具有了一定的战略性质。

一、广告定位策略的基本要点

以艾尔·里斯和杰克·特劳特的定位论,可以将广告定位理论归纳为以下五个要点:

第一,广告的目标是使某一个品牌、公司或者产品在消费者心目中占有一席之地。如艾维斯 AVIS 汽车出租公司将自己定位在美国租车行业“第二”的位置上,将自己与行业领导者联系起来,提高了自己的品牌价值,诚恳的态度打动了消费者,使其在消费者心中占有了一席之地。

第二,广告应该集中力量在一个限定狭小的目标上,从而集中攻取消费者的心理位置。企业的资源是有限的,不能兼顾所有细分市场,这就需要企业明确自己的那部分细分市场,将企业所有的资源调动起来集中向目标市场宣传,同时放弃某些利益市场。但是,要明确的是，所谓限定狭小的目标，并不是指潜在消费者数量少，相反要有足够的数目保证企业盈利。

第三，应该运用广告创造出独特的位置——“第一”。艾尔·里斯和杰克·特劳特指出，如果市场上已有强有力的领导品牌，创造第一的方法就是找出本企业的品牌在其他方面可以成为第一的优势，而这个优势并没有被其他人占领。如农夫山泉的定位“农夫山泉有点儿甜”。

第四，广告要表现出差异性。差异性不仅是指产品具体的特殊功能，还指要在感情上把品牌之间的差别体现出来。比如宝马的高价定位，就是通过高价格与其他同类品牌进行区分。高价意味着宝马的高品质以及宝马品牌的地位和声望，显示出车主的社会地位。

第五，定位一旦建立，无论何时何地，只要消费者产生相关需求，就会想到广告中的某个品牌、公司或是产品，取得“先入为主”的效果。

二、广告定位策略的价值①

（一）产品的形象或者概念，是由产品定位延伸而来，由此广告定位也是由产品定位延伸而来

定位理论出现之初，美国为此引发了争议，有人认为广告定位是广告人主观臆断的产物。然而，事实证明，广告定位对广告业发展起了很大的推动作用。艾尔·里斯指出：“在定位时代，成功的关键不在于透过所谓的创造来粉饰商品，而是在于广告所表现之赤裸裸定位。”明确确定产品的位置，就能在消费者心目中形成鲜明的定位，这是达成营销目标的重要策略。因此，确定产品在市场或者消费者心目中的位置，是赢得消费者的重要策略。

产品定位和广告定位密切相关，产品定位越明确，广告的定位才会更加准确，只有了解产品在市场上的位置，才能确定广告的形象。为此，产品定位构成了广告的重要内容，成为关键性的一个环节。

（二）广告定位是企业诱导消费者对产品进行评议的一种逻辑方法

广告宣传活动将产品定位概念、内容和表达这种定位的形象对消费者诉求之后，促使消费者对这种定位和其期望之间建立联系，并以此为依据评价本企业产品和其他同类竞争品，诱导消费者按照广告主诉求的方向，产生对产品相应的态度，从而认可本企业的产品。因此，产品定位也就成为诱导消费者对产品进行评议的一种逻辑方法。

（三）广告定位的核心是产品定位

产品的概念是，人们向市场提供的能够满足消费者或者用户某种需求的任何有形产品或者无形服务。一般由三个层次构成即核心产品、形式产品和延伸产品，在确定产品定位时，需要针对产品的这三个层次进行整体的比较。只有在对构成产品的诸多因素进行分析之后，了解了产品的特性，才有可能确定产品在市场上的位置。

---

① 张翔、罗洪程编著：《广告策划——基于营销的广告思维架构》，中南大学出版社2003年版，第133页。

三、广告定位策略的类型①

随着现代广告的不断发展，广告定位策略也在不断的演进，衍生出许多种定位的手段和方法。广告定位策略一般来说，分为实体定位策略、观念定位策略和历史文化定位策略三种类型。

（一）实体定位策略

实体定位策略是指在广告宣传中突出产品的新价值，强调与同类竞争产品的不同之处以及带来更大利益的一种广告策略。其中主要包括：

- 功效定位，是指在广告中凸显产品的独特属性、能够给消费者带来的实际利益、在同类竞争者中具有的明显优势和差异以及竞争力。同时，这些功效都是消费者可以实际感知的，并不是企业虚构的。
- 品质定位，是指通过强调产品具体的优异品质而对产品进行定位的方式。需要注意的一点是品质定位必须是可以看得见摸得到的品质，需要具体化，而不能是泛泛而谈。
- 市场定位，是指广告需要确定自己的诉求对象是谁，只有明确了针对的细分市场，才能有效达到目标。如海澜之家定位于男人的衣柜，其目标对象就锁定为有品位的男士。
- 质量定位，是指突出产品的质量来推动产品在市场中占领一定地位，基本上通过性能、耐用性、可靠性、外观和经济性五个方面来诉求。需要强调的是产品本身质量要过硬，并且广告需要通过形象化的语言给消费者以真实的感受，让其切身体会产品的优异质量。
- 价格定位，是指当产品的质量、性能等方面与同类竞争对手没有太大差别的时候，找不到可以让产品具备吸引力和优势的特殊之处时，广告宣传可以利用价格来进行定位。
- 品牌定位，是指通过品牌来凸显产品的位置，赋予其独特性，它有利于消费者的选择和辨别。品牌是一个企业整体内涵的体现，是企业形象的重要组成部分，而运用品牌来进行定位也对企业及其产品至关重要。
- 造型定位，是指通过产品的外观造型将赋予产品的情感信息传递给消费者，通过视觉和知觉两个层面来影响消费者的感知，进而影响消费者的心理反应，最终促成消费者的购买行为。
- 色彩定位，是指运用色彩在心理上影响消费者的情绪，来诱导消费者实施购买行为，同时需要注意的是，要根据不同国家、不同民族和不同文化对色彩的不同理解正确使用色彩，以免造成抵触情绪。
- 利益定位，是指向消费者宣传产品能够给其带来的实际利益，这里的“利益”，不仅指物质层面上的利益，还包括心理情感层面上的利益。
- 技术和工艺定位，是指通过向消费者宣传企业本身具备的技术和工艺上的优势，来

---

① 张翔、罗洪程编著：《广告策划——基于营销的广告思维架构》，中南大学出版社2003年版，第135页。

诱导消费者进行购买，通过建立起本企业的专家或是领导者的身份地位，从而影响消费者的购买选择。

➢ 服务定位，是指当企业的产品的实际利益与竞争对手没有太大差别的时候，可以从服务上对消费者进行诉求，突出其优质的服务，如海尔公司主打的售后牌。

(二)观念定位策略

这种定位策略要求企业突出其产品的新意义，改变消费者的习惯心理，树立有利于自己的产品消费观念。具体包括以下三种：

1. 追随定位

将产品与同类产品中的领导者进行个别属性或者整体属性的比较，可以让消费者快速认知本产品与领导者产品的相似性，使本产品彰显出其潜在优势，从而快速占领市场。这种方式可以缩短本产品与领导者产品在消费者心目中的心理距离，诱导消费者在进行购买选择的时候，可以同时将本产品与领导品牌列入其考虑的范围之内。最为典型的例子就是艾维斯汽车出租公司的“第二”定位。

2. 是非定位

通过与市场中某个领导品牌相比较，突出本产品的相异性，促使消费者在观念上区分两者，并且达到快速推广的效果。最著名的例子就是七喜的“非可乐”定位。

3. 历史、文化和心理定位策略

历史定位，是指宣传企业及其产品的历史渊源，通过宣扬其悠久的历史，促使消费者对其产品产生信任和依赖的心理。老字号企业、传统产品和历史悠久的品牌比较适合采用这样的方式。比如“百年九芝堂驴胶补血颗粒”、“百年张裕葡萄酒”等。

文化定位，是指宣扬产品具有某种独特的文化内涵，按照文化象征来进行定位。当产品本身的属性没有什么独特之处来宣传时，可以将产品提升到文化层次来进行宣传，这样有利于品牌的塑造。

心理定位，是指为迎合消费者的某种特殊心理需求而采用的定位方式，只有了解消费者的心理需求才能有效地吸引消费者的眼球并促成购买行为。

广告定位是依据企业的营销策略、产品策略、市场细分策略和产品生命周期，最终确定的有利于广告诉求在消费者心目中占据有利地位的一种有效策略，只有明确了这些方面之后，才能促进广告策划过程顺利地进行。

本章小结

企业不可能满足所有消费者的所有需求，只能满足其中一部分消费群体的特定需求，这就需要企业明确到底要满足哪些人的需求，也就是说选择企业的目标市场。对市场进行细分是企业选择目标市场的基础和前提，在选择目标市场的基础上，才能确定相应的市场营销组合，因此，市场细分是制定市场营销策略的核心。消费者偏好的不同、企业的有限资源和市场竞争共同构成了市场细分的客观基础，并通过地理、人口统计、心理和行为四种细分标准来对市场进行切分，而细分的原则包括可测量性、可进入性、有效性和差异性。

市场经历了细分环节之后，形成了若干个细分市场即子市场，企业进入目标市场选择的环节。企业在评估了自己的优势和细分市场的规模以及增长程度、细分市场结构的吸引力、企业的目标和资源之后，就会选择其中一个或几个具有共同需要或共同特征，并最具潜力最有利于企业发展的市场进入。目标市场(Target Market)即这些被企业选定的市场，针对这个市场的消费者，企业会开展一系列的宣传活动。

经过了目标市场分析之后，企业选择了要进入的细分市场，这时候需要给自己的产品一个明确的定位，产品定位是否合理，直接关系到广告活动的效果，而产品定位的内容，则决定了广告的诉求重点是什么。"定位"概念最早是由美国人艾尔·里斯(Al Rise)和杰克·特劳特(Jack Trout)在20世纪六七十年代提出来的，对整个广告市场影响极大，被列为20世纪70年代兴起的重要营销概念之一，具有划时代的意义。

一、思考题

1. 市场细分的概念和客观基础是什么？
2. 细分的标准和原则包括哪几个方面？
3. 公司对目标市场范围的选择策略，一般有哪几种？
4. 目标市场广告策略包括哪几种？
5. 产品定位的概念和作用是什么？
6. 产品定位策略分为哪些类型？

二、课外资源

1. 丁俊杰、康瑾著:《现代广告通论》，中国传媒大学出版社2007年版
2. 黄升民、段晶晶著:《广告策划》，中国传媒大学出版社2006年版
3. 张翔、罗洪程编著:《广告策划——基于营销的广告思维架构》，中南大学出版社2003年版
4. 饶德江著:《广告策划》，武汉大学出版社2002年版
5. 徐凤兰编著:《广告策划学》，浙江大学出版社2003年版
6. 李书成、江华编著:《广告策划学》，知识产权出版社2000年版
7. 张金海、龚轶白、吴俐萍编著:《广告运动策划教程》，北京大学出版社2006年版

第十一章

广告表现策略

CHAPTER 11

广告表现策略是指根据广告定位的要求，策略性地制定广告传播的内容，并选择一定方式表达出来以达到预定的效果。在整个广告策划的过程中，广告表现策略处于承上启下的位置，它是确定广告讯息和表达方式的过程，这一过程是对产品定位和广告定位的回应，也是确定广告推广策略的前提。

广告表现策略包括确立广告主题和广告诉求策略两个部分，这两个部分分别解决了"说什么"和"怎么说"的问题。

第一节　广告主题的确立

一、广告主题的内涵

在广告策划中，广告主题的确立就是选择广告中心思想的过程，它是引起广告对象注意、达成广告对象满意、促成广告目标实现的手段。作为一种信息传播方式，广告是通过发布一定的信息而达到既定的效果，显而易见，广告中的信息内容就成为决定广告成败的重要因素。广告主题的选取要根据企业或产品的实际情况及广告目标，使人们在接触广告之后很容易理解广告告诉了他们什么，要他们做什么，力求使广告主题能与消费者产生共鸣，进而取得广告的成功。

二、广告主题的作用

（一）引起注意

具有明确的主题是广告成功的前提，而在纷繁的信息中提炼出适合产品的核心卖点却并非易事。在广告充斥人们耳目的今天，消费者接触的信息量早已大大超出可以理解并记忆的范围。为了达到吸引消费者兴趣进而理解并记忆广告内容的目的，简单且明确的广告主题就成为至关重要的一点。

(二)达成传播目标

从表面上来看，基本每条广告都包含着一定的刺激或是娱乐的内容，但是从广告策划的专业角度来看，广告讯息是告诉消费者其产品或服务如何解决他们的问题、满足他们的欲望和实现他们的目标的一条途径。广告可以用来传播产品或服务的购买和使用经验，也可以用来树立形象和建立联系，还可以在消费者心目中创建品牌定位。不同的传播目标要在不同的广告主题中才能实现。

(三)策划成败的关键

优秀的广告主题创作常常是广告策划成败的关键。以从东莞起家而红遍大江南北的全球华人餐饮连锁企业"真功夫"的成功为例，其广告主题就起到了决定性作用。"真功夫"的前身叫做"双种子"，由于定位不清晰、形象不鲜明，"双种子"在成立初期一直囿于东莞本地，而无力走向全国。经过专业的广告策划后，他们找到了核心的广告主题："蒸的营养专家"，并以"真功夫"取代原来的品牌名称。2004 年 5 月，第一家"真功夫"开业，当年在广州、深圳、杭州等地分店迅速增加到 86 家，并于 2005 年进入北京市场。2006 年"真功夫"全国连锁店数量达到 180 多家，同年"真功夫"美国纽约店开张，拉开了进军国际市场的帷幕。[①] 正是广告主题"蒸的营养专家"改变了原来模糊不清的品牌形象，从而打造了中餐连锁企业的神话。

三、广告主题的要求

在广告策划过程中，广告主题起着吸引消费者注意、达成传播目标和决定广告成败的重要作用。而成功的广告主题需要经过精心的策划和选择，并且需要符合以下要求：

(一)目标性

符合广告策划活动的目标是广告主题的第一要求。广告目标是统摄广告主题其他因素的指挥棒。脑白金的广告固然一直被千夫所指，但简单明确的广告主题直指礼品市场，不仅使品牌名称深入人心，而且完成了连续 9 年获得全国保健食品销量第一的目标。[②]

(二)差异性

有了差异性才会有注意力。人云亦云的广告不会在消费者心目中留下任何痕迹。在产品日益同质化的今天，只有差异性的广告主题才能吸引人的注意，并开拓出新的市场。如"乐百氏纯净水经过 27 层净化"的迅速家喻户晓就是得益于其与众不同的广告主张。

---

① 齐飞：《"真功夫"是怎样练成的》，《中国企业家》2007 年第 11 期。

② http://finance.qq.com/a/20100401/005493.htm

(三)一致性

广告主题需要反映广告目标,体现广告定位,忠实服务于整体的传播计划。另外,这种一致性还体现在与产品名称和品牌形象的协调上。如美的集团的一句广告语"原来生活可以更美的"就完美体现出作为家电企业对于生活品质的关注,传达出美的品牌改善生活质量的自身定位。

(四)延续性

广告主题还需要一定的延续性,能够在整个广告策划活动期间基本不发生变化。广告的效果在于重复,广告传播需要一定时期的积累才能把广告主题深入消费者内心。这种延续性是广告发生作用的基本要求。

寻找到能够符合要求的广告主题需要广告策划人员无数次的选择与试验。在过去的市场上,由于广告主题不合适而导致广告策划活动失败的例子不胜枚举。同样以餐饮业为例,美国"汉堡王"快餐连锁店尝试用广告口号来打开市场的策略一直没有成功。在过去的15年里他们曾11次改变其广告活动的口号,6次更换其广告代理公司,却始终未能找到一个能在快餐市场上让其树立起独特风格的广告主题。①

【案例11-1】 "汉堡王"曾使用的广告口号

"你怎么做,我们就怎么做"(1987–1989年)
"你有时的确打破了常规"(1989–1991年)
"想吃就吃,要快就快"(1991–1992年)
"汉堡王:我爱这个地方"(1992–1994年)
"回归根本"(1994年)
"汉堡王物有所值"(1994–1996年)
"更加美味"(1996–1998年)
"以你自己的方式吃完整个汉堡,它将更美味"(1999年)
"感受刺激"(2000年)
"在汉堡王你能吃到原汁原味的汉堡"(2000年)
"皇堡的心声"(2000–2001年)

四、广告主题的构成要素

(一)目标受众

每一次广告策划活动都是针对一定的受众群体而开展的,因此,广告主题就必然需要考

① [美]乔治·贝尔奇、迈克尔·贝尔奇著:《广告与促销——整合营销传播视角》,中国人民大学出版社2009年版,第285页。

虑目标受众的因素。具体而言，需要考虑目标受众的消费习惯、消费心理、文化习俗等等。“攻心为上”历来是广告追求的至高境界，只有广告主题被消费者从内心深处接受，那么，广告产品的销售才不会成为空谈。其实，历史上一直不乏没有充分考虑受众心理因素而丢失市场的广告败笔。2003 年年底，丰田公司精心设计的广告不仅没有获得好评，反而引来一片批评。在广告中，丰田“霸道”的亮相让象征中国的石狮侧目并敬礼，广告语“霸道，你不得不尊敬”更被认为是对中国民族情绪的一种伤害。这一事件最终以丰田公司和广告杂志社的道歉而告终。

(二)诉求目标

诉求目标是指广告中的信息所要解决的问题，在不同的竞争环境和不同的产品阶段，广告诉求目标也不同。需要指出的是，不要把明确的销售目标与诉求目标混为一谈。促进销售是广告的最终目的，但由于影响销售的因素有很多，所以广告活动对销售的促进是间接的，是通过解决产品面临的传播问题而实现的。制定广告主题就要全面分析竞争环境、受众特征和产品面临的问题，在制定广告诉求目标的基础上确定广告主题。

下面是不同产品成长阶段可能遇到的诉求目标，见表 11-1 所示。

表 11-1　不同成长阶段的诉求目标

成长阶段	诉求目标
导入期	推介新产品、说明产品功能、减轻消费者的陌生感、说服试用
成长期	建立品牌偏好、修正消费者的品牌印象、扩大知名度
成熟期	维持高知名度、提醒购买地点、引导增加消费量、介绍新的用途

其他的诉求目标还包括：重大事件中传播企业立场、帮助消费者确认自己购买产品的正确性、提升企业在社会群体中的地位等。

(三)主要卖点

卖点是商品自身所具有的能打动消费者的功能、特征和设计等，主要体现在产品/服务的特质、品质、个性之中，可为使用者带来方便和满足。① A. 杰罗姆 · 朱威勒在他的《广告中的创作策略》一书中提到：主要卖点应该表现出你能够表述出来的、你的产品或服务中最强有力的、独一无二的特征。它应该与你的目标受众最广泛、最有意义的诉求相呼应。

确定广告卖点是整个广告主题确立过程中至关重要的一步。对于每一个产品来说，都有很多特点，从生产环节的产地、设计、原材料、配方、加工过程到流通过程的快捷、安全再到售后服务的品质保证等，都可以成为广告卖点的来源。广告策划人员需要敏锐的营销意识，按照目标性、差异性等原则对产品特点进行筛选，从中选取最有竞争力的独特卖点。在美国 20 世纪 50、60 年代，甲壳虫车的经典广告语为“想想还是小的好”，从产品外观设计入手，几

① 黄升民、段晶晶著：《广告策划》，中国传媒大学出版社 2006 年版，第 145 页。

乎颠覆了传统美国汽车宽大、豪华的审美价值观，重新挖掘了人们对汽车简单、质朴、实用的消费心理。

产品卖点的选择要与消费者的需要紧密结合。美国心理学家马斯洛将人的需要分为五个层次：生理需要、安全需要、归属和爱的需要、自尊需要和自我实现需要，同时人们对这五种层次的需要是从低向高发展的。广告策划人员在进行产品卖点的选择时，要注意挖掘消费者正在向高层次发展的、还没有满足的需要，这往往是打开新的市场缺口的好办法。

以国内竞争激烈的瓶装饮用水市场为例，为了规避同质化、寻找自身卖点，三大品牌康师傅、娃哈哈、农夫山泉分别使用了不同的策略。康师傅以“多一点，生活更健康”为饮用水添加安全和健康的元素；娃哈哈从广告歌曲“我的眼里只有你”到“爱你等于爱自己”坚持走情感路线；而农夫山泉以“一分钱”参加慈善公益事业，开启了消费者的爱心之门，以此很大程度上提高了产品的知名度和美誉度。

第二节　广告诉求策略

一、广告诉求的内涵

在确定广告主题之后，就要选择一定的方式将广告主张传达出来，使消费者接受并选择广告产品。这种用来吸引受众注意，并使之更贴近产品或服务的途径就是广告诉求。广告诉求构成了广告的基本内容，并且成为广告达到说服消费者目的的基本手段。

美国学者唐·舒尔茨归纳了15位学者关于广告效果模式的研究成果后，将广告发生作用的机理假定为“学习认知—感受情绪—行动意向”这一模式，这表明广告作用的心理机制可概括为诉诸感性或诉诸理性。

二、理性诉求策略

理性诉求策略是指将产品或服务的具体特点、特别功能或实用的好处介绍给消费者，强调这些特征可以满足消费者的某些需求。由于这种说服方式是基于对事实的判断和推理过程，所以称之为理性诉求。

理性诉求是最古老的诉求手段之一，信息全面、具有说服力是它的特点。理性诉求是指广告传递给受众一种特定信息，并以此影响其信息处理和输出的心理认知过程，从而促使消费者产生预期行为的广告活动的方法。

【案例11-2】　“K001－Aid”饮料的广告文案

“K001－Aid”饮料的广告以一只盛满这一饮品而微笑的大水壶为表现，文案采用如下陈述：

为什么这只水壶微笑？

因为加糖的 K001－Aid 价格只有汽水的一半；

因为 K001－Aid 有维他命，而汽水则没有；

因为 K001－Aid 不含咖啡因，并不含碳酸盐；

因为 K001－Aid 牌的清凉混合饮料含有孩子们喜爱的极佳水果味道，痛饮浅尝两相宜；

做聪明的选择，选 K001－Aid 代替汽水。①

从上述例子可以看出，理性诉求就是把消费者看做是理智的个体，从消费者的具体需要出发，把消费者可以从产品获得的好处明确介绍出来，因而产品被接受也顺理成章。具体而言，理性诉求又可以分为以下几种方式：

（一）说明型诉求

当产品具有明显特征时，广告只需详细地将产品信息说明清楚，并以此作为消费者决策的重要依据。这种诉求类型比较适合技术性强的产品，如计算机、汽车等，因为当消费者卷入度比较高的时候，更希望看到有关产品的具体信息。在市场推广的初期，消费者对产品了解有限的情况下，也常常需要对产品作具体说明的诉求策略。“多了四分之一的滋润乳霜，多芬让您在享受洗澡的同时，也滋润肌肤。”这句广告语被持续使用了很多年。“在时速 60 公里的路上，劳斯莱斯唯一嘈杂的声音，来自它的电子钟。”直到现在，这仍然是最有名的汽车广告语。

（二）比较型诉求

处于市场挑战者地位的品牌常常发起比较型广告，以此来显示优于竞争对手的特点。当产品在某一方面或有几个特性确实具备竞争优势时，这种诉求策略能够迅速使品牌脱颖而出。

在国内外知名计算机品牌的激烈竞争中，比较型广告曾受到多次运用。2005 年，惠普笔记本对竞争对手联想曾发出“连想，都不用想”的攻击性广告。无独有偶，戴尔也曾在一则楼宇视频广告中，影射其他竞争对手。该广告中，售货员卖出一支冰淇淋，中间被一位肥胖的中年人拿走，舔了一口后才递给消费者。广告里的中年人暗指 PC 企业的分销商，通过这则广告，戴尔是在告诉消费者：“电脑在到你们手上之前，被分销商占了便宜。”由于联想拥有中国最庞大的 PC 分销商队伍，所以也就成了这则广告的最大受害者。

比较型广告剑指对手的弱点，容易取得明显的效果，但由于有损平等竞争的原则，在许多国家是明令禁止的。另外，在使用比较型广告时，要注意产品短期利益和长期利益的平衡。

（三）价格型诉求

当价格成为企业在某一时期的营销重点时，广告诉求也就需要相应的策略进行配合。

① 《理性诉求的力量》，《中国广告》1997 年第 5 期。

快速消费品行业经常运用价格诉求进行短期产品促销。在其他行业中，在产品引入期和衰退期也常使用价格诉求。

(四)流行型诉求

流行型诉求是指在广告中营造出产品正受欢迎的流行状态，来获得消费者的认可。通过指出该产品的使用人数增加、从其他品牌转来的人数增加和该品牌在市场上的领导地位，暗示未购买的消费者也应该考虑使用这种品牌。如在雅克糖果的广告中，广告结束语是“想吃维生素糖果的，就快跟上吧！”这句广告语自然而然、不露痕迹地将雅客 V9 定位于维生素糖果行业的领袖，而这就是一种明显的流行型诉求。

(五)新闻型诉求

新闻型诉求是指与广告产品或服务有关的新闻报道。当产品具有重大改进或新的产品问世而可以与一定的新闻报道相结合时，这种诉求就能够成功抓住消费者眼球，并把信息传递出去。以新闻形式的广告诉求可以降低消费者的防御心理，而更具有说服力。但这种诉求需要及时抓住社会热点并进行精心策划。

三、感性诉求策略

感性广告诉求策略诉诸于消费者的情绪或感情反应，传达商品带给他们的附加值或情绪上的满足，促使消费者形成积极的品牌态度，这种广告又叫做“情绪广告”或“情感广告”。在感性诉求的广告中，消费者容易受到愉快、刺激或其他某种情感的影响，并产生一种赞同的心理状态。

著名市场营销学家菲利普·科特勒把消费者的需要大致分为三个阶段：第一阶段是“量的满足时代”，第二阶段则是“质的满足时代”，第三阶段就是“情感满足时代”。随着社会的发展，我们逐渐步入了第三个阶段，这时消费者所喜欢的是最能体现自己个性与价值的商品，在购买和使用商品时更多的是为了追求一种情感上的满足或自我形象的展现，消费者的行为已开始由单纯的物质享受向精神愉悦转化，由有形的需求满足向无形的需求满足转化，为感觉而消费。感性诉求广告就是针对这种感性消费而开展的诉求。

唐代大诗人白居易曾说过：“感人心者，莫先乎情……上自圣贤，下自愚骏，微及豚鱼，幽及鬼神，群分而气同，形异而情一，未有声入而不应，情交而不感者。”情感性广告以情感诉求为重点，它撇开商品的原料、性质、功能和用途等，深度挖掘隐藏在商品中最能打动人心的情感因素，把亲情、爱情、友情等情感元素融入其中，不仅让广告具有生命力，更重要的是它能够让消费者从广告中找到情感寄托并产生情感共鸣。

感性诉求广告具有独特的魅力，日本著名广告家川胜久在其《广告心理学》一书中明确地指出：“使用情感性的传播，而且传播又符合事实，再将宣传性质与公共关系性质折中，则属于最上乘广告。”

图 11-1 奔驰汽车广告

（资料来源：http://baa. bitauto. com/kia/thread-278343-building. html）

图 11-2 德芙巧克力广告

（资料来源：http://i. eol. cn/blog_read. php？topicid = 200898）

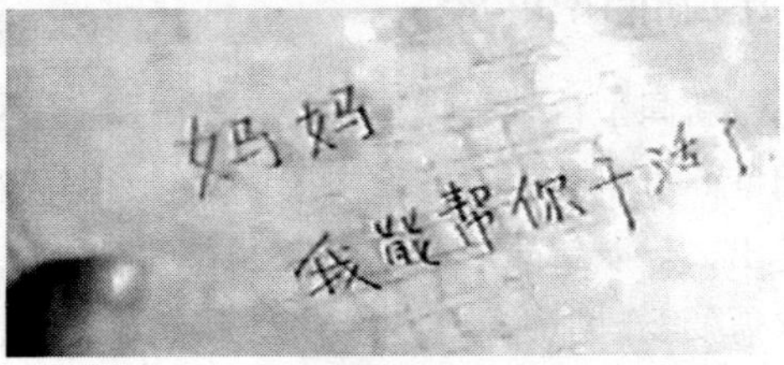

图 11-3 纳爱斯洗衣粉广告

（资料来源：http://www. tudou. com/programs/view/uS_OuRvdaEE/）

可以作为广告诉求的感情因素有很多，从社会化程度方面可以分为个人的（如快乐、刺激、舒服等）和社会化的（如尊重、友情、亲情等）；而从情感方向上可以分为正面的（如开心、幽默等）和负面的（如伤心、讽刺、尴尬等）。在奔驰汽车广告图中，正是通过与狮子的亲密接触，诉诸消费者的个人感觉，来传达汽车狂野的驾驶乐趣；而在德芙功克力广告图中，轻柔、丝滑的感觉通过广告模特美丽、动感的体验淋漓尽致地表达出来，正是这种感性诉求将广告中的完美感觉传达给消费者，赋予了德芙巧克力令人愉快的产品体验。

在社会化情感中，友情、亲情运用得比较多。相比于欧美国家，亚洲社会的群居生活特征更为明显，人们对亲情也更加重视。因此，以友情、亲情为诉求点的广告作品往往容易被人接受。纳爱斯“懂事篇”广告中小女孩说“妈妈，我能帮你干活了”的广告语打开了无数人的心扉，而这正是符合了中国人“百善孝为先”的传统心理。

（一）幽默诉求

幽默诉求广告是通过逗笑的方式，使广告内容戏剧化、情趣化，使人们在轻松愉快的心情下接受广告内容。从发布媒体上，可以分为运用漫画形式的平面广告、具有搞笑情节或滑稽形象的影视广告和网络广告等。

幽默诉求可以使受众产生良好的心境，不仅能够提高受众对广告的注意程度，而且对广告态度和品牌态度也有积极影响，越来越受到行业的关注。但值得注意的是单个的幽默广告会在较短的时间内失去效力，广告商要及时更换并推出新的幽默广告。

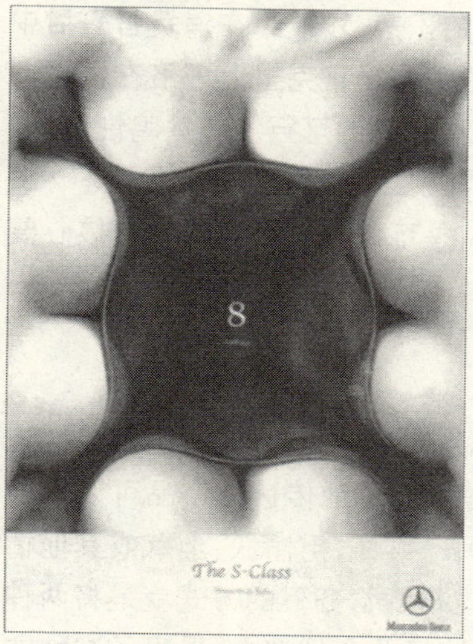

图 11-4 奔驰汽车广告

（资料来源：http://i. eol. cn/blog_read. php? topicid =200898）

（二）性诉求

性诉求是指在广告表现中，通过多种形式的、健康的性暗示，促使媒体受众采取某种行为的过程。“性”诉求广告不等同于性感广告，性感广告给人以感官上的初级联想，性诉求广告较之更为深刻和刺激，让人联想到更深层次的内容，如性行为等。例如“你愿意和我睡觉吗?”，这是美国一家床垫公司的广告语。

性诉求广告是吸引人们注意的好方法，一些产品如香水、服装使用得较多。但不是任何产品都适用性诉求，对于性诉求的手法一定要认真把握，以免引起争议。图 11-4 是利用性诉求来展示奔驰汽车八气囊的安全与柔软。

（三）品牌形象诉求

感性诉求并不仅仅是把产品名称植入消费者的感情中，在塑造品牌形象方面也具有独到的附加作用。在广告中，可以将使用品牌的经历与独特的心理特征联系起来，从而将这种心理特征附加到消费者的品牌印象中。这样广告便创造了产品所独有的感觉、形象和信念，这些不仅会留在消费者的记忆中，还会伴随在他的每一次使用中。通过这个过程，感性诉求广告完成了消费者对产品使用的新的解释。

一直以来，可口可乐正是运用这种感性诉求策略，来塑造品牌形象并获得成功的。每天，世界上有 200 个国家的人消费掉 12 亿瓶 8 盎司装的可乐。可口可乐前任老板有一句名言：“可口可乐 99. 61% 是碳酸、糖浆和水。如果不进行广告宣传，那还会有谁喝它呢?”1886 年可口可乐营业额仅为 50 美元，广告费却为 46 美元；1901 年营业额 12 万美元，广告费为 10 万美元，如今可口可乐每年的广告费已经超过 6 亿美元。①

图 11-5 可口可乐广告

（资料来源：百度空间）

① http://wenku. baidu. com/view/4c5abf00a6c30c2259019e43. html

通过分析具体的广告策略，可以发现可口可乐多年来一直在采用明星代言、节日祝福等感性诉求方式。正是通过这些广泛的、持续的感性诉求广告的积累，才最终在消费者心目中形成了可口可乐可以带来清爽感觉的品牌形象。可口可乐营销执行官克里斯·洛在描述广告活动时谈道："有一个你想推出的传播计划，你用消费者来检验它的可行性和共鸣性，然后你抓住核心的含义并用广告生动地表现出来。最后，再次将它放到消费者那里去检验。"①由此可以看出，用广告生动表现品牌价值并取得消费者的共鸣，是可口可乐取得成功的核心要素之一。

(四) 理性诉求与感性诉求相结合

从消费者的购买动机来讲，有时理性与感性的区分并不是那么明显。因此，采用理性诉求与感性诉求相结合的方式就更具说服力。一方面，在广告中清楚地传达出产品可以带给消费者的利益点，即用理性诉求满足消费者看得见的需求；另一方面，用愉快、幽默或其他情感对消费者进行"捆绑"，使之对品牌在感情方面产生认同，这样双管齐下的方式就是将两种诉求方式相结合。同样定位为"去屑型"洗发水的海飞丝和清扬两个品牌，都采用了这种方式。一方面强调产品有效去屑，同时又用名人代言来维系消费者与品牌的关系，以期实现最大程度的品牌忠诚。

四、其他类型诉求

诉诸理性和感性是广告攻陷人心的基本出发点，但由于广告目的是多种多样的，不同行业内部产品特点也差别很大，因此有一些广告并不明显属于理性诉求或感性诉求，下面就介绍其他几种诉求。

(一) 提醒式诉求

提醒式广告诉求是指在广告中只包含产品名称，而没有关于产品的任何相关内容的介绍。这种诉求通常用于加深消费者对产品的印象，因此，比较适合于已经具有一定知名度的品牌。电视广告中的标版广告就是提醒式诉求的典型。此外，季节性消费比较明显的产品常常使用提醒式诉求来唤醒消费者对产品的记忆。

(二) 悬念式诉求

悬念式诉求是通过一定的方式激起受众的兴趣，进而引发消费者自身对产品的关注的一种诉求方式。在产品新推入市场时期，巧妙地运用悬念式诉求能够吊起人们的胃口，起到四两拨千斤的效果，不仅节省广告费用，也能加深消费者对产品的记忆。通常在电视媒体和平面媒体中，为了引起较好的悬念效果，都要使用系列广告，使之持续一定的时间。

使用悬念广告打开市场的例子中外皆有。例如，有一家酒店门口摆着一个大酒桶，

① [美]菲利普·科特勒、凯文·莱恩·凯勒著：《营销管理》，上海人民出版社2006年版，第32页。

上面写着引人注目的“不许偷看”几个大字。然而，过往行人个个驻足，将头伸进桶内窥探。他们立即闻到一股扑鼻的酒香，看到桶内写着“本店啤酒与众不同，清醇芳香，请您享用”等语句。看过之后，就勾起了人们的酒兴，于是人们决定去品尝那与众不同的啤酒。

【资料】　20 世纪经典广告语前 15 名(下表所示)

序号	品牌/产品	广告语
1	大众汽车	“想想小的好”
2	可口可乐	“清凉一刻”
3	万宝路	万宝路硬汉
4	耐克	“想做就做”
5	麦当劳	“你今天应该休息了”
6	戴比尔斯	“钻石恒久远”
7	通用电气	“GE 带来美好生活”
8	艾维斯	“我们正在努力”
9	美国联邦快递公司	“快腿勤务员”
10	百事可乐	“百事可乐好味道”
11	麦斯威尔咖啡	“滴滴香浓，意犹未尽”
12	美国征兵署	成为一个全材
13	阿斯匹林片剂	“快，快，快速解除痛苦”
14	百事可乐	“新一代的选择”
15	美国汉堡王	“带着它上路”

(资料来源：摘自 http://wenku.baidu.com/view/be41c70203d8ce2f006623cd.html)

第三节　广告创意与制作

随着我国市场经济的发展，广告主的广告投放效果发生了明显的变化。中国传媒大学丁俊杰教授在其《广告业的发展趋势》一文中，从企业利用广告的角度，把中国广告业发展分为三个阶段：

第一个阶段(1979－1986 年)：企业只要花钱做广告，就一定有钱赚。这个阶段只要企业做广告就能成功，无论做得好还是不好，无论做得多还是少，只要你做就一定有钱赚。这是因为当时中国的企业很少做广告，像黑暗里点燃一盏灯一样，只要有人做广告就会引起轰动，就一定能推进市场的销售，此阶段出现一种现象——“一条广告救活一个企业”。

第二个阶段(1987－1994 年)：企业只要花足够的钱做广告，就很有可能有钱赚。这个阶段的特点是企业疯了一样地做广告，不惜血本做广告。那时造就出很多知名企业，如太阳神、娃哈哈、乐百氏，都是这一阶段出现的知名企业。企业只要有100万资产，它就能拿出60万、80万投入到广告上。只要这个环节成功了，就能用大量资金砸出一个名牌，轰出一个市场。

第三个阶段(1994年至今)：企业虽然花足够的钱做广告，但未必有钱赚。这个阶段，广告既要做得对，又要做得好，还要做得值。广告更加需要理性与“科学”。

丁俊杰教授对中国广告业三个阶段的划分，实际说明了广告在发展过程中，其中各种相关要素的重要性在不断发生变化。目前我们国家的广告发展处于第三阶段，广告数量越来越多。那么，怎样做到“鹤立鸡群”，使广告“四两拨千斤”，发挥出最大的作用呢？我们说，归根到底是“广告创意”的竞争。“创意”一词已成为我国广告界最流行的常用词，成为广告策划中非常重要的组成部分，广告创意是广告策划的灵魂。

一、广告创意的本质

几乎所有广告人都在讲“创意”，一些开办广告学专业的院系，同时也会开设“广告创意”这门课程。但“创意”的含义是什么，它的本质如何界定？纵观国内外，答案可谓纷繁芜杂，不尽相同。

“创意”，在英语中经常以“Creative、Creativity、Ideas”表示，就是“创造、创制、想法”的意思，有时也可以用“Production”表示，但“创意”的定义远非如此。广告大师奥格威曾经说：“在很厚的《牛津字典》中也找不到‘创意’这个字的完整定义。”美国权威广告杂志《广告时代》总结多方面的意见，得出结论认为：“广告创意是一种控制工作，广告创意是为别人陪嫁，而非自己出嫁，优秀的广告创意人员深知此道，他们熟识商品、市场销售计划等多种信息，并在此基础上开发并取得广告活动的成功，这就是广告创意的真正内涵。”

目前在国内，关于“创意”的理解，也是仁者见仁，智者见智，没有一个统一的标准。很多学者从字面意思解释，认为“创意”无非就包含着“创”和“意”这两个方面的内容。“创”与Create词条相关联，名词指“创造、创作”或“创造力”，形容词指“创造性、创新”，动词指“创造、创作、创建”；“意”指Idea，名词指“想法、念头、构想、概念”。由此，便将“广告创意”等同于“创造意外”，或者“创异”，将焦点聚焦于“与众不同”的表象，而没有深入探寻“独创一格”的内涵。

在众多对“广告创意”的理解中，本书介绍以下两种观点：

首先，詹姆斯·韦伯·杨认为创意是旧要素的新组合①。这个定义言简意赅，一语道破创意的真谛。它不仅告诉了我们什么是创意，而且具体告诉了我们怎样进行创意，它包含了所有主张“创意=创异”的观点，同时非常实用。举一个简单的例子，如我们大家所熟悉的“孙悟空”这个人物，就是创意的产物——猴子和人的结合体。这个结合体由于和旧要素(猴子、人)有差异，从而具备了新特质，这个时候我们说创意产生了。

---

① 詹姆斯·韦伯·杨，1886年出生于美国西南端的新墨西哥州，他12岁踏入社会，曾从事过苹果种植、政府公务员、芝加哥大学商学院广告及商业历史教师等多种工作，并在智威汤逊广告公司担任创作总监、主管及高级顾问等，是一代广告大师和广告创意魔岛理论的集大成者。著有三大著作：《生产意念的技巧》、《如何成为广告人?》、《广告人日记》。

具体到“广告创意”，同样也遵循创意的规律。以美国太极拳协会的一组平面广告为例，它很好地诠释了这个定义，并给人耳目一新的感觉。

图 11-6　美国太极拳协会广告

其次，中国传媒大学丁俊杰教授在其《现代广告通论》一书中，精准简练地指出了“广告创意”的本质。他认为：创意 = 创异 + 创益。

所谓创意，就是与众不同。创意不能单纯地追求与众不同，更应追求效益。广告活动毕竟是商业活动。若不能为企业带来效益，广告也就失去了其存在的意义。笔者认为这种观点更加贴合于“广告创意”，认为“为创意而创意”是不可取的。有许多精美绝伦的广告，如很多获奖作品，但是它们并不为大众所熟悉，没有起到“广而告之”的作用，只是为了参赛而创作，这种就不能称为好的有创意的广告，毕竟，不能把广告简单等同于文艺作品。

笔者认为理解“广告创意”的本质，不在于一定要有一个统一的标准的定义，而在于能透过一些学者的观点，帮助广告人将广告赋予精神和生命，让广告的能量释放和燃烧到最有激情和魔力。退一步讲，因为“创意”本身具有不确定性，很少有人能对“广告创意”下一个明确的定义，也就不足为怪了。

总之，“广告创意”对广告人来说，是最具挑战、最兴奋、也最刺激的事情，很多从事创意的广告人都为之痴狂，甚至不思茶饭，个中酸甜苦辣，也许只有经历之后，才更有感触。但不可否认的是，“广告创意”作为广告活动中最引人注目的环节，越来越光彩夺目。

二、经典广告创意主张

广告无处不在，相信有很多广告给我们留下了深刻的印象。其中，不乏一些经典广告。那么，究竟什么是优秀广告的衡量标准？怎样才能创造出经典的广告呢？这是作为广告人应该思考的问题。目前，纵观林林总总的广告书籍，虽然有人提出广告创意应该具备的特性，但众说纷纭，好的广告创意还没有统一标准。不过，在广告史上，有几位大师的观点以及他们的作品，依旧备受推崇，令许多广告人顿开茅塞、灵光一现。以下将对几位大师及其主张进行一些介绍，希望能够帮助阅读者获得一些启示和灵感。

（一）罗瑟·瑞夫斯——独特的销售主张

罗瑟·瑞夫斯是广告界公认的大师级人物，广告“科学派”的忠诚维护者。瑞夫斯曾任达彼思广告公司的董事长，并提出了著名的“USP 理论”，即“独特销售主张”，他在 1961 年出版的《广告的真相》(The Reality of Advertising) 一书中着重阐述了这一主张。

他认为，广告应该不断地重复一个单一信息，这一观念被概括成 USP(Unique Selling Proposition)即“独特的销售主张”。其主要含义包括三点：(1)每一个广告都必须向顾客提出一种主张，它绝不仅仅是对产品的吹捧，而必须对每一个读者说：“购买这种产品吧，它会对你有用。”(2)这种独特建议必须是竞争者不能提供或没有提供的。它必须是品牌独有的或者是其他同类市场产品的广告中还没有表现过的。(3)这种建议必须对大众有足够的说服力，能够吸引新顾客购买公司的产品。

从“独特的销售主张”的经典理论中可以看出，USP 就是一种明确的广告主题，它要求广告产品或服务必须存在一个真正独特的特征、用途或可声明的内在优势。这一内在优势的挖掘需要广告策划人员对产品和消费者进行广泛、细致的研究。20 世纪 60 年代瑞夫斯通过玛氏巧克力“只溶在口，不溶在手”等经典案例将这一方法的光芒展示给世人。逐渐地，USP 理论被从业人员广泛接受，越来越多的企业通过独特卖点而打开了市场。

(二)大卫·奥格威——品牌形象法

大卫·奥格威素有广告教皇之称，1949 年 38 岁的他在纽约创办奥美广告公司。那时，他没有文凭、没有客户、银行账户里只有 6000 美元。10 年后，奥美公司成为全球最大的 5 家广告代理商之一，在 29 个国家设有分公司，拥有 1000 个客户，营业额 8 亿美元。

在广告主题选择上奥格威倡导“品牌形象”法。与前文中提到的“广告形象法”不同的是，这个环节上“品牌形象法”是策划环节的一种方式，而前者是对已有产品品牌形象的分析，下面笔者想从另一个角度来解读一下奥格威的品牌形象理论。

图 11-7　海撒威衬衫广告

(资料来源：百度空间)

奥格威在他的著作《一个广告人的自白》一书中，明确提出：“每一个广告都应该对那些复制的标志即品牌形象的树立和推广作出贡献。”奥格威强调广告活动应该以树立和保持品牌形象这种长期投资为基础，并坚信对于品牌的长期投入将会让企业取得不可估量的回报。“那些不辞辛苦地致力于用广告来突出个性的制造商，将获得最大的市场份额，赚取最高的利润。同理，那些发现自己处于困境的制造商，往往是那些取消用于促销的广告预算的目光短浅的机会主义者。”

在产品同质化日趋严重的竞争环境下，从产品内部挖掘来提出“独特卖点”的做法难度也日益加大，而奥格威倡导的品牌形象和品牌个性则有利于创造消费者的认知和偏爱。奥格威著名的海撒威衬衫广告，是广告界绝无仅有的一个范例——以最快的速度最低的广告预算，让默默无闻了 116 年的海撒威制衣厂一夜走红。海撒威衬衫的广告预算只有 3 万美金，奥格威为海撒威衬衫做了 18 种设计方案，最终，“让模特戴上眼罩”的方案大获成功。

(三)李奥·贝纳——发掘产品与生俱来的戏剧性

李奥·贝纳是芝加哥李奥贝纳广告公司的创始人,他曾为"万宝路"牌香烟创立了男性香烟的品牌个性:一个美国西部牛仔的形象,把在美国市场上占有率不及1%的香烟,推到世界销量第一位置的。李奥贝纳认为:"每一件商品,都有戏剧性的一面。我们的当务之急,就是要替商品发掘出以上的特点,然后令商品戏剧化地成为广告里的'英雄'。"他强调:广告人"最重要的任务是把它(戏剧性)发掘出来加以利用","找出商品能够使人们产生兴趣的魔力"。

图 11-8　万宝路香烟广告

(资料来源:百度空间)

真诚、自然、温情,是李奥·贝纳挖掘"戏剧性"的主要表现手法,这些特点在他的成功作品中充分表现了出来。他认为,"受信任"、"使人温暖"的要素,对消费者接受广告所制造的欲望是很重要的。

(四)伯恩巴克——实施重心法

威廉·伯恩巴克、大卫·奥格威和李奥·贝纳被誉为20世纪60年代美国广告"创意革命"的三大旗手之一,是广告文学派的代表,是倡导广告创意的先锋,也是DDB广告公司的创始人。

在广告主题的选择上,伯恩巴克认为广告信息策略的"如何说"这个实施的部分可以独立成为一个过程,形成自己的内容,这就是所谓的实施过程重心法。"我警告你们,不要相信广告是科学。"伯恩巴克提倡美术指导和文案人员的协作。他认为,广告的秘诀不在于"说什么",而在于"如何说"。当然,他其实并不是否定研究和分析的重要性,他说:"逻辑与过分的分析使创意失去灵性和毫无作用。"他的意思是不要把研究和分析当作救命稻草,不要让创意被数字束缚灵活性。伯恩巴克认为广告中最重要的东西就是要有独创性和新奇性。伯恩巴克认为在形形色色的广告中,有85%根本没有人去注意,只有区区15%能够真正进入人们心中。

三、广告创意与制作

如果说广告创意更多的是广告创作人员思想智慧的结晶,那么,广告创意的好坏更多的就是广告公司内部人员对其进行评价。而到广告制作环节,则需要将广告创意付诸于实践,形成具体的广告作品。广告主要就是传递给消费者产品和企业品牌信息,广告创意者对产品和企业文化的理解和演绎,最终都要在广告制作这个环节体现出来。在广告制作之后,广告作品需要与消费者直接面对面,因此,广告制作的水平高低直接影响着广告效果的好坏。

尽管如此,目前很多公司,由于广告费用的制约,还是抱着"只要广告创意好,制作差一点没关系"的错误态度,将广告创意凌驾于制作之上。很多广告公司都遇到过这种情况,费用清单报到企业负责人那里,对方一看,制作费居然要花几十万、上百万,不行,得降下来,这一降，整个广告的效果也跟着下来了。如金嗓子喉宝的电视广告，制作就比较粗糙，整个画面模糊，有时还有雪花斑，很影响效果。

而国外《KILL BILL》的电影海报广告，则是一绝。不仅制作精良，还借助了传播载体的特性，将广告创意淋漓尽致地表现了出来，达到了四两拨千斤的效果，如图 11-9 所示。

图 11-9 《KILL BILL》电影海报广告

总之，广告制作是广告流程中非常重要的一个环节，广告制作直接决定着广告以什么样的面目出现在消费者面前，千万不能大意。

本章小结

在整个广告策划过程中，广告表现策略处于承上启下的位置，它是确定广告讯息和表达方式的过程，这一过程是对产品定位和广告定位的回应，也是确定广告推广策略的前提。广告表现策略主要包括确立广告主题和广告诉求策略两个部分，这两个部分分别解决了“说什么”和“怎么说”的问题。本章对这两部分分别进行了重点的介绍。

广告主题的确立就是选择广告中心思想的过程，它是引起广告对象注意、达成广告对象满意、促成广告目标实现的手段。成功的广告主题需要经过精心地策划和选择，同时，成功的广告主题至少需要符合目标性、差异性、一致性和延续性等要求。在广告策划的实践中，许多成功的案例正是源自对广告主题的准确把握，也有大量不符合要求的广告主题直接导致了整个广告策划的失败。提炼广告主题需要从广告主题的构成要素入手，在目标受众、诉求目标和主要卖点三个方面寻找产品切入市场的最佳角度。

广告诉求策略是指在确定广告主题之后，选择一定的方式将广告主张传达出来，使消费者接受并选择广告产品，它是广告达到说服消费者目的的基本手段。感性诉求和理性诉求是最常用的两大诉求方法，我们所见到的大多数广告都属于对这两种方法的运用。因此，如何将产品或服务从感性和理性两方面对消费者进行说服，是一个广告策划人员的工作重点。

广告创意与制作是广告表现策略中的最后一个环节，也是非常引人注目的环节。如何产生成功的广告创意是无数广告人一生的追求。在广告史上,有几位大师的观点以及他们的作品经受住了时间的考验,至今仍然备受推崇。对这些经典广告创意主张的学习是广告策划学习中不可或缺的重要部分。

一、思考题

1. 结合广告主题的内涵,谈谈广告主题在广告策划中如何发挥作用?
2. 按照广告主题的要求,各举一个成功和失败的广告主题案例。
3. 如何结合产品的具体情况开展理性诉求和感性诉求?
4. 谈谈不同的广告诉求策略如何达到说服的目的。
5. 结合现实中的一些广告作品,谈谈对广告创意的认识。

二、课外资源

1. [美]威廉·F.阿伦斯著,丁俊杰等译:《当代广告学》,人民邮电出版社2006年版
2. 余明阳、陈先红:《广告策划创意学》,复旦大学出版社2007年版
3. 林升栋著:《中国近现代经典广告创意评析》,东南大学出版社2005年出版
4. [美]詹姆斯·B.特威切尔著,傅新营、蔚然译:《震撼世界的20例广告:最具创意和冲击力的广告策划是如何改变了我们生活中的一切》,上海人民美术出版社2002年版
5.《中国广告》杂志
6.《现代广告》杂志
7.《国际广告》杂志
8. 中华广告网(http://www.a.com.cn)

CHAPTER 12

第十二章

广告推广策略

广告策划的全部目的在于通过策略性的活动或方案，广泛地影响目标人群，以达到一定的目的。如果没有信息在目标人群中的推广过程，那么，前期所有的工作只能是闭门造车。如何用有限的资金，更好地实现策划的目的，这就必然离不开对各种推广工具的充分利用。本章主要介绍四种大众传播工具：广告、销售促进、事件营销和公共关系。作为一个重要的营销趋势，整合营销传播正在被广泛接受。为了实现与顾客的全方位沟通，广告策划也要掌握整合营销的传播策略。

第一节　广告推广策略

一、广告推广

广告推广是指由明确的主办人发起，通过非人员介绍的方式展示和推广商品或服务的信息传播活动。广告推广是企业迅速建立产品认知的重要工具，在树立品牌偏好方面具有明显的作用。

在产品的不同生命阶段，企业可以选择不同的广告推广策略，如告知性广告、竞争性广告、提示性广告和铺垫性广告。根据不同的诉求手段，广告推广策略可以分为感性诉求广告和理性诉求广告。根据广告的内容不同，广告推广策略还可以分为产品广告和企业形象广告。

二、广告推广的过程

广告推广是一项复杂的信息传播过程。广告推广方案包括广告对象的选择、广告信息的制定、广告媒体的选择和购买等几大方面。通常来讲，一个完整的广告推广过程至少要包括五项主要决策即5M：任务（mission）：广告目标是什么？资金（money）：要花多少钱？信息（message）：要传达什么信息？媒体（media）：使用什么媒体？衡量（measurement）：如何评价结果？

(一)设定目标

广告目标是指在一次广告推广活动中,需要对特定受众完成的特定的传播任务。广告推广作为一种营销推广手段,需要服务于企业的整体营销组合。而广告目标的设定也要服从企业市场部门制定的整体营销目标,例如目标市场、市场定位等。

根据 AIDMA 法则和 DAGMAR 理论,广告目标可以分为以下四类:知名广告、理解广告、确信广告和行动广告。例如新上市的产品广告以告知消费者为目标,就属于知名广告;而成熟期的产品在开展促销活动,希望引发消费者的参与时,则要开展行动广告。

(二)决定预算

作为一项付费传播方式,广告推广的整体费用需要提前设定。目前国内企业以按照销售额的一定比例来核定的居多。除此之外,影响企业广告预算的因素还有以下几个:

1. 产品生命周期阶段

在产品推向市场的初期,为了建立知名度和争取消费者的试用,往往需要很大的推广力度。特别是以全国市场为目标的推广,要求广泛覆盖,广告支出自然也很高。而当产品已经进入成长期或者成熟期,产品已经为消费者所熟知,这时的广告费用自然会降低很多。

2. 市场份额和消费者基础

市场份额高的品牌,广告目标是需要维持一定的市场份额,因此不需要很多的费用就可以完成目标。而当企业需要增加销售量、提高市场份额时,广告费用就需要大幅度增加。

3. 竞争对手的干扰

除了广告商自身的因素外,广告环境也会影响企业需要发出的声音的力度。在早期媒体数量少、大多数企业的广告意识比较薄弱的时期,一个品牌达到广为人知的目的比现在容易很多,费用也少很多。而当有很多竞争者都在进行广告推广时,要求企业加大推广力度才能够被人注意,因此广告费用也会大幅度增加。

(三)媒体决策

媒体决策是指在广告活动推出之前,根据不同媒体的特点、媒体的刊播时间和各媒体上广告量的分布等,找到向目标受众传达信息的性价比最佳的媒体。

媒体决策包括拟定媒介目标、制定媒介策略和实施媒介购买三个层面。

1. 拟定媒介目标

媒介的目标人群不仅包括产品购买者和潜在购买者,可能影响到购买者做决定的人群也是重要的一部分。通过了解目标受众的媒介接触习惯,能够为选择特定的广告媒介做准备。通常情况下,需要把媒介目标具体转化为在一次媒体排期中广告亮相的目标数量。

2. 拟定媒介策略

拟定媒介策略主要包括三个步骤:首先确定此次广告推广所需应用的所有媒介类型;其

次确定某一媒介大类中的具体媒介;最后确定该媒介的排期,是持续式、起伏式,抑或是脉冲式。

3. 实施媒介购买

一旦媒介策略制定完毕以后,广告推广的活动中心就应该向媒介购买转移。一般来说广告主会选择一家广告代理公司完成购买事宜,当然,也有广告主会委托专业媒体购买公司购买指定排期的电子媒介时间和印刷媒介版面。

(四)效果测定

广告效果是指广告信息在传播过程中引起的直接或间接变化的总和。广告效果是经济效果、社会效果和心理效果的统一。因此,当产品销量提升或下降时,很难说明这是广告产生的直接效果。然而,大多数广告主都想了解广告的传播效果和销售效果。

判断一个广告是否有效地进行了传播,可以通过广告效果前测来解决,包括消费者反馈法即请消费者观看广告来检测广告内容是否引人注意以及信息是否易懂;实验室测试即利用仪器来测试消费者对广告的心理反应情况。

广告销售效果比传播效果更难以测量,销售受到产品特色、价格、竞争者行为等诸多因素的影响。研究人员通常运用历史分析法、实验室法等方法来测量广告的销售效果。但到目前为止,还没有对广告销售效果进行测量的行之有效的方法。

三、广告推广的优势与局限

(一)优势

1. 为品牌增加价值

广告树立品牌形象、增加品牌价值的作用一直是其最为重要的功能之一。精心制作的、包含品牌标识和品牌主张的广告通过广泛、长期的媒体发布,能够在消费者心目中积累建立起统一的品牌形象。多年来,可口可乐和宝洁等很多美国企业的广告费一直居高不下,这正是因为他们深谙维护品牌形象、增加品牌价值之道。

2. 经济有效地到达广大市场的能力

相比于人员推销、销售促进等其他推广方式,广告具有“广而告之”的优势。广告具备利用媒体迅速通达大量人群的能力,广告可以将产品信息有效送达到企业的目标市场。研究表明,这种方式要比其他方式更为经济有效。

3. 控制信息的内容和时间

广告传达的信息是由企业决定的,企业在信息传播的过程中扮演着信源的角色。广告将企业所要传达的信息通过编码、选择媒体投放等步骤向受众传播,而这一过程始终是由企业自身来左右的。相比其他的营销方式,广告的可控性很强。在广告投放的时间方面,企业也可以根据需要来自行掌握。

4. 与利益相关者的沟通

企业在大众媒体上发布广告，不仅可以使消费者对产品或品牌形成统一认识、从而帮助品牌建立并促进销售，此外还有另一方面的作用，那就是和企业的利益相关者进行沟通。企业的利益相关者包括顾客、经销商、行业协会、政府机构和媒体等。这些机构的人员也可以通过大众媒体广告接触到企业的信息，并加深对企业的认识，这种沟通必然有助于企业与其利益相关者之间的合作。

5. 支援公司的其他活动（例如人员销售）

广告是企业营销组合的一部分，通过及时发布企业信息，广告能够配合其他营销方式来实现企业的整体营销战略。比如广告可以对企业的其他销售活动进行宣传，以吸引更多消费者的参与。

（二）局限

1. 浪费

“我只知道我的广告费有一半被浪费了，但我不知道到底是哪一半被浪费了。”这是约翰·华纳梅克（John Warnamaker）对于广告成本的浪费而进行的精辟总结。在现实生活中，由于对媒介的使用是一种个人行为，所以广告信息在向大众传播的过程中，不可避免地会有相当一部分散失掉，因此，广告信息难以精确地影响目标消费群体。

2. 单向沟通

广告是通过大众媒体来发布信息的，而传统大众媒体的一大缺陷就是单向沟通，因此，广告也是一种单向沟通的营销传播方式。广告作为传播行为，更多的是一种将信息推向受众的信息传播方式。长期以来，缺乏互动和反馈机制是广告传播的弊端。而随着新媒体的发展，如何实现双向沟通已经被人们广泛关注。

3. 可信度低

广告传达的是企业的声音，目的是引起消费者关注并带动销售。因此，随着消费者广告意识的增强和广告数量的迅速增加，越来越多的消费者对于广告信息会带有一种抵触情绪，认为广告是企业的“一家之言”，可信度不高。另外，广告制作水平的良莠不齐、虚假浮夸广告的普遍存在也是影响广告可信度的消极因素。

【延伸阅读】 传统广告遭遇的挑战①

传统广告模式已经无法满足企业品牌传播的需要，在中国正面临角色危机。

以前，中国没有自己的广告专业话语，基本都照搬国外（尤其是4A公司）的广告话语，而国际4A广告公司在品牌传播中的既定角色是完成策略的创意表现。在海外，一些大型企业营销部门、市场研究公司都已经发展得很好，策略也做得非常深入。因此，它对广告公司的

① 选自《4A传统广告模式的衰落与中国广告的出路》，《中国广告》2006年第9期。

策略与策划能力要求不高,只是要你表达它的策略,把策略表现得更容易被注意、更容易被接受、更容易被记忆。所以,在这种需求的长期刺激下,传统的4A公司将创意这块研究得非常透彻,发展得非常迅速。当然,创意是现代广告公司的灵魂。但是,创意逐渐被曲解为仅仅是电视或者平面的创意。而其他方面,比如策略这块的研究与创意,4A公司(包括进入中国市场后)并没有作为重点来发展。

而事实上,我国与西方国家在品牌上处于不同的发展阶段,由于中国企业、中国市场的不成熟,中国企业对广告公司的要求,不仅仅是创意表现方面(平面设计、拍摄电视广告),而是希望能帮它解决更多的问题。帮助企业走出困境、帮助企业赚钱,这时,中国广告公司必须承担更多的创意型角色,从整体上帮助企业解决实际问题。

市场环境的巨变,中国特定的国情,都要求广告公司承担更多更新的功能,挑战与机遇并存,中国广告公司面临着模式与角色的重新选择。

在今天的市场环境下,绝大部分的中国企业,不管是中、小企业,还是大企业,从营销层面来看,它的成功光靠广告是做不到的。20年前,因为市场噪音很少,产品短缺,所以,只要拍一条广告,并且敢于投放,就会让产品大卖。但今天,几乎所有产品都进入了过剩时代,广告的威力不那么大了,企业和广告公司都很认可的广告,对消费者却没那么大的销售拉动力。投5000万元,不见效;再追加5000万元,依然不一定有效。企业家们在这种情况下,开始怀疑广告,并进而怀疑广告公司的价值。

我们应该将创意融于广告策划活动和营销策略中,发挥出它的作用。如果说广告是高空轰炸的话,它还要与市场策略、终端策略整合起来,才能有效。我们业界自身应该对策划、对创意要反思。特别是创意,创意是一个产业,产业更需要创意。所有的活动都需要创意,这样,它才有价值。

这种传统广告模式与角色的变化,其实是国际传播环境变革的必然结果。在全球化的大趋势下,中国广告业与广告公司的变革已经无可选择。

去年的一份对德国品牌经理人的调查报告揭示出,传统媒体广告正以10%左右的速度下降;活动营销增长在30%以上;公关也在迅速增长,幅度在40%以上;电影大片成为重要传播资源,正与特定的品牌与产品结合。也就是说,传统广告已经无法单独完成品牌塑造的任务,它必须借助其他有效的资源与手段。现在,品牌传播已经从以前的广告传播,变为一个大传播的概念。而如果我们还沉醉于以表现力为主的传统广告传播模式,等于是自困手脚。这样下去,怎么可能完成新传播时代品牌塑造的任务呢?

中国正处于一个非常微妙的阶段。一方面,中国整个广告界,包括营销界,在发展阶段上还不成熟,还比较幼稚,还没有充分细分,所以广告公司不得不承担一些粗放性业务,这是一个现实;另一方面,中国目前又是一个资讯中心,中国的通讯与网络非常发达,信息业也十分发达,目前,不管是电信业,还是网络业,很多多媒体的信息设施,都已经处于世界领先地位。在信息工程以及应用上,中国完全已与世界前沿接轨。这是非常奇妙的现象:中国本身的市场阶段还非常幼稚,中国却又处于全球信息的前沿。所以,就使中国的品牌营销包括广告界都处于一种非常微妙的阶段。

对于国外的先进的东西要传播,对于中国本土的一些东西也要归纳,要总结,这两者应该相结合。有一个观点,中国前25年的改革,是西方改变中国;后25年,也许是中国改变世界。中国的话语权形成强大的磁场后,不仅可以主宰自己,还可能影响别人。这也是中国广告业正在经历的过程,这也是一个开放的必然过程。

第二节　促销推广策略

一、销售促进

销售促进(Sales Promotion),是一种通过附加品牌有形价值来激发购买行为的营销传播功能。更明确地说,销售促进是一种旨在激发并促进最终购买行为的短期诱因。引起销售促进的诱因可以是多种多样的,比如免费样品或者赠品。从渠道方面,销售促进可以分为针对中间商的贸易导向促销和针对消费者的消费者导向促销。从广告策划的角度出发,本节涉及的销售促进主要是指消费者导向促销。

通常,销售促进活动是有一定时间限制的,通过使用各种可以增加附加利益的方式,销售促进可以起到明显的激励作用,从而对销售额作出明显的贡献。在企业的营销组合中,销售促进经常被使用,特别是节庆时期和产品销售旺季。当然,为了取得更多的市场份额,有些品牌也会采取反季促销的方式。

二、销售促进的工具

为了实现营销目的,需要灵活使用各种促销工具。全面掌握各种促销工具的特点,并结合自身行业需要而应用于目标人群,这是一项专业性很强的活动。通常企业的市场部门或者营销部门都有专门负责促销的人员,也有一些企业把促销活动外包给专门的销售促进执行公司。

常见的促销工具有优惠券、价格折扣、赠品、抽奖和竞赛、现金回扣、样品、纪念品、联合/组合促销等多种方式。时下,在信息技术的推动下,销售促进的工具也有了扩展。电子优惠促销工具,例如风靡全球互联网的网络团购,受到了企业和消费者两方面的欢迎,这些新涌现出的促销方式值得研究和关注。本文在此只对四种传统的促销方式作详细介绍。

(一)优惠券

优惠券是最古老、最广泛使用、也是最有力的促销工具之一。优惠券一般被看成是减价的替代品,消费者可以免费获得,凭优惠券购买该商品可以享受一定的优惠。如果其优惠内容如果能够引起消费兴趣,消费者则会收集保留,以至于在下次消费时使用;如果优惠较小或不是消费者急切需求商品,则不能引起消费者兴趣。

优惠券一般需要通过各种媒介送达消费者手中,分发优惠券一般有8种方式:

1. 刊登在报纸上

以广告的形式在覆盖目标群体的报纸上刊登优惠券,消费者剪下报纸即可使用。凭借报纸的高发行量，报纸优惠券可以起到良好的广告效果，但浪费较大。

2. 刊登在杂志上

杂志优惠券根据杂志覆盖的目标人群，能够有针对性地送到目标人群手中。

3. 定点送发

不同的产品一定具有不同的目标群，先找出这些目标群体，再有针对性地定点发送优惠券。这种方式针对性强，效果非常明显，但成本较高。

4. 夹报

企业印刷好优惠券，随同报纸或杂志一同送达消费者手中，它是利用报纸或杂志的渠道而又不需要支付广告费用传送优惠券的方式。具有成本低，普及率高，效果好的优势。

5. 邮寄

通过邮政渠道送达优惠券。其针对性较强，但成本较高，时效性也比较低。

6. 卖场分发

在商品分布的卖场分发，其针对性最强，优惠券的使用率最高。

7. 附于包装

附于包装主要是增加老顾客的重复购买，这种方式能够给忠实消费者以回报，对于新用户效果不明显。

8. 即买即赠

其方式同附于包装一样，只有购买产品才能获得优惠券。其优惠券不是附于包装，而是由促销人员赠送。

由于优惠券是一种减免价格的方式，所以对新产品的试购有明显的作用，特别是对于一些价格敏感者，往往是因为提供了优惠券的促销活动才进行购买。附于包装内部的优惠券，是促进二次购买的重要因素。总体来讲，优惠券不仅可以促进新产品进入市场，扩大消费人群，也可以激励现有客户重复购买。

虽然优惠券有以上一些积极作用，但是它也可能会对品牌带来一些伤害，例如消费者会认为折扣价格的商品质量有问题。广告策划人员在选择这一促销方式时，不要忽略计算优惠券促销在经济上的成本，从而确定可行性。

(二)价格折扣

价格折扣是通过厂商降低产品正常售价而直接给消费者经济利益的促销方式。通常，价格折扣的幅度在10% –25%之间。由于可以达到快速回笼资金、清空过季产品、抵抗竞争对手等目的，价格折扣的方式经常被很多企业采用。对于品牌知名度高的产品，以及购买频率高、消费者关注度高的日用消费品，价格打折的促销效果尤其突出。但也有一些品牌从来不进行价格折扣，因为这一方式会在一定程度上给品牌带来伤害，降低品牌在消费者心目中的地位和价值，同时频繁的价格折扣也不利于消费者忠诚度的建立。

随着竞争的发展，企业对价格折扣这一促销方式也进行了丰富，除了直接打折以外，还有以下三种方式：

1. 数量折扣

对于大量购买某种产品或服务的消费者提供的一种价格折扣。通常是按照消费者购买数量的多少，分别给予不同的价格折扣，购买数量越多，折扣越大。数量折扣的目的在于鼓励消费者大量购买或者集中购买，因此常用于购买频率高，产品之间相关程度大的日用消费品。

2. 附加赠送

当消费者购买一定数量或者金额的产品后，厂商按照一定比例附加赠送同类产品或相关产品。“买一赠一”是最常见的附加赠送方式，消费者花一份产品的钱可以得到两份产品，相当于享受五折优惠，其实质还是折价策略。这种方法不仅可以有效地刺激消费者购买，而且能够帮助加速促销员完成销售指标。

3. 加量不加价

加量不加价和附加赠送非常相似，区别在于该方式是在产品出厂之前，将赠送的产品装在包装内，以未加量的价格出售，使顾客能以同样价格买到更多的产品。这种方式也能很好地刺激消费者购买，尤其适合消费者熟悉的品牌。

(三)赠品

赠品是在消费者进行购买时，对某种产品进行免费或减价承诺的方式，包括免费赠品和自费赠品两种形式。赠品作为一种有形产品，除了对短期销售有帮助外，还会对品牌形象产生作用，所以具有很大的开发价值。从日常用品到家用电器等贵重物品，赠品在各种不同类型的产品销售中运用得很普遍。

与其他促销工具相比，赠品的特点是可以实现多种功能，具体来讲有以下几个方面：

- 直接刺激消费者购买的欲望。
- 帮助实现消费者的品牌转移、产品消费转移。
- 增加了服务项目的附加价值，能与竞争对手形成差异，具有对抗、抵御其他品牌的作用。
- 在一项具有主题的策划活动中，赠品可以设计得与活动主题相呼应。

正因为赠品的作用如此丰富，如何才能把赠品设计得巧妙、成本合理又传达情意，就需要进行专业的策划。在美国，营销商每年要花掉超过40亿美元在这种额外价值的激励上。[①]在国内，利用赠品来吸引销售的手段甚至一度发展成了“送礼战”。赠品经济的一个典型体现是在最近几年快速增长的小家电市场上。以豆浆机品牌为例，两大对手“九阳”和“美的”为抢占市场份额纷纷在节假日开展了火爆的赠品活动，且取得了明显的效果。许多消费者

---

① ［美］乔治·贝尔奇、迈克尔·贝尔奇著：《广告与促销：整合营销传播视角》，中国人民大学出版社2006年版，第638页。

都是为了得到诱人的赠品才加入购买大军。

但是，仅仅把赠品作为促销的诱因是一种简单化的思维，充分开发赠品的价值需要营销模式的创新。把有形的、易于量化成价格的赠品，转化为无形的、难以量化成价格的体验，这样才能花小钱而带给消费者更强的价值感，也才更易于将愉悦体验投射到产品本身，建设和维护产品、品牌自身形象。

把赠品的艺术发挥到极致的一个成功案例是台湾的新光三越百货。新光三越每年约投资 1% 的营业额、相当于 5 亿元的成本在赠品上，包括每年 4 –5 次的来店礼、周年庆长达数月的满额赠礼。每到赠品兑换期，业绩平均都比平日高出一倍以上。新光三越有一个时刻关注顾客需求的赠品营销团队，由于台湾人普遍对日韩流行的东西很感兴趣，他们就经常上日本、韩国的网站搜集新信息，同时从目标顾客的需求层面寻找灵感。例如当他们发现很多上班族都会觉得办公室太冷，于是，他们就结合上班族喜爱的卡通形象，打造轻薄、便携的薄毯，结果大受欢迎。因此，商家不应该只满足于把赠品发放给消费者，更要关注赠品是否被顾客记得住。

(四)抽奖和竞赛

抽奖和竞赛是一种活动参与式的促销方式，在一定的规则下对少数消费者进行奖励。抽奖完全由运气来决定，而竞赛则是对参与者某种技巧或能力的考察。由于抽奖和竞赛能够以吸引人的奖品而激起人们参与的热情，所以相比于其他促销方式，在广泛吸引注意力方面的作用更加突出。

通常商家规定消费者在完成了一定额度的消费后，便可以参加抽奖。抽奖也可以分为多种方式，按消费者可以参加的抽奖次数可以分为一次抽奖和多次抽奖，而多次抽奖则有更大的吸引力。按参加抽奖的形式，可以分为答题抽奖和游戏抽奖。在传统营销环境下，由于抽奖要求一定的场地，因此，使用这种促销方式较多的是有固定经营场所的商场、超市等单位。由于互联网、手机等媒体的发展，无线抽奖的方式也能实现了，所以短信抽奖、网络游戏抽奖运用得也很多。

与抽奖不同的是，竞赛促销是对消费者比赛获胜的奖励。因此，商家在设计比赛环节时，不应太难，以免打击消费者的参与热情。为了向消费者展示公平性，抽奖和竞赛最好是在公证处的公证下进行。

从促销效果来看，抽奖与竞赛有明显不同。抽奖只是在鼓励消费的单一层面上起作用，但由于容易参加，同时企业的促销费用容易控制，所以操作起来更简单。而竞赛则可以通过巧妙的设计把消费者与品牌紧密地联系起来，以增加消费者对品牌的关注和喜爱。例如 2009 年佳能举办的广告舞者选拔大赛，就是为了在年轻人中间推广主打相机品牌伊克萨斯。从全国几百名选手中脱颖而出的 6 位获胜者可以参加伊克萨斯 2010 年的电视广告拍摄。为了扩大传播效果，佳能还制作了特别电视节目在电视台中播出，包括集训中的感动故事、激烈的比赛过程、有趣的拍摄花絮等。通过此次大范围的比赛，佳能旗下伊克萨斯品牌取得了深入人心的效果，进而增加了品牌影响力。

三、销售促进的优势和局限

(一)销售促进的优势

促销正在成为推广策略中非常重要的一种方式。在美国过去二十年的时间里营销预算出现了一个重要趋势,那就是从广告转向以赠券等为代表的促销。近年来,美国企业促销费用保持了平均12%的年增长率,而与此相对应的是,广告费用年增长率仅为7.6%①。许多制造企业的促销费用占了50%的营销预算②。美国包装消费品企业74%的营销预算花在了促销上③。在日渐激烈的竞争环境下,销售促销能够比其他推广策略取得更为直接的效果。具体而言,促销具有以下一些推广优势:

1. 鼓励试用

在新产品进入市场时,如果没有一定的促销手段激励消费者进行试购,就很容易导致该产品失败。样品、优惠券等促销方式可以明显提高试用率。

2. 增加购买频次和每次的购买数量

在产品生命阶段理论中,产品进入市场一定时间后,会进入成长期和成熟期。为了争夺市场份额,增加现有消费者的购买频次和购买数量是一种重要的手段。其中,价格折扣、赠品等方式都可以促进消费者的购买。

3. 回报客户并防止客户流失

在众多竞争品牌不断推出新品以吸引消费者的环境下,维持已有客户、防止客户流向竞争品牌是一项重要的工作。赠品、纪念品、价格折扣都可以在一定时间内维持已有的顾客阵营而防止其购买其他品牌的产品。

4. 跨区销售(鼓励客户购买本公司其他的产品或服务)

赠品和联合促销可以将本公司的不同产品组合在一起,推广给已有客户。

5. 扩展品牌的使用市场

吸引对手的现有客户、扩展自有品牌的市场,是增加产品销量的重要策略。企业可以使用样品、赠品、优惠券等方式激励竞争品牌的消费者转而使用自身的产品。

6. 巩固品牌的形象

通常情况下,企业使用广告推广方式来实现品牌形象的建立和巩固。但是,促销推广策略中的竞赛、奖品等工具可以与广告推广相呼应,吸引消费者注意,并增加消费者对品牌的喜爱。

---

① Yeshin, Tony. Sales Promotion[M]. London: Thomson Learning, 2006.

② Mela, Carl F, Kamel Jedidi and Douglas Bowman. The Long Term Impact of Promotions on Consumer Stockpiling Behavior[J]. Journal of Marketing Research, 1998, 35(2):250 - 262.

③ Ailawadi, Kusum L, Scott A Neslin and Karen Gedenk. Pursuing the Value - Conscious Consumer: Store Brands versus National Brand Promotions[J]. Journal of Marketing, 2001, 65(1):71 - 89.

(二)销售促进的局限

销售促进在某种程度上会增加销售额,但有可能并没有使人们信服该品牌的价值。由于销售促进的工具一般是在短期内使用,优惠券、价格折扣等方式都是通过价格因素来吸引并激励消费者购买,这种简单的促销方式往往很难增加品牌的价值。

此外,并非所有的促销活动都是经济合理的。促销活动中,增加的销售额是容易计算的,但全面考量销售促进对企业销售带来的帮助要建立在完整计算活动成本的基础上。赠品的选择、价格折扣的幅度、样品发放的数量等都与企业成本相关。如何能够带来最优的促销效果,需要长期的研究和积累。

通常情况下,促销吸引的主要是寻求最高性价比的客户,而不是具有长期品牌忠诚度的客户。根据80/20法则,企业80%的销售额来自20%的顾客。对于企业来说,如何抓住长期的忠诚客户,即"关键的少数",是积累品牌资产、实现长期发展的关键。而大多数销售促进的工具对实现这一战略目标的帮助十分有限。

第三节　事件营销策略

一、事件营销

事件营销,是指企业通过策划、组织和利用具有新闻价值的人物或事件,吸引媒体、社会团体和消费者的兴趣与关注,以求提高企业或产品的知名度、美誉度,并最终促成产品或服务销售的手段和方式。由于这种营销方式具有受众面广、突发性强,在短时间内能使企业受到广泛注意,近年来越来越成为国内外流行的一种市场推广手段。

二、事件营销的过程

事件营销作为企业利用特殊事件开展营销活动的方式,是一个持续的过程,需要企业进行详细、周密的策划。它主要包括事件选择和制定传播策略两个过程。

(一)选择事件

事件营销是以事件本身为主体而开展的一系列策划活动,其中,事件的选择就是首要的问题,且会对推广结果起到重要作用。根据事件发生的原因,可以分为事件选择和事件创造。

事件选择即搭车策略,是指在有事件存在的前提下,因势利导在事件中嫁接品牌元素。对于这种"事件",则可分为两种类型,一种是可预期事件,譬如北京奥运会的举办时间、地点都已明确,赞助商及其权益清晰透明;另外一种是突发性事件,譬如汶川地震,在毫无征兆的情况下灾难瞬间爆发。

事件创造即所谓造车策略,是指在没有事件存在的前提下,通过周密的策划和设计创造事件,并利用该事件进行营销。

需要注意的是,对事件的选取和利用要切实考虑到事件与企业品牌是否有连接点,这些连接点能否准确地传递广告主的诉求。只有将二者巧妙自然地连接到一起,受众才能把对新闻事件的关注转移到对企业品牌、产品特性的关注上。例如中国移动通信公司利用两起在同一天发生的"移动网络"拯救生命的事件开展了成功的事件营销。其中一起是2002年10月6日,128名中国游客乘坐越南籍游船在越南海失事事件,另一起是来自上海的8名大学生在井冈山原始森林探险迷路事件。这两起事件都是失事人员在关键时刻使用了中国移动公司的全球通手机网络与援救人员取得了联系,才得以被拯救。中国移动利用这两起事件打出了"关键时刻,值得信赖"的广告语,赢得了消费者的肯定,其品牌美誉度也得到了提升。

(二)制定传播策略

在整个事件营销过程中,企业能取得怎样的推广效果,不仅取决于是否选择了合适的事件,更重要的是对于事件的利用是否充分,其中企业对于事件推广所制定的传播策略就是一个决定性因素。因此,企业需要对事件的传播进行全方位的设计。2003年10月17日,在"神舟五号"飞船成功落地后几个小时,"蒙牛牛奶,强壮中国人","举起你的右手,为中国喝彩"等醒目的大幅户外广告出现在北京、广州、上海等大城市的路牌和建筑上,蔚为壮观;蒙牛的电视广告也出现在了全国几十家电视台的节目中;印有"中国航天员专用牛奶"标志的蒙牛牛奶在全国各大超市、卖场中全新登场。这一系列广告无论是从品牌的诉求点与事件的契合度上看,还是从表现形式和发布时机上看,都被营销界称为利用事件营销传播广告的典范。

而在今天,一个成功的传播方案必然要重视网络的力量。目前,网络已经成为全球最方便、快捷的信息传播媒介,同时,受众对网络媒体也越来越依赖。网络媒体凭借传统媒体无法企及的优势,为广告传播中的事件营销注入了新的活力。首先,网络媒体传播方式的虚拟性使广告主在运用事件营销时可以不露痕迹,以网民的身份进行。其次,网络媒体无可比拟的时效性可以使事件营销在短时间内吸引最广泛的受众。第三,网络媒体传播过程的双向性和交互性可以使受众的反馈更加方便快捷。

一个充分利用网络实现推广目的的案例,是可口可乐的网络奥运火炬在线传递活动。2008年3月24日,在第29届奥运会圣火点燃的同时,作为奥运会的顶级和长期赞助商,可口可乐携手腾迅举办的奥运火炬在线传递活动,也于当天晚上7点钟正式开始拉开帷幕。利用网络媒体举办奥运火炬在线传递活动,可口可乐企业成就了普通人传递奥运火炬的梦想,引来了众多网友的关注与参与。130天的活动期内,"火炬在线传递"总共吸引了6000多万网民的参与,这一人数已接近当时中国网民总数的1/4。另外,在活动期内,每天有3000万人关注可口可乐的活动官方网站,腾讯网火炬在线传递论坛中的活跃人数高达218万,访问量高达7256万次,相关讨论热帖达251万个。运用网络媒体进行此次事件营销,时效高、成本低、影响人群面广而精,而且突破了时空和地域的限制,起到了点对点的宣传作用,很好地树立了可口可乐的品牌知名度。

三、事件营销的基本策略

事件的选择和策划是事件营销的根本,无论是搭借可预期的事件,还是突发性事件,企业需要评估四个要素,即产业格局、营销战略和目标、利益相关者的整体情况、当下的舆论环境,而常用的事件营销策略就是结合公益活动和体育事业。

(一)结合公益活动

支持公益活动是企业常使用的事件营销策略。随着社会的发展与进步,人们越来越重视社会公德。当一个公益性事件发生时,往往会引起最广泛的受众关注与支持。通过支持公益活动,企业可以"借势"吸引广大受众的眼球,使社会公众在关注公益活动的同时,关注到该企业及其产品。

另外,企业形象不仅是一个企业规模、效率、管理等技术和经济素质的综合反映,同时,也是其承担社会责任,为社会公众谋福利的重要标志。支持公益活动,是企业表达自己社会责任心的重要方式,并能因此赢得社会公众的认可和支持,从而树立良好的企业形象。

2008 年"5·12"汶川大地震后,王老吉品牌的运作方加多宝集团捐出了高达 1 亿元的善款。此后,王老吉充分利用网络等媒体的力量,把这次公益营销事件在短时间内迅速传播,吸引了大量媒体报道。王老吉品牌不但形成了高曝光率和高关注度,同时大大提升了其品牌美誉度,为后期建立消费者品牌忠诚度打下了很好的基础。

(二)结合体育事业

体育事件是企业进行营销活动的一个很重要的切入点。企业可以通过发布赞助信息、联合运动员举办公益活动、利用比赛结果的未知性举办竞猜活动等各种手段制造新闻事件。由于公众对体育竞赛和运动员感兴趣,他们通常会关注参与其中的企业品牌。同时,公众对于自己支持的体育队和运动员很容易表现出比较一致的情感。企业一旦抓住这种情感,参与其中,就很容易争取到这部分公众的支持。近年来,世界杯营销和奥运营销都是众多大企业积极参与的项目。

2008 年,美的集团作为家电领域的非奥运官方赞助商,利用仅赞助国家游泳跳水队的方式,开展了全方位的奥运营销。作为赞助商权益,美的不仅可以将"中国国家游泳队、跳水队主赞助商"、"中国游泳中心主要合作伙伴"、"中国国家游泳队、跳水队专供产品"这三个称谓应用于产品包装和宣传资料上,并且还获得了国家游泳队、跳水队队员的肖像使用权。另外,美的以 2.1 亿元竞标获得了央视奥运会决赛节目的广告套餐,同时紧扣奥运会决赛颁奖时段与中央电视台共同打造了"美的瞬间"栏目。美的策略性地通过主赞助国家跳水游泳队,切入奥运概念营销,较好地实现了与北京奥运会的关联。奥运会后的一项调查显示,35%的被调查者认为美的赞助了北京奥运会,仅比三星(奥运会 TOP 赞助商、国家体操队主赞助商)低 2%,比海尔(北京奥运会"白色家电"赞助商)低 4%。

四、事件营销的优势与局限

(一)优势

1. 成本低

事件营销是企业通过巧妙地结合重大事件,把事件本身的影响力与自身结合起来,从而吸引媒体和大众的注意力。

2. 增强了品牌能见度,避免了其他信息干扰

在目前的传播环境下,信息传播严重过剩,媒体多元化造成的信息干扰令广告传播大打折扣。而事件营销却能迅速抓住公众的"眼球",确保了信息传播的有效性,以短、平、快的方式为企业带来巨大的关注度。

3. 感情化地把客户与品牌联系起来

在重大事件的联系下,人们不仅对企业有了更多的关注,而且是带有感情地增加了对企业的认识。公益营销和体育营销都可以增加品牌美誉度。

(二)局限

事件营销的最大局限在于难以控制传播过程中的信息。特别是在网络媒体中,信息传播速度快、互动性强。与企业有关的信息在短时间内就能在网上大量传播,其中以正面为主,当然也难免夹杂负面信息。而在这种情况下如何保护企业的形象不受损,就是对企业快速反应能力的考验。

第四节　公共关系策略

一、公共关系的定义

公关关系是指用来影响公众和特定的利益相关者的观点的活动。它的目的就是在组织和利益相关者之间,建立一种积极的友好关系,以达到相互理解。相比较其他的推广策略,公关关系的外延更广,它是组织的一种管理职能,不仅应用于商业组织,也应用于其他种类的组织,如非营利性组织。

近些年来,随着营销环境日益复杂,公共关系作为营销传播工具的地位日益得到提升,逐渐受到企业的重视。公共关系在维持与公众、媒体等利益相关者的良好关系方面的职能是其他推广手段所无法替代的,而实现公关关系的一系列职能则通常需要制定一定的公共关系计划。

二、公共关系计划的种类

为了达到实现组织与利益相关者形成友好关系这一目的,公共关系需要根据不同的目的，制定不同的计划。通常而言从实施的对象出发，公关关系计划主要可以分为以下几类：

（一）公司关系

公司关系是指整体层面上或者战略层面上与公司有关的关系管理。重点是内部关系管理，包括公司的特性、声誉管理、高级管理层的战略顾问。有时还包括一些外部关系，如评论管理、社区关系、政府关系（公共事务）和行业关系。

公司关系管理主要在于日常的维护，其职能在于全面维护公司利益，保障公司与相关机构的友好合作，同时，提出一些建设性的建议以促进这种关系的进展。在维持公司的正常运转方面，公司关系作为一个管理职能发挥着重要的作用。

（二）危机管理

危机管理是指组织应对危机的有关机制，具体指为避免或者减轻危机所带来的严重损害和威胁，而有组织、有计划地制定和实施一系列管理措施和应对策略，包括危机的规避、控制、解决以及危机解决后的复兴等不断学习和适应的动态过程。

根据采取危机管理的主体不同，可以分为政府危机管理和企业危机管理。由于危机事件具有突发性、破坏性、紧急性等特点，对组织的形象危害很大，甚至会危及组织的生存，因此必须引起组织的高度重视。平时加强危机公关意识，注意开展舆情监控，第一时间知晓并妥善处理危机，撤掉危机滋生的温床。在危机发生后，及时制定公关策略，把握平息事件的时机，防止组织受到更多的损失。

企业危机生命周期理论认为，危机有如人的生命周期一样，需经过诞生、成长、成熟到死亡等不同的阶段，而不同阶段具有不同的危机特征。关于危机生命周期，有不同的划分方法。在这里只介绍危机生命周期的四阶段理论，具体是指危机潜伏期、危机发生期、危机总结期及危机平息期。在不同的阶段，企业要针对性地制定应对措施。

1. 潜伏期

识别和预测企业内部和外部环境中存在的，将来可能产生危机的一些薄弱环节和不确定因素，并采取有效行动和手段预防危机的发生，对处于潜伏期阶段的危机进行预防管理是危机管理的重点。现实中，建立高度灵敏的危机信息收集和监测系统是很多企业都欠缺的薄弱环节。

2. 发生期

企业危机一旦由隐性状态转变为显性状态，就进入到了危机爆发期。危机发生后，企业应快速启动危机处理系统，协调人、财、物等各种资源，果断采取有效措施，快速反应，沉着应对，并积极争取媒体的支持。此外，充分发挥公证机构或权威性机构的作用，往往也能起到解决危机的作用。

3. 总结期

危机总结阶段是对企业危机发生的原因及危机爆发前没有能及时采取有效措施预防危机发生的原因进行分析，并对企业危机管理的薄弱环节进行改进。危机总结是危机管理的重要一环，危机总结可以提高企业预防和处理危机的能力。

4. 平息期

危机平息阶段企业危机管理的目标是在危机中学习吸取教训，要尽快恢复正常的生产经营活动，防止未处理完的危机因子的再生，重塑企业形象，重新取得消费者、政府、新闻界及社会公众等方面的信任，弥补由于危机而产生的各种负效应。如针对危机过程中的企业形象受损情况，企业可开展一些能弥补企业形象缺损，恢复企业形象的公共关系活动。通过新闻媒体向公众传达企业的信息，以实际行动表明企业重振雄风的决心和期待公众支持的愿望。

（三）营销公关

营销公共关系（marking public relations，简称 MPR）是指为了支持公司或产品推广、塑造形象，以配合实现企业营销目标的公关关系。这一概念是 20 世纪 80 年代由美国西北大学的托马斯·哈里斯（Thomas Harris）教授提出，可以看作是营销需求日益增强的背景下传统公共关系的一种改变，或者是营销与公关的一种结合。

多年来，经过公关理论界和企业的实践，营销公关不仅在理论方面有了长足的发展，而且在实际运用方面也日益成熟。作为企业实现营销传播的重要工具，营销公关可以帮助企业提高知名度、满意度，争取消费者对公司的理解、信任，最终激发消费者的购买行为。

国外很多成功企业充分利用了营销公关具有的信息传播和品牌传播的权威、公正、客观的特点，多角度地提升企业品牌价值。不仅开展了宣传产品、赞助活动、举办记者招待会等以营销为目标的公关活动，还开展了邀请媒体参观采访、支持往来厂商及其业务、公众事务运作等活动。相比而言，国内大多数企业对于营销公关的利用还处在摸索阶段，存在诸如公关工具比较单一、营销思路相对狭窄等问题。

（四）媒体关系

媒体关系是指企业向媒体传播信息以提高企业的知名度，并培养与重要的记者和编辑的相互信任关系。一方面，传播学的基本原理说明，大众媒体作为普通消费者接触外界信息的主要渠道，有监测社会、赋予社会地位等功能；另一方面，企业信息、产品信息主要是通过媒体传达给消费者。基于此，企业和媒体关系的重要性就显而易见了。媒体对于任何一个企业来说，都是重要的利益相关者。

公共关系计划中的一个重要方面就是与媒体培养一种相互信任、相互依赖的关系。经常不断地给媒体，最好是给相对固定的记者提供新闻信息和材料，这是媒体公关的关键，也是与媒体保持长期、友好、稳定关系的最有效手段。

（五）雇员关系

公关关系计划中的雇员关系主要是指内部传播计划，目的是使员工了解有关信息并保持员工士气，其中包括员工劳动关系计划。和谐的雇员关系能培养雇员的忠诚，从而促进企业的健康发展，而不稳定的雇员关系很可能成为企业的隐患。

雇员关系不仅关系到企业内部的和谐稳定，同时也是企业进行内部营销的重要部分。在企业实施营销的过程中，培养具有营销意识的雇员是一个重要环节。瑞典的一位学者克里斯琴·格罗路斯在1981年就指出，公司实施营销导向的关键问题，就是要培养公司经理和雇员接受以顾客为导向的观念，而这一工作比为顾客开发有吸引力的产品和服务更为棘手。

三、公共关系的工具

公共关系所使用的工具非常丰富，包括新闻发布、出版物、年度报告、企业评论或倡导式广告、影像、展示、公共旅行、记者参考资料、记者招待会、媒体事件、公共发言、会议和电视会议、网站、电子邮件等。

（一）新闻报道

新闻报道是最常用的公关工具。通常情况下，企业的公关稿件可以被新闻单位采用，信息必须实事求是、真实可靠，同时包含媒体和受众感兴趣的内容，需要具有一定的新闻价值。此外，企业还有另一个方法，即自己制造新闻让媒体单位自主进行报道。

例如广州的一家街道工厂就采用了这种方式，用制造新闻的方式在《羊城晚报》上刊载了一篇新闻报道。几年前该厂生产了一种质量很好的灭蟑药笔，起先在当地市场上一直没有打开销路。厂家两个宣传人员在《羊城晚报》编辑部的地板上放了一个纸盒，声称要为记者、编辑们做一个现场表演。他们用一个粉笔头在纸盒周围画上了一个白圈，然后不顾编辑记者们生气，厂家人员打开纸盒，放出了十几只蟑螂。后来厂家工作人员解释了事情的原因，并留下了几十盒产品。第二天，大家发现前一天的蟑螂全部都爬出来死掉了。如此一来，记者们不仅把厂家带去的灭蟑药笔分光了，还有感而发写了一篇《死给你看》的新闻。随着新闻的发布，成千上万的订单像雪片一样飞到厂家，从此，销路一下子打开了。

（二）新闻发布会

一般情况下，在企业有重大成果、重大突破、紧急情况或发生其他一些比较有影响的事件时，企业才会采用新闻发布会的方式。由于新闻发布会容易引起广泛的注意，企业通过这种方式来发布信息往往会起到比较好的效果。召开大型的新闻发布会，企业通常需要与专业的公关公司合作。

（三）采访

在媒体进行内容制作时，结合自身选题的需要，对个别企业的相关负责人进行采访，是一种较为隐蔽且有效的方式。特别是个人专访，对于解决企业面临的危机问题，有非常大的帮助。

总之，综合利用各种公共工具，为企业的营销活动服务，能够起到非常好的作用。以伊莱克斯为例，该企业不断地通过记者采访、新闻报道、专题介绍等方式，传播伊莱克斯拥有同行业中的最新技术、能够引导行业未来走向以及伊莱克斯规模化生产带给消费者的实质性回报等良性信息。同时，伊莱克斯高层还频频出席各种财富论坛、行业高峰会、企业对话、专题会议等，制造有关伊莱克斯的种种话题，不断创造新闻给传媒与民众。通过出色的营销公关，伊莱克斯从多角度、多方面、多方位地向社会展示出一个成熟企业的魅力。成功的营销公关使伊莱克斯在公众心目中形成：全球家用电器市场的实力派公司，不断探索技术进步的责任型企业的印象。伊莱克斯借助营销公关的传播，成功地将企业从一个专业性的行业品牌演变成一个具有广泛影响力的大众化品牌，并借助这种品牌影响力，顺利地将其品牌延伸到更多领域，创造了新的利润增长点。

四、公共关系的优势与局限

充分认识公共关系的优势与局限，是真正使用好公共关系策略的要求，也是企业把公共关系与其他推广手段相结合的需要。

(一)优势

1. 为企业及其品牌缔造一种受欢迎的气氛

为了在消费者心目中留下正面的、美好的印象，进行长期的公关活动是必要的。通过各种方式的、长期的、第三方发布的关于产品的正面信息，可以营造出产品和品牌广受欢迎的气氛。

2. 帮助提升品牌的信誉和可信性

因为利用公共关系营销策略，不像广告那样容易使消费者有抵触心理，所以往往被认为信息更具可信性。因此通过公共关系策略较易建立品牌的信誉。

3. 便于接触那些难以接近的目标消费者

广告推广依靠大众传播媒体，可以广泛到达大多数消费者，但是由于很多人对广告的排斥心理，这种方式也会漏掉许多目标消费者，而公共关系中的新闻报道就可以作为重要补充。

4. 可以有效控制成本

由于新闻报道和采访是免费进行的，所以公关关系的成本很低，而且较易进行成本的自我控制。

(二)局限

1. 控制力有限

由于新闻报道等公关工具是由企业之外的机构来进行的，所以信息发布的时间安排和内容的准确性都不是企业可以绝对控制的。然而，信息发布的时机，有时候对于品牌来说却是至关重要的。

2. 影响很难测量

公关所发挥的作用和影响是不容易被量化的。而定义每一次使用公关工具的目标是容易进行的，但是仅靠媒体展露数量等指标不能完全体现公关的作用。可以在知名度、消费者的理解力、记忆力方面，进行相关的调查，但仍然会有很多不能被量化的问题。

3. 媒体报道量的局限

利用媒体发布企业的正面信息是公关的最主要手段，但是，这种信息的发布量是非常有限的，从而也就限制了它的效果。

第五节　整合营销传播策略

一、整合营销传播

根据营销学家汤姆·邓肯的定义，整合营销传播是一个提高品牌价值、管理顾客关系的过程。具体来说，就是通过战略性的控制或影响相关群体所接受到的信息，鼓励发展数据导向，有目的地和他们进行对话，从而创造并培养与顾客和其他利益相关者之间的可获利关系的跨职能过程。

整合营销传播的中心思想是：围绕品牌，发出同一个声音，组合并协调使用各种营销传播工具来满足顾客需求。在这种理念下，营销即是传播，市场营销要通过对消费者进行有效的、统一的传播来提供符合要求的交换，最终目的是要建立与利益相关者之间的良好关系。这样一来，就改变了传统市场营销以交换为中心的定义，转变为以关系为中心，建立、维护和发展与顾客之间的长期关系成为整合营销传播的目的。

自20世纪80年代后期，整合营销传播开始兴起以来，经过不断发展，目前，作为一种“新的营销传播战略”，整合营销传播已经被广告公司、公关公司普遍应用。

二、整合营销传播的核心

（一）整合营销传播的关键点

自从提出整合营销传播以来，这一最新的营销传播概念的表述就总会有些变化，但它的关键点始终是：消费者是所有营销传播活动的中心，传播是所有关系的核心，要同时考虑整合与协同效应，整合营销传播既是一个概念也是一个流程，整合营销传播是一个循环过程，整合营销传播的实施要因地制宜，逐步展开。

（二）整合营销传播的工具

企业实施整合营销传播的工具主要包括广告、公关、销售促进、事件赞助、直销和人员销售五种。

这五种营销工具有各自不同的作用和地位：广告是建立广泛认知的工具；公关是企业信用的缔造者；销售促进在直接促进销售量增长的同时，也是对品牌信息的强化；事件赞助是建立体验营销的工具；直销和人员销售则是建立双向沟通的不可替代的工具。企业要根据所处行业的特点和企业自身营销资源的优势，加以综合利用，从而取得最好的营销效果。

三、规划品牌信息

规划品牌信息是实行整合营销策略的重要环节。在开展整合营销传播策略之前，各种渠道所传递的品牌信息是杂乱无章的，而从整合营销传播的角度出发，只有对品牌信息进行统一管理，才能实现“一个声音”的目的。

消费者可以接触到的品牌信息主要包括：计划信息、产品信息、服务信息和非计划信息。

（一）计划信息

计划信息是指由广告、促销、人员销售、新闻发布、事件、赞助、包装以及年报等传递出的营销传播信息。消费者不是计划信息的唯一接收者，公司也会使用这些信息来解答雇员、投资者或者其他股东关注的问题。计划信息的发布有多种方式：新闻发布会、演讲、年报、招聘广告、销售会议、工资单上的通知、布告牌（在线或在墙上）、时事通讯以及企业网站，其中企业网站是新媒体时代传递计划信息的重要平台。

（二）产品信息

产品信息是指由产品的设计、功能、定价和分销等传递出的所有信息。例如，UPS 物流企业认为，干净的货车可以传递一个专业服务水准的信息，所以它专设了一个固定地点每晚清洗送货卡车。

（三）服务信息

服务信息是指从与一个公司的业务代表、接待人员、秘书、送货人员以及公司其他成员的接触中获得的信息。服务信息通常是一个公司和消费者之间个人的、实时的界面，并且正是服务信息加强了两者的关系。与销售人员和服务代表交谈会比看该公司的广告更能影响消费者，因为互动的沟通更具个性化，因此也更具说服力。

（四）非计划信息

非计划信息是指包括与品牌有关的或者与公司有关的新闻故事、流言、谣言、特殊利益群体的活动、交易的评价和竞争者的评论、政府机构或研究所的发现以及口头传闻。公司希望这些非计划信息是正面的，但是这样的信息很难控制，因为它们来自于公司外部。非计划信息的来源可能是公司的专家（如员工）、公共利益保护者（如特殊的利益群体、媒体、政府机构），也可能是与公司没有利益关系的第三方（如朋友、协会、媒体）。

四、客户关系管理

客户关系管理(CRM)是指企业管理个体顾客详细信息的过程,把目标对准顾客忠诚的最大化。菲利普·科特勒指出,客户关系管理是企业吸引和维系顾客的关键。

维系良好顾客关系的原则包括:跨部门地进行有关计划和管理顾客满意度的维系过程;在所有业务决策中听取顾客的意见;为目标市场创造优良的产品、服务与体验;在了解顾客个人需要、偏好、联系方法等的基础上,组织信息数据库;使顾客能便利地与公司打交道,并表达他们的需要、想法和抱怨;建立相应的员工奖励方案。

例如,特易购(Tesco)超市连锁店就是通过建立良好客户关系而实现企业发展的典范。目前,Tesco 连锁店年收入超过 200 亿英镑,是世界上最成功的百货店之一,在 2008 年成为仅次于沃尔玛、家乐福和家得宝的全球第四大超市集团。它同时也是世界上最成功的和最赚钱的网上商城之一。Tesco 如此成功的原因在于:1994 年,Tesco 在一个数据分析公司的协助下,开始利用会员卡持有者提供的数据来了解客户的价值、行为和需求。Tesco 把客户分成了严格界定的相关营销群体。公司用控制价格、产品和促销活动,来适应不同的客户群。

五、整合营销传播的困境

在国内的营销市场上,整合营销传播的概念从引入到发展已经有一段时间了,但是企业在实践这一理论时,仍然有一些困难需要解决。

(一)数据库难以建立

客户信息是执行整合营销计划的关键。消费者的需求和偏好是不断变化的,企业信息管理要适应这种动态的需求变化,通过调查信息和消费者购买情况分析购买行为、预测需求变化趋势,从而为产品拥有更高市场占有率提供策略调整的参考,同时为新产品开发收集信息。因此,企业需要利用信息技术建立一个完整的数据库,并及时更新、完善,只有这样才能够制订富有针对性的传播策略,从而与消费者建立长久的关系,保持与消费者的沟通互动,找出那些对企业而言最有价值、最可能给企业带来利润的客户。

但是,目前国内企业对客户信息的掌握管理技术还很落后,一方面是缺乏信息资料来源和必要的资金投入、计算机技术能力有限;另一方面也是因为中国特殊的国情,大多数人在不十分必要的情况下都不愿透露自己的私人信息,比如联系方式、月收入等,所以,即使企业有非常符合他们期望的产品,可能也无法在第一时间联系到这些最有可能购买的客户。因此,建立一个高质量、可利用率高的客户信息数据库相当困难。

(二)缺乏实时员工评估机制

整合营销传播分为五个步骤,每个步骤都是紧密相联、环环相扣,每一步的执行效果如何都直接关系到下一个步骤的完成情况质量。整合营销传播相当重视对内传播,也就是重视员工,认为只有创造良好的工作氛围、提供有吸引力的薪酬才能激发他们的工作热情,提高员工的忠诚度,保持较低的流动率,这就需要建立一个奖励机制。但是整个整合营销计划工程庞大、繁杂，涉及的部门、人员较多，要建立一个对每位成员表现都适用的评价标准就很困难。但是，如果没有这样一种机制，每个步骤的执行效果如何也没有实时的反馈评价，那么，在哪些人员负责的哪一部分出现了问题也就无从得知，这样不利于高质高效地完成整合营销计划。那些为整个计划付出了最多努力，作出了最大贡献的员工，因为没有得到该有的肯定与奖励，很有可能在下一次的计划中降低积极性。

（三）企业内部整合

整合营销传播实施必须依靠一个开放的组织支撑，而整合企业内部各职能部门对中国企业而言是一项艰巨的工作。汤姆·邓肯在分析整合营销传播为何不能够发挥最佳效用时，也指出了组织架构障碍这一原因。中国企业的组织架构通常是传统的金字塔结构，在很大程度上阻碍了整合营销传播的执行。营销部门作为企业的其中一个职能部门，没有足够的权力制订全盘的整合计划，无法指挥各部门的协作整合，因此在整个过程中常常是各部门各自为政，都把自己部门作为计划的核心，造成了资源不能被合理利用，营销效果大打折扣的结果。

本章小结

推广是将信息送达至目标人群的过程。广告策划的全部目的在于通过策略性的活动或方案，广泛地影响目标人群，以达到一定的目的。如果没有信息在目标人群中的推广过程，那么，前期所有的工作只能是闭门造车，由此可见广告推广策略的重要性。要想能够利用有限的资金，更好地实现策划的目的，企业就离不开对各种推广工具的充分利用。本章主要介绍四种大众传播工具：广告、销售促进、事件营销和公共关系。

广告推广是指由明确的主办人发起，通过非人员介绍的方式展示和推广商品或服务的信息传播活动。通常来讲，一个完整的广告推广过程至少要包括五项主要决策，也就是5M：任务（mission）：广告目标是什么？资金（money）：要花多少钱？信息（message）：要传送什么信息？媒体（media）：使用什么媒体？衡量（measurement）：如何评价结果？

常见的促销工具有优惠券、价格折扣、赠品、抽奖和竞赛、现金回扣、样品、纪念品、联合/组合促销等多种类型。促销具有鼓励试用、增加购买频次和每次的购买数量、回报客户并防止客户流失、跨区销售等优势，但正是因为促销是一种短线诱因，它在维护品牌价值、增加客户长期品牌忠诚度方面，有一定的局限性。

事件营销是指企业通过策划、组织和利用具有新闻价值的人物或事件，吸引媒体、社会团体和消费者的兴趣与关注，以求提高企业或产品的知名度、美誉度，并最终促成产品或服务的销售的手段和方式。事件营销包括选择事件和制定传播策略两大方面。

公关关系是指用来影响公众和特定的利益相关者观点的活动。它的目的就是在组织和利益相关者之间创造一种积极的友好关系以达到相互理解的目的。根据需要不同，公共关系计划分为公司关系、危机管理、营销公关、媒体关系和雇员关系这几大类。近年来，随着营销环境日益复杂，公共关系作为营销传播工具的地位日益得到提升，逐渐受到企业的重视。

自从20世纪80年代后期,整合营销传播开始兴起以来,已经经过了一段时间的发展。目前,作为一种“新的营销传播战略”,整合营销传播已经被广告公司、公关公司普遍地应用。关于整合营销传播,需要把握关键点和工具,同时也应该注意思考如何结合中国的实际情况进行运用。

一、思考题

1. 根据广告策划的内容,思考广告推广策略的基本内容和过程。
2. 广告推广有哪些优劣势?
3. 促销推广策略具有哪些手段和方法?
4. 事件营销与公共关系营销策略有哪些内容?
5. 试结合具体广告案例谈谈对整合营销传播策略的认识。

二、课外资源

1. 丁俊杰、康瑾著:《现代广告通论》,中国传媒大学出版社2007年版

2. 张翔、罗洪程编著:《广告策划——基于营销的广告思维架构》,中南大学出版社2003年版

3. 黄升民、段晶晶著:《广告策划》,中国传媒大学出版社2006年版

4. [美]凯文·莱恩·凯勒著:《战略品牌管理》,中国人民大学出版社2008年版

5. Yeshin, Tony. Sales Promotion[M]. London: Thomson Learning, 2006

6. Mela, Carl F, Kamel Jedidi and Douglas Bowman. The Long Term Impact of Promotions on Consumer Stockpiling Behavior[J]. Journal of Marketing Research, 1998, 35(2):250-262

7. Ailawadi, Kusum L, Scott A Neslin and Karen Gedenk. Pursuing the Value-Conscious Consumer: Store Brands versus National Brand Promotions[J]. Journal of Marketing, 2001, 65(1):71-89

CHAPTER 13

第十三章

广告媒体策略

从早晨睁开眼的那一刻起，不论你是习惯性地检查自己的手机，还是拿起了遥控器，或是开始读报看杂志，抑或是急匆匆地去挤公交地铁，总之，此时你的媒体之旅已经开始了。随着分众化趋势的加剧，越来越多的载体被开发出来成为一种媒体，这个世界开始变得像麦克卢汉描述的那样，媒体成为了人的延伸，媒体通过人的各个感官将信息传达给受众。广告信息正是通过媒体来接触受众的，媒体是广告内容得以传播的重要途径，在当前复杂的传媒环境中，广告媒体在广告策划中占据了比以往更加重要的位置。

第一节　广告媒体测量与分析

我们所熟知的“媒体”的内涵在三网三屏的氛围下得到了更好地延伸，那些能够为广告传递信息的载体，我们都将其划归为大广告媒体的行列，其中每种广告媒体都有自身的特色和适用的不同情境，因此，只有对各类广告媒体进行测评和分析，才能按照广告主的目的和受众群的特点来选择合适的媒体。

一、广告媒体形式分析

在三网融合的大背景下，各类媒体为了顺应潮流衍生出了多种形态。除了原有的报纸、杂志、电视、广播四大传统媒体外，互联网媒体、手机媒体等都成为了广告媒体的一种形式，同时，传统媒体也开发出了多种新的媒体形式成为新的广告传播载体，表 13-1 是中国当前主要媒体近几年的广告投放情况，从中可以看出，电视媒体仍然是广告的主要投放媒体，互联网媒体的投放上升比较明显，广告投放多元化更加明显，广告主现在已经摒弃了过去“央视崇拜”的观点，在具体的媒体操作中会选择适合自己的媒体。下面我们就来了解一下当前主要媒体的广告形式及其特点。

表 13-1　中国当前主要媒体近几年的广告投放情况

媒体花费净值（百万人民币）	2001 年	2002 年	2003 年	2004 年	2005 年	2006 年	2007 年	2008 年	2009 年	2010 年
电视	26, 089	36, 283	52, 564	69, 473	86, 940	109, 554	127, 532	150, 492	159, 220	169, 411
广播					2, 330	3, 874	5, 050	6, 615	7, 607	8, 520
报纸	8, 533	11, 755	15, 611	20, 259	21, 367	23, 025	24, 573	27, 594	26, 214	27, 263
杂志	513	776	1, 379	1, 774	2, 180	2, 762	3, 281	4, 048	4, 251	4, 463
户外	8, 330	9, 970	11, 350	11, 700	15, 400	19, 026	20, 833	28, 723	30, 159	33, 175
互联网	460	610	1, 310	2, 340	4, 070	6, 050	10, 610	17, 000	20, 451	27, 609
其他数字媒体（包括液晶电视）						2, 132	4, 275	6, 014	6, 615	8, 937
媒体总花费（百万人民币）	43, 925	59, 394	82, 214	105, 546	132, 287	166, 423	196, 154	240, 486	254, 518	279, 378

年增长率（%）	2001 年	2002 年	2003 年	2004 年	2005 年	2006 年	2007 年	2008 年	2009 年	2010 年
电视	28. 6	39. 1	44. 9	32. 2	25. 1	26. 0	16. 4	18. 0	5. 8	6. 4
广播						66. 3	30. 4	31. 0	15. 0	12. 0
报纸	15. 2	37. 8	32. 8	29. 8	5. 5	7. 8	6. 7	12. 3	5. 0	4. 0
杂志	31. 2	51. 3	77. 7	28. 6	22. 9	26. 7	18. 8	23. 4	5. 0	5. 0
户外		19. 7	13. 8	3. 1	31. 6	23. 5	9. 5	37. 9	5. 0	10. 0
互联网	41. 5	32. 6	114. 8	78. 6	73. 9	48. 6	75. 4	60. 2	20. 3	35. 0
其他数字媒体（包括液晶电视）							100. 5	40. 7	10. 0	35. 1
媒体总花费年增长率（%）	43. 2	35. 2	38. 4	28. 4	25. 3	25. 8	17. 9	22. 6	5. 8	9. 8

媒体份额（%）	2001 年	2002 年	2003 年	2004 年	2005 年	2006 年	2007 年	2008 年	2009 年	2010 年
电视	59. 4	61. 1	63. 9	65. 8	65. 7	65. 8	65. 0	62. 6	62. 6	60. 6
广播					1. 8	2. 3	2. 6	2. 8	3. 0	3. 0
报纸	19. 4	19. 8	19. 0	19. 2	16. 2	13. 8	12. 5	11. 5	10. 3	9. 8
杂志	1. 2	1. 3	1. 7	1. 7	1. 6	1. 7	1. 7	1. 7	1. 7	1. 6
户外	19. 0	16. 8	13. 8	11. 1	11. 6	11. 4	10. 6	11. 9	11. 8	11. 9
互联网	1. 0	1. 0	1. 6	2. 2	3. 1	3. 6	5. 4	7. 1	8. 0	9. 9
其他数字媒体（包括液晶电视）						1. 3	2. 2	2. 5	2. 6	3. 2
媒体份额总计	100	100	100	100	100	100	100	100	100	100

（资料来源：《群邑中国：中国媒体行业预测 2009 年下半年》）

(一)报纸媒体

报纸媒体是广告媒体中历史最悠久的一个,在1883年创刊的《东西洋考每月统计传》中就曾刊登过商业信息及商业广告类的信息,成为中国境内报刊刊登广告的发端者①。在广播、电视,特别是电视出现之前,报纸是广告主最为青睐的媒体。但在电子媒体出现之后,加上其他各种媒体的竞争,报纸在广告投放中的位置急剧下降,从表13-1中就可以看出,报纸广告的投放份额已经从2001年的19.4%跌倒了2009年的10.3%,当然,报纸广告这种形式不会消失,并且随着报纸媒体数字化的推进,报纸媒体广告的发展还有可能会有逆转。

1. 报纸广告的形式

报纸广告主要分为报花、报眼、半通栏、单通栏、双通栏、半版、整版以及跨栏等形式。

报花广告版面一般很小,创意空间有限,只能重点突出品牌或企业名称、电话、地址及企业赞助之类的内容。报眼广告是指在横排版报纸报头一侧的版面广告,版面面积不大,但位置很重要,比其他版面广告注意度要高。半通栏广告版面较小,从广告中脱颖而出有一定的困难,所以这种类型的广告对文案有更高的要求。单通栏广告是广告中最常见的一种版面形式,符合人们的正常视觉。双通栏广告在版面面积上,它是单通栏广告的2倍,广告文案的发挥空间比较大,各种适合报纸的广告表现形式和语言风格都可以在此使用。半版广告与整版和跨版广告,均被称之为大版面广告,一般是较大广告主的投放形式,最近几年房地产等大型企业的促销常采用这种广告形式。整版广告是我国单版广告中版面最大的,如何有效地利用整版广告的版面空间,创造最理想的广告效果是这类广告的重要任务。而跨栏广告是最具特色的报纸广告形式,能够使广告体现出更多层次。

2. 报纸作为广告媒体的特点

(1)传播范围广

报纸虽有全国性和地方性的报纸之分,但是由于现在交通便利,报纸媒体能够发送到全国各地甚至其他国家,因此,广告信息也就能够随着报纸的传送,传播到世界各地。同时由于报纸可以进行传阅,所以传播范围也在二次传播中得到进一步扩大。

(2)报纸广告有效时间长

由于报纸是纸质媒体,读者可以进行重复阅读和传阅,读者甚至可以将所需要的信息保存下来,在需要的时候可以将之前保存的信息拿出来再次使用和传播。

这样的例子很多,比如很多人将报纸的某一版块或是某一页剪切下来粘到日记本上,这样广告信息也就被保留了下来,当此资料再次被利用时,广告信息也就随之再次得到人们关注。

(3)受众关注度高

报纸的受众在阅读的时候是主动行为,因此受众的集中注意度就比较高,而由于报纸的信息和广告信息是相互混杂的,因此,广告信息不容易被读者跳过。

---

① 丁俊杰、黄升民、刘英华主编:《中国广告图史》,南方日报出版社2006年版。

(4) 可信度高

由于许多报纸都经常为政府或社会团体发布公告，这在无形之中提高了报纸的社会地位，使之更具权威性，从而对公众能产生强大的影响力，增加了读者对报纸的信任。于是，报纸广告也就被赋予了权威性意义，可以大大地加强读者对广告内容的信任。报纸的新闻性和准确可信度，是其他媒体无法比的。

(5) 展现形式单一

报纸只是通过文字和图片来传达信息，而报纸的呈现质量又远不如杂志的呈现质量，更不及互联网和电视等多媒体组合的效果，所以报纸广告的创意表现严重受到纸质媒体展现形式的制约，因此很多需要表现质感的产品不适合在报纸媒体上投放广告。

(二) 杂志媒体

杂志媒体和报纸媒体一样，都是受新媒体冲击比较厉害的媒体形式。杂志面对此冲击除了选择开拓其他盈利方式外，还要大大加强自身品牌的建设，在对自身的内容进行精雕细琢的同时，应更加突出专业化特色。

1. 杂志广告的形式

杂志媒体一般提供封二、封三、封底、内页整版、内页半版等几种形式的广告版面。此外，杂志媒体开发了赠品广告，即利用包装在杂志内夹带产品的试用样品的广告形式以及特约栏目广告等。

2. 杂志作为广告媒体的特点

(1) 专业化程度高，受众针对性强

杂志媒体为了在艰难的媒体环境中生存，多采用针对细分市场的专业化定位，这样导致杂志的读者较为集中，广告主可以根据需求选择目标人群投放广告，从而有效地节约成本。目前做得比较好的杂志都是有自己特定的读者群的，如《国际广告》主要是针对传媒人群，《汽车族》主要针对的是爱车一族。只有这样的专业化，才能使杂志这种媒体将自己能够解释说明详细信息的特点最大化地发挥出来。

(2) 便于保存和再次翻阅

杂志广告作为纸质媒体，同样可以进行反复和长久阅读，尤其是那些读者较为感兴趣的读物，读者会选择将其储存，那么广告信息也就一并被储存了起来，可以反复出现，同时由于读者在阅读时注意力较为集中，因此，读者可以仔细了解广告内容，使传播效果更为持久。

(3) 读者素质较高

杂志一般为专业阅读物，其读者对专业的知识都有深入的了解，所以在这几种媒体中，杂志的读者素质较高，而一般这些具备一定专业素养的人群也具备相对较强的购买力，这也暗示了杂志的消费潜力巨大，这也正是某些奢侈品品牌的广告主选择专业杂志作为投放媒体的原因。

(4) 印刷精美，吸引力强

杂志媒体的材质要好过报纸媒体，比大型的户外媒体表现得更加精美，能够调动各种创意元素，目前又出现了3D 杂志，使杂志广告的表现形式又得到了丰富。

广告主也正是看中了杂志媒体的良好展现方式，尤其是各个行业的比较高端的品牌一般都会选择一定的专业杂志进行广告投放，因为杂志不仅能够通过文字详细地展现产品特点，同时，精致的图片能够提升品牌的美誉度。

(5) 出版周期长

杂志媒体一般都是月刊或是半月刊，相对于秒秒都在更新的互联网，杂志媒体只能望而兴叹。由于杂志媒体的出版周期长，所以很少有促销广告在杂志上刊登，杂志媒体更适合于对产品的长期宣传推广，尤其是在新产品的介绍上有很大的优势。

(6) 覆盖范围较小

为了生存，杂志媒体一般都精耕细作于某一领域，同时又受到发行周期的限制，一般覆盖范围都较小。广告将会随之受到很大的限制，在新产品初期的知名度打造上，杂志媒体能作出的贡献较小。

(三) 广播媒体

广播媒体虽然也面临着各种新媒体的冲击，但是我们从上面的数据中发现虽然广播媒体市场分额并不大，但是市场份额的波动也很小，这得益于广播媒体在不断探索自我救助的方式，全国 200 多家交通广播电台联合打造统一播出平台就是一种方式，节目在统一中又有各地的特色，因此广播媒体的广告投放费用维持在相对稳定的水平。

1. 广播广告的形式

广播广告分为插播式、冠名、广告节目等多种形式，有 30 秒、15 秒、5 秒等规格。目前广播节目里也有很多隐性广告的存在，如很多广播电台都在情景剧、专题、资讯中置入广告主信息。这些形式能够让听众更容易接受，进而达到更好的传播效果。

2. 广播作为广告媒体的特点

(1) 即时性强

广播媒体是所有媒体中传播速度最快的一种媒体，虽然目前这种优势并未得到完全的展现。

(2) 费用低廉

广播广告的制作不需要画面，只是对声音和广告文案的创作和加工，制作工序简单、费用低廉。同时，由于广播广告制作简便，因此可以根据需要修改广告内容，从而可以更加有效地利用广播的及时性特点。

有些广播电台为了与广告主建立长期的合作关系，还会提供其他附加服务，例如北京电台为广告主提供培训活动，这些都在一定程度上降低了企业的广告成本。

(3) 受众广泛

广播不受空间和时间的限制，覆盖地域极广，可以覆盖到整个国土，不论城市、乡镇都可以听到广播节目，甚至在偏远的山村都有广播信号。广播媒体的受众也是各类媒体中最为广泛的，只要有一定的听力，就可能成为广播广告的受众。

(4) 便携性强

广播是一种可以作为私人物品，随身携带的媒体。收音机体积较小，重量较轻，尤其是可以有伴听的效果，受众可以在收听广播信息的同时做其他事情。目前很多老年人仍有出门携带收音机的习惯，此外很多地区的大学生在互联网和电视受限的情况下也将广播作为一种重要的媒体资源。

（四）电视媒体

电视媒体是一种传统的广告媒体形式。2009 年，电视以占媒体总花费高达 63% 的份额位居中国媒体广告投放的主力位置。①

1. 电视媒体的种类

根据技术的不同，我国电视媒体目前主要包括有线电视、无线电视、卫星电视以及图文电视、数字电视等。技术的发展在不断推动电视媒体的前行，美国早在 1997 年就进入了数字电视时代，而我国目前也在推行数字电视。

有线电视和卫星电视目前是电视服务中的基础服务，有线电视运营商各地不同，北京地区主要是歌华有线在运营，而杭州地区则是华数在运营。

根据节目覆盖面的不同，电视台可分为国家级电视台和地方电视台。中国的国家电视台即是中央电视台。央视的地位从央视黄金时段招标的情况就能看出些端倪，央视标王素有中国经济晴雨表和行业风向标之称。即使是在经济不景气的 2008 年，标额仍达到 80. 2861 亿元。

而地方性媒体在中国主要是指省级卫视和地市电视台。目前省级卫视的广告收入受到互联网等新媒体的冲击明显，多个省级卫视的广告收入有下滑趋势。而地市电视台的生存压力更是巨大，目前各个电视台都在试图打破以往依托电视剧招揽受众的方式，大量生产自制特色节目，仿效湖南卫视，打造自制栏目以及自制剧，节约生产成本的同时打造自身的品牌特色。目前，国内多家省级卫视都拥有自己的特色栏目，如江苏卫视的《非诚勿扰》、东方卫视的《壹周立波秀》等，北京卫视更是别出心裁地推出了《解梦红楼》专题节目，充分利用了电视剧的资源。

2. 电视广告的形式

电视广告主要分为特约播映广告、冠名节目广告、插播广告、广告节目等。其中，广告规格有 60 秒、30 秒、15 秒、5 秒等，其中，央视独创了 7. 5 秒的广告形式。由于电视媒体的资源有限，所以电视媒体对广告的管理和收费都比较严格。

3. 电视作为广告媒体的特点

广告目前仍是大多数电视台的主要收入来源。电视台开发各种内容的主要目的在于吸引受众，从而以获得更多的广告收入。那么，电视作为广告媒体有哪些特点呢？

(1) 多种呈现方式合一，承载丰富内容信息

电视作为广告媒体的一大特色就是能够承载丰富的信息。不仅能够传达文字信息，同时还能够传达产品的视觉信息，能够带给受众视觉、听觉等多种体验，因此能够直观地展示产品的各种属性。

(2) 覆盖面广

电视在我国的普及率很高，早在 2003 年央视市场研究公司发布的《全国卫星频道覆盖

---

① 群邑中国官网报告：《中国媒体行业预测 2009 年下半年》。

率普查》中就显示,2003 年全国电视观众总户数就已达到 3.06 亿户,电视观众总人口数达到 10.7 亿人,全国平均电视机普及率达到 85.88%。

(3)可信度较高

相对于互联网、手机等个性化媒体,目前电视媒体的内容受到更多的监控和管理,可信度较高,但相比于传统的报纸媒体,电视媒体的可信度就稍弱一些。

(4)单位接触成本低

电视媒体的广告投入费用总体上来看比较多,但是实际上由于电视媒体的覆盖范围大,到达率高,实际上其单位成本并不高,是广告主打造知名度的首选媒体。央视每年招标都十分火爆,说到底,是因为央视的覆盖面很大。

(5)不易保存

电视媒体的内容不能像报纸、杂志等媒体那样易保存下来;电视画面稍纵即逝,受众不易根据自己的意愿将自己需要的信息留下来。

所以电视媒体更适合刊播告知性的广告,尤其是新产品打造知名度时,而不适合作解释说明类的广告。

(6)受众注意力不集中

电视媒体作为广告载体时,受众一般较为排斥,注意力不集中,可能在广告播出时段受众会选择进行其他活动或是直接换台,这也正是电视作为广告载体不适合做解释说明类广告的原因,也是目前很多广告主、广告代理公司开始在影视剧中进行植入式广告,以期达到更好效果的原因。

(7)效果调查相对成熟

一方面,电视媒体广告效果的调查已经进行了多年,评价标准、评测要素、评测的机构和团队相对都较成熟;另一方面,广告主也比较认可电视媒体的效果和监测调查。此外,一些调查机构如央视-索福瑞等还在不断地改进调查方式,加大对调查样本的监控。

(五)手机媒体

目前,手机网民规模日益扩大,截至 2010 年 6 月,手机网民用户达 2.77 亿,较 2009 年年底增加了 4334 万人。① "手机广告"开始蓬勃发展。

1. 手机广告运营模式

手机广告从运营模式来看,整体上分为两大类:

一类是由运营商发布的广告,企业向运营商购买广告发布的渠道,如中国移动的"企信通"业务,就属于这种类型。

第二类是由 SP 的互动平台来发布,一般的运作模式是:由投放广告的企业与 SP 一起向运营商申请审批,获批后,广告由 SP 在其互动平台发布,运营商会随时监控。②

① http://www.edu.cn/jgsj_9932/20100716/t20100716_497010.shtml

② 《经济观察报》2006 年 8 月 12 日。

与 WAP 门户广告和内置广告相比,PUSH 类广告(推送式广告)是手机广告的主流。根据日本和韩国的经验,手机广告需要在一个比较严格的许可机制框架下来运营,即通过用户确认订阅广告的形式达成许可。

2. 手机广告的形式

短信营销(即短信群发广告、短信抽奖、短信促销等,在国内应用已经非常普遍)、本地化广告(本地化网站服务,如城市门户、地图等)、手机视频广告、游戏广告(手机游戏中插入广告)、折扣券、间隙广告(在下载手机电影、游戏时插播的广告)等广告形式都是目前手机广告常用的,虽然目前手机广告市场的份额较小,但手机是日后很具发展潜力的广告媒体。

3. 手机作为广告媒体的特点

(1)受众群庞大

权威的调查机构预测,2010 年全球的手机用户将达 40 亿户。国家发改委与信息产业部联合发布的《信息产业"十一五"规划》称,到 2010 年,中国移动电话用户总数将达 6 亿户,普及率为 45 部/100 人。

(2)定向精准

手机是唯一与受众 24 小时亲密接触的媒体平台,便于在合适的时间,将合适的有价值的广告信息传输给合适的人,具有更好的互动性和可跟踪性。手机还可以针对分众目标,提供特定地理区域的直接的、个性化的广告定向发布,发布效果可以通过互动的量化跟踪和统计得到评估。每个手机广告的受众,都可以被清晰准确地锁定。

(3)监管存在漏洞

手机媒体的监管体系目前还需要进一步完善,如在 2009 年集中爆发了手机涉黄问题。在专门为移动增值业务所开通的 WAP 模式下,日常的网络监管根本查不到那些手机色情网站,从而使他们能够顺利进入用户端。

(六)互联网媒体

在 2010 年《社会蓝皮书》发布暨中国社会形势报告会上谈到,2009 年中国互联网普及率达到 26%,超过世界平均水平;网络议题更加广泛,网络非理性情绪呈现蔓延之势,需要加强引导和管理;互联网已经成为新闻舆论独立源头之一。① 而互联网作为广告载体也已经发展到一个较成熟的阶段。

1. 网络广告的形式

根据广告主购买的时间和位置的不同可分为多种形式,我们在本书中只介绍其中比较典型的几种:

(1)横幅式广告

横幅式广告(Banner)又名"旗帜广告",一般是指设置在访问量较高的网页上的简易图标及文字。最常用的广告尺寸是 486 ×60(或 80)像素(pixels),以 Gif,Jpg 等格式建立的图像文件,如图 13-1 所示。

① 人民网《人民日报》2009 年 12 月 25 日。

图 13-1　横幅式广告

（资料来源：http://www.hao123.com/）

（2）弹出式广告

弹出式广告是指在网页上弹出的对话框，对话框或在屏幕上不断盘旋、或飘浮到屏幕的某一角落。这类广告通常可能以动画或图片的形式展现出来，是网络广告中比较常用的形式。

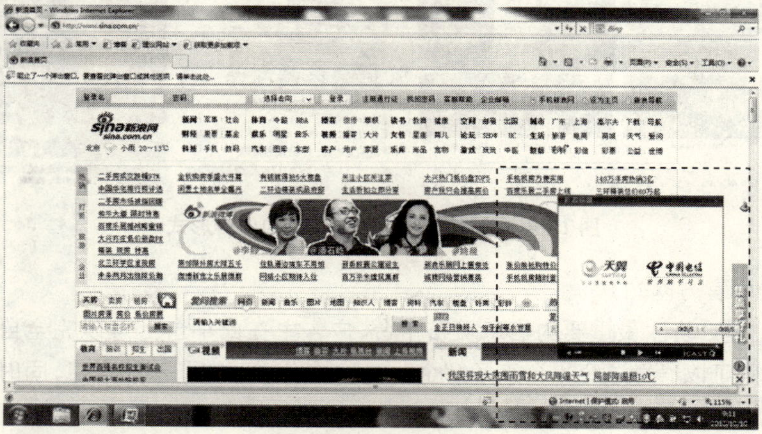

图 13-2　弹出式广告

（资料来源：http://www.sina.com.cn/）

（3）赞助商广告

赞助商广告最常出现在搜索引擎的广告页面上。用户在搜索引擎中输入的搜索关键字如果同赞助商有一定的关联，则赞助商的链接就会出现在页面的特殊位置，此时搜索引擎则根据用户的点击量对赞助商进行收费。

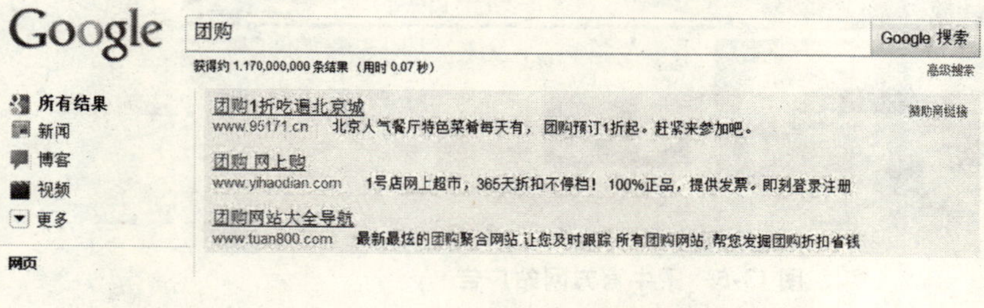

图 13-3　赞助商广告

由于互联网具有互动的特性，目前的广告形式已经远远不止上述几种形式，大广告的观念已经深入到广告主的思维中，网络游戏、QQ秀中人物的服饰以及社区中的热点话题，都成为广告的形式，从表入里，网络广告已经在一点点地打破传统广告的形式，真正地将互联网的互动性、针对性的特性发挥到淋漓尽致，见图13-4所示。

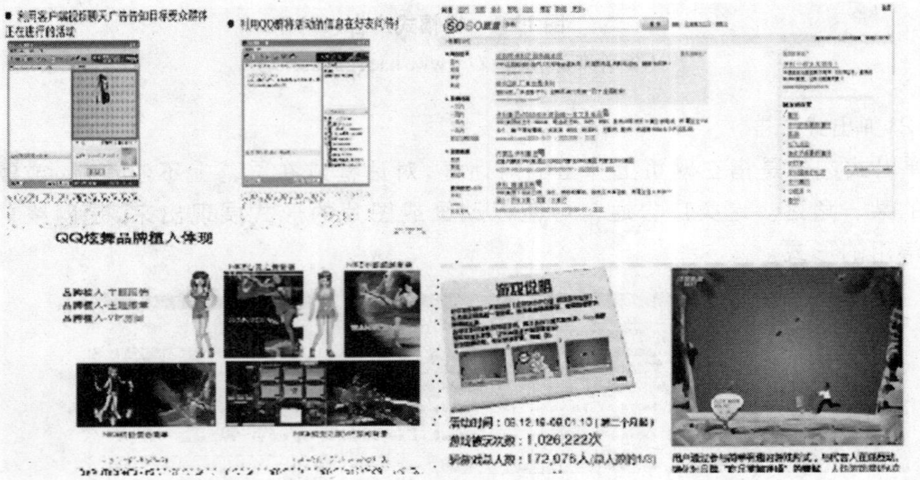

图13-4　腾讯公司服务中涉及的广告形式

（4）广告主官方网站

官方网站是广告主最重要的信息发布平台，广告主在此平台上可以完全自己控制和收集信息，用户则可以通过这个平台来了解企业准确的发展动态和产品信息，同时在企业遭遇危机时，企业官网也是最好的澄清消息、发布动态的载体，见图13-5所示。

图13-5　蒙牛官方网站广告

（资料来源：http://www.mengniu.com.cn/）

2. 网络作为广告媒体的特点

(1)精准投放

互联网能够建立用户数据库,根据用户的需求进行精准的广告投放,既可以减少用户的反感度,同时也能为广告主节约成本。目前团购网站在精准投放方面已经做得十分成功,他们根据会员注册的信息和用户的需求来推送相关信息。

(2)互动性强

网上的消费者有信息反馈的能力,因此,互动式广告要求广告把要说的信息作为与受众“对话”的一部分层层传递。

(3)体验性强

网络广告所提供的虚拟现实世界,会给受众带来全新的体验。随着互联网技术的发展,受众可以通过虚拟物品的使用和被服务的感受实现与广告主的互动,从而为把受众转化为消费者做好铺垫。

(4)用户构成是广告商们愿意投资的因素

网络用户多是受过良好教育的人,平均收入较高,这些因素使企业愿意选择网络投放其广告。

(5)网络广告的监管体系仍需改善

网络广告目前还没有建立起统一而完善的监管体系和效果测量体系,每个网站都有一套自己的测量标准,这使广告主在选择媒体时很难进行比较。

(七)户外媒体

户外媒体是创意空间最大的媒体,但在中国也是受限制最多的媒体,2010 年 9 月,国内有 5 个省对户外广告进行拆迁整理。

1. 户外广告的形式

户外媒体主要分为固定位置的户外媒体和实物户外媒体,实物主要有气球、模型、条幅等。户外媒体广告的形式比较灵活,样式丰富。

2. 户外媒体作为广告媒体的特点

(1)户外媒体创意空间大

户外媒体能够和用户的感官直接接触,虽然受到一定的限制,但是在空间和时间上都有很大的创意余地。户外广告可以根据地区的特点选择广告形式,如在商业街、广场、公园、交通工具上选择不同的广告表现形式,也可以根据某地区消费者的共同心理特点、风俗习惯来设置。例如图 13-6 中所示,大连宜家开业前放置的巨型模型广告,和图 13-7 中所示的耐克户外广告。

图 13-6　大连宜家开业前放置的巨型模型

(资料来源:http://blog.sina.com.cn/s/blog_60a624050100e02u.html)

图 13-7　耐克户外广告

（资料来源：http://weiyinliang05.blog.163.com/blog/static/32210585200831443741437/）

（2）户外广告的讯息持续时间长

户外广告投放时间一般较长，由于能够长时间呈现在受众面前，所以能够实现对受众的反复诉求，从而形成多次到达，进而累积传播效果。

如公交站的 LED 屏广告和写字楼中的广告，同一个受众可能数次经过或关注该广告，尤其是对生活较为规律的人来说，每天可能都能实现数次该广告的接触，从而受众能够更好地形成记忆，维持广告信息在受众脑海中的长时间存在。

（3）户外广告的一次性投入大

与报纸媒体相比，报纸媒体广告主可以选择某期或某个页面，投入费用较小，而户外广告则需要一次性的大规模投入，制作的费用和空间的占用费一般都是一次性付清的。虽然户外广告投入较大，但是由于其有效时间较长，广告主仔细核算下来，其实也是物有所值的。

（八）DM 即直邮媒体

DM（Direct Mail）即直接邮寄媒体，通过邮寄的方式将印刷品广告直接传送到消费者的广告形式。随着快递业的发展，邮寄广告目前的传播速度和内容质量都在不断提高。

1. DM 的形式

DM 包括优惠赠券、商品目录、明信片、展销会请帖、宣传册、招贴画等。

优惠赠券是指在商家开展促销活动时，为促使消费者参与购买而附赠的券；样品目录是零售企业将商品的样品、照片或内容详尽地进行介绍并投送给目标用户；明信片，是指企业将印有企业产品、服务或是企业本身形象等相关信息的明信片；招贴画是指企业设计和印制的宣传企业形象、商品和劳务等内容的单张海报。

2. DM 作为广告媒体的特点

(1)针对性强

DM 是通过专业机构获得有关资料,根据广告主的需求直接邮寄到经过筛选的个人或单位手中,广告到达的接受者基本上能够锁定为是商品或服务的目标人群,这提高了广告的投放效率,节省了费用。

(2)在竞争中不易被察觉

DM 不经过其他的传播中介直接由广告主或代理商到达目标人群,不针对大众传播,竞争者很难察觉到,不像其他广告媒体如报纸、电视,全然将企业情报暴露在竞争对手视野中。

(3)信息反馈快

DM 的信息反馈相对于其他媒体而言更容易测量,同时由于不经过其他中介,反馈的速度较快。

(4)不受时间、空间的限制

DM 广告既可以作为专门在某一时间期限内送到以产生即时效果的短期广告,也可作为一种长期寄送的资料,邮寄的时间不受限制。如某公司出现了新产品等,广告主可以随时给自己的会员用户寄送宣传册,不用像电视媒体那样需要选择或争取固定的时间。

同时,它也不受到空间的限制,只要邮寄业务能够到达的范围,DM 都能到达。它既可用于小范围的社会、市区广告,也可用于区域性或全国性广告,不受空间的限制;另外,DM 也不受版面和篇幅的限制,在广告形式和方法上可控性和灵活性都较大。

(5)消费者容易产生心理的反感

由于 DM 通篇是以广告行文,很容易使消费者产生反感,所以广告的文案或是形式要有亲和力,要能够吸引消费者。现在很多广告主都建立了自己的会员数据库,尽量筛选出对自己产品感兴趣的用户,既减少用户的反感度,也有效地避免了浪费成本。

(6)消耗的成本较高

DM 针对每个消费者进行邮寄,单位成本相对于大众媒体来说要高,所以在前期应该小范围邮寄,根据反馈进行调整。

(九)POP 即现场广告

POP 是 Point of Purchase 的英文简写,顾名思义就是售卖场所的现场广告。

1. POP 的形式

POP 广告主要包括室内广告和室外广告两种。室内广告主要是商场内的货品、货架、厅堂墙壁上所做的宣传;室外广告主要是商场外的各种霓虹灯、墙壁、门外装饰以及商店招牌上所做的广告宣传。POP 广告主要是为了刺激消费者产生即时的购买行为,所以在形式和创意上创作空间有限。相对于其他广告媒体,POP 广告具有其独特的特点。

2. POP 作为广告媒体的特点

(1)具有提醒与暗示的功能

对于那些已经接触过产品广告的消费者来说,POP 广告有唤起消费者记忆的作用,提醒消费者想起原有的广告信息，促进其产生即时购买行为。

（2）即时效果最为明显

POP 可以对想要实施购买行为的人进行最后的信息沟通，对于那些日常生活用品来说，购买风险较小，这种广告方式最为适合，所以很多这种消费品选择卖场的 POP，以实现对消费者的诱导购买。

（3）POP 制作水平参差不齐，大量的 POP 可能引起受众反感

POP 一般呈现在受众想要购买的物品之前，或是消费者产生购买行为之前，消费者有可能因为大量的广告充斥在眼前而产生逆反情绪。

二、广告媒体的测评标准

对于广告媒体的评估有以下几个常用的标准：

（一）收视（听）率（Audience Rating）

收视（听）率是指在一定时间内，某一地区收视（听）某一特定电视节目或广播节目的人数（或家庭数）占总人数的比例。收视（听）率是选择电视或广播媒体时常用的指标。通常，节目收视（听）率越高，刊播广告的单位费用就越高。

（二）开机率（Homes Using TV，简称 HUT）

开机率是指在一天中的某一特定时间内，拥有电视机的家庭中收看节目的户数占总户数的比例。

（三）节目视听众占有率（Audience Share）

节目视听众占有率是指在特定时段内，收视（听）某一特定节目的人数占同一时段所有收看电视（收听广播）的人数的百分比。

由此我们引入一个三者关系的公式：收视（听）率 = 开机率 × 节目视听众占有率。

（四）毛评点（Gross Rating Points，简称为 GRP）

毛评点又称总收视率或总收听率，在特定频道（或若干频道）特定时段（或若干时段）的广告播出后获得的收视率之和。例如毛评点为 2%，表示 2% 的目标观众看了一次电视广告，或者说 1% 的目标观众看了两次电视广告。毛评点不能反映出哪些受众是重复接受过信息的。

（五）到达率（Reaching）

媒体到达率是指特定对象在特定时期内看到某一广告的人数占总人数的比率即百分比。它排除了毛评点视听众暴露度中那些被重复算入接收广告信息的人群。到达率多被用于媒体组合策略的分析中。

(六)平均暴露频次(OTS)

平均暴露频次指消费者个人或家庭暴露于广告信息中的平均次数。平均暴露频次经常用于广告投放计划传播深度的评估。

"到达率"表示广告策划者希望多少媒体受众一次或多次接触到该广告信息;暴露频次说明该广告信息将达到媒体受众"平均次数";总视听率是总视听率和暴露频次的产物,表示该广告信息将达到媒体受众的重叠百分数"毛额"。

平均暴露频次的计算公式是:平均暴露频次 = 总视听率/到达率。

(七)有效频次(Effective Frequency)

与上面的暴露频次相关的一个概念是有效频次的概念,指的是对消费者达到广告诉求目的所需要的广告露出频率。Herbert Krugman 博士在 1972 年提出的"三打理论",认定三次为有效频次底限。他认为,广告即使多次暴露在受众面前,并不如广告发布最初的 2—3 次有效。在后来的研究中,很多学者发现了多种影响有效频次的因素,如产品生命周期、品牌发展程度等多种因素都会影响到有效频次的多少。

(八)每千人成本(Cost Per Thousand,简称 CPM)

每千人成本是指对指定人口送达 1 000 个视听众产生暴露度的成本。

其计算公式如下:CPM = 广告费/毛评点 ×1000。

(九)每收视率成本(Cost Per Rating Point,简称为 CPRP/CPP)

评价单位媒体效率的另外一种方法是计算每得到一个 GRP 所需要的广告费用的方法。这种方法叫做每收视点成本(CPP)。CPP 与 CPM 不同,它是利用收视率来比较和评价各广播电视媒体效果的方法。

除了量化的评测标准,媒介的测评标准还有些非量化元素,下面列举几个要素,在实际操作中,不同的媒体还有其他的非量化要素。

(十)关联性(Relative)

产品与广告媒体是否有关联性将会影响广告的效果。化妆品广告如果刊登在时尚杂志中与刊登在男士读物中的效果肯定是不同的。因此在选择广告媒体时,也应当考虑产品的属性与媒体内容是否相关。此外,也应当考虑广告作品的内容与此媒体的内部环境是否相关。

(十一)权威性(Authoritative)

媒体的权威性也是影响评估广告效果的一个因素,对于权威性高的媒体而言,就能够对目标人群产生更好的广告效果,因为在这样的媒介上的广告信息能够得到受众更好地信任。

三、广告媒体测量和分析机构

为了对广告媒体进行更好地评估,目前存在很多媒体研究机构,比较知名的有央视 - 索福瑞、尼尔森、CTR等，他们涉及传统电视、户外电视、广播、互联网等多种媒体的监测和分析。正是这些机构在监测的过程中不断地改善自身的监测技术和监测方法，促成了电视、广播等媒体形成了成熟的媒体监测和分析体系。下面介绍一个比较知名的媒体研究机构——央视－索福瑞，其在监测家庭电视用户方面有着丰富的经验。

【案例13-1】 央视－索福瑞媒体研究有限公司

央视－索福瑞媒体研究有限公司（CSM）是比较权威的生产收视率数据的专业媒体公司。自1996年成立以来，CSM建立起了中国范围内规模最大的多层次、多方式的电视观众调查网络，样本总规模已超过5.6万余户，对全国1241个主要电视频道的收视情况进行全天候不间断的监测。CSM先后开发了城市日记卡、省网日记卡、城市测量仪、省网测量仪和全国测量仪共5种不同类型的电视收视数据产品，为客户提供了不同市场、不同时段、不同目标观众的全方位数据服务。①

第二节 广告媒体组合策略

一、广告媒体选择和组合的定义

广告媒体选择和媒体组合是两个不可分割的概念。

媒体选择就是根据广告的目标市场策略、诉求策略的要求，对可供选择的媒体进行评估，从而选择出最符合要求的媒体。

广告媒体组合，就是指经过严格的测评，筛选出那些能够最大化满足该次策划活动目标的多种媒体的组合。现在，任何一种媒体都不能覆盖广告的全部目标市场，媒体组合成为企业常用的媒体策略。媒体组合不仅使广告对象接触广告的机会增多，还能造成一种大声势，因而容易引人关注。

二、广告媒体选择原则

（一）目标第一原则

广告媒体的选择要符合广告活动的目标。如大型户外广告更有利于建立品牌的美誉度，而电视媒体的大众化传播则更有利于建立品牌知名度。

（二）优化媒体比例原则

目前已经很少有广告主在广告活动中只选择单一媒体，往往广告主都会把多个媒体线合起来投放广告，此时就要根据广告主的目标、费用以及目标人群的覆盖的不同，确定广告

① 央视－索福瑞官方网站（http://www.csm.com.cn/）

投放在不同媒体上的比重，要尽量保证各种媒体相互配合达到广告到达的有效频次，尽可能使广告作品在受众脑海中产生记忆。

（三）注重效益原则

能达到100%的目标人群是每个广告活动所期待的，但是广告主的费用不是无限的，所以要利用广告主有限的费用，为广告主创造最好的效果，这是整个广告策划都要遵循的原则。无论选择什么样的广告媒体都应该将广告效益放在重要的位置，广告策划要尽量采用成本较低但又能达到广告宣传预期目标的方式。

三、广告媒体组合方式

单一的媒体投放很明显已经不适合当下复杂的媒体环境，广告的媒体组合成为广告媒体投放的主流形态，广告媒体的组合方式有哪些呢？

（一）视觉、听觉、触觉多方位体验式的媒体组合

广告媒体的组合要对受众形成全方位立体式的辐射，才能对受众产生影响。所以广告媒体的选择既要有电视、广播这类的媒体，同时也要注重开发户外媒体，实现与受众的互动，这样才能达到更好的广告效果。

（二）空间上多维度覆盖的媒体组合

消费者在一天内可能接触大量的不同类别的广告载体，媒体组合在空间上也要实现多方位覆盖。所以在选择广告投放时，不仅可以在同类媒体中进行组合，如省级卫视可以同央视进行同时投放，同时也可以在不同媒体之间进行组合，如报纸、杂志、电视、互联网等多种媒体并用，实现对消费者在空间上的多重覆盖。

（三）时间交替的媒体组合

当在个别主要媒体上达到最佳到达率之后，其他媒体要承担起作为补充的作用，尤其是在时间上的补充，如消费者能够关注广告的整块时间可能是在晚上看电视或是在互联网上，而白天消费者在公司或是在路上的时间就是比较闲散零碎的时间，这些时间，在进行媒体选择时，也要用相应的媒体资源进行覆盖。

第三节　广告媒体排期策略

一、媒体排期定义

媒体排期策略的实质是决定何时发布广告和以何种方式来发布广告。媒体排期包括了广告要在何时开始投放以及该广告投放要持续多长时间，即广告是采用何种方式来进行持续性发布的。

二、媒体排期分类

根据媒体排期的持续性来分类，媒体排期主要有四种形式：连续式、集中式、起伏式和脉冲式。

（一）连续式排期

连续式的媒体排期是指在一定时间内均匀地安排广告展露时间。当广告主市场扩大、产品为紧缺有限的商品或是消费者日常消费品时，一般采取这种方式。持续暴露能够累积广告效果，能够提高和加强消费者对品牌的认知，防止广告记忆下滑，持续刺激消费者。但持续性露出需要大量的广告费用，同时过度暴露可能会导致受众产生反感。

（二）集中式排期

集中式排期，是指将广告安排在一个特定的时期内集中发布。采用这种排期的主要是季节性商品或者在应对竞争对手的营销活动时。这种排期方式灵活性大，可调整最有利的露出时机；高度重复暴露可以提高传播效果；集中购买大量媒体，还可以得到折扣。但广告空档过长，可能使广告记忆跌入谷底，需要重新进行认知的投入，这无形中增加了广告成本。

（三）起伏式排期

起伏式排期指在某些广告刊播时间段内，间歇一段时间，再继之第二时间段的广告。这种方式比较适合销售季节性产品时使用。可以集中费用，获得较大的有效到达率；能够维持消费者对产品的记忆和认知。其弊端在于，间歇时期也可能被竞争者利用，如果间歇期时间过长，消费者的认知和记忆也存在衰退的危险。

（四）脉冲式排期

脉冲式媒体排期与起伏式媒体排期一样，媒体预算的投放随时间段的变化而变化，但是与起伏式排期不同的是，在整个广告活动的任何时段都保持了一定量的广告存在，只不过是某些阶段投放的广告多一些，而另外一些时段投放的广告少一些。

脉冲式排期具有持续累积的广告效果，依品牌需要，可以加强在重点时期的露出强度。但这种排期方式预算耗费较大，重复广告的过度播放，也容易使消费者的注意力、记忆力下降。

在具体操作的时候，何种排期方式能够产生最大的媒体效益，取决于多种因素，不同的产品属性、购买周期、产品生命周期、预算都可能成为影响媒体排期的因素。如对于销售季节性变化不明显的产品，比较适合于用连续式媒体排期，以维持一定的广告接触和品牌知名度；而对于销售季节性非常明显的商品，则比较适合起伏式和脉冲式媒体排期，以支持产品销售。

第四节　媒体策划方案实例

【案例 13-2】　王老吉品牌再定位媒体策划方案①

一、背景资料

2002 年年底，红罐王老吉确定了推广主题为“怕上火，喝王老吉”，在传播上尽量凸显出红罐王老吉作为饮料的性质。

二、目标人群分析

王老吉罐装的目标人群是大众消费者，尤其是对健康有特别需求的人群，他们认为夏天喝凉茶比喝其他饮品更加健康，他们平时大多接触各类大众媒体以及具有个人偏好的小众媒体。

评析：在实际的案例操作中，此处应当有竞品分析、目标人群分析以及媒体接触习惯的描述。由于王老吉开拓了一个新的饮品市场，从大的范围讲所有的饮品都可以称为他的竞品，但由于它是一种凉茶饮料，在当时的市场其实又是不可替代的，所以此处没有具体分析。

三、媒体策划目标

实现 Y% 目标人群对“怕上火 喝王老吉”的认知（Y <X）。见图 13-8 所示。

评析：实际上我们在媒体策划中有“S”型曲线，它是一个表现知名度和覆盖率的关系曲线图，当消费者第一次接触广告时，广告对人们产生的影响最大，人们从广告中获得的信息也最多，但随后广告效应虽然不断提升，但是增速却放缓了。② 当知名度到达 X% 左右之后，到达率即便再增长，知名度的上升空间也会很有限了。此外，还有一点值得注意的是，媒体策划的目标和广告策划的目标是有所不同的，媒体策划的目标要有具体的目标数据，比如广告策划目标是：实现目标人群对新定位的认知，那么，媒体策划的目标就应当是实现 X% 的认知。

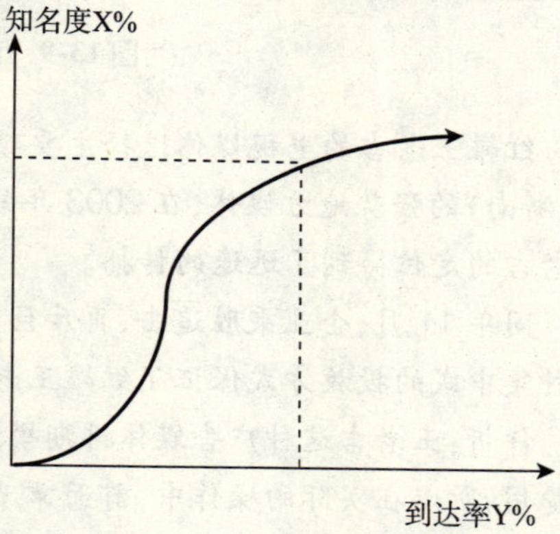

图 13-8　知名度与到达率关系的曲线分析图

① 根据《哈佛商业评论》（中文版）2004 年 11 月号“王老吉广告策划案”以及网络资料整理。
② ［美］唐·舒尔茨著：《论品牌》，人民邮电出版社 2005 年版，第 76 页。

四、媒体计划书

（一）电视广告

红罐王老吉电视广告选用了消费者认为日常生活中最易上火的五个场景：吃火锅、通宵看球、吃油炸食品薯条、烧烤和夏日阳光浴，画面中人们开心的同时纷纷畅饮红罐王老吉，从而把红罐王老吉和“传统凉茶”区分开来。同时，广告中结合欢快的广告歌曲吟唱“不用害怕什么，尽情享受生活，怕上火，喝王老吉”，促使消费者在吃火锅、烧烤时，自然联想到红罐王老吉，从而促成其进行购买。

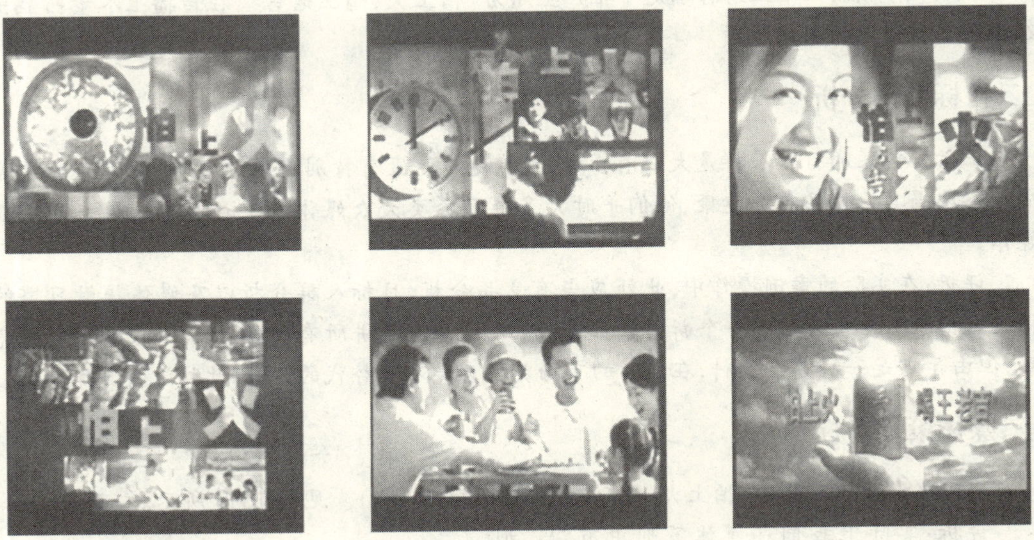

图 13-9　红罐王老吉电视广告截图

红罐王老吉的电视媒体选择主要锁定覆盖全国的中央电视台，并结合原有销售区域（广东、浙南）的强势地方媒体，在 2003 年短短几个月内，企业一举投入 4000 多万元广告费，使王老吉的定位得到了迅速的传播。

同年 11 月，企业乘胜追击，再斥巨资购买了中央电视台 2004 年的黄金广告时段。正是这种集中式的投放方式保证了红罐王老吉在短期内给人们留下深刻的印象。

评析：王老吉这种广告媒体排期模式其实已经不只是集中式的模式，它后期在不断的追加费用，所以在实际的操作中，前面章节中谈到的四种媒体投放模式仅是一种参考，具体问题还要具体分析。它这种量力而行、滚动发展的模式非常适合国内许多志在全国市场，但力量暂时不足的企业。

（二）地面推广

除了强调传统渠道的 POP 广告外，王老吉企业还配合餐饮新渠道的开拓，为餐饮渠道设计布置了大量终端物料，如设计制作了电子显示屏、灯笼等餐饮场所乐于接受的实用物品，并免费赠送。在传播内容选择上，充分考虑终端广告应直接刺激消费者的购买欲望，将产品包装作为主要视觉元素，集中宣传一个信息："怕上火，喝王老吉"。餐饮场所的现场提示，最有效地配合了电视广告。正是这种针对性很强的推广，才使消费者对红罐王老吉"是什么"、"有什么用"有了更强、更直观的认知。目前餐饮渠道已成为红罐王老吉的重要销售传播渠道之一。

同时，在频频的消费者促销活动中，一直围绕着"怕上火，喝王老吉"这一主题进行。如在一次促销活动中，公司举行了"炎夏消暑王老吉，绿水青山任我行"的刮刮卡活动。消费者刮中"炎夏消暑王老吉"字样，便可获得当地避暑胜地的门票两张，并可在当地度假村免费住宿两天。这样的促销，既达到了即时销售的目的，又有力地支持巩固了红罐王老吉"预防上火的饮料"的品牌定位。

此外，在针对中间商的促销活动中，公司除了继续巩固传统渠道外，还选择了许多主要的火锅店、酒楼作为"王老吉诚意合作店"，投入资金与他们共同进行节假日的促销活动。由于给商家提供了实惠的利益，因此红罐王老吉迅速进入餐饮渠道，成为主要推荐饮品。见图13-10所示。

图 13-10　王老吉诚意合作店

可以说，这场大张旗鼓、诉求直观明确的"怕上火，喝王老吉"的广告运动，直击消费者需求，及时迅速地拉动了销售；同时，随着品牌推广的进行，消费者的认知不断加强，逐渐为品牌建立起独特而长期的定位。

评析：红罐王老吉品牌定位的传播，带给公司巨大的效益：2003 年红罐王老吉的销售额比 2002 年同期增长了近 4 倍，由 2002 年的 1 亿多元猛增至 6 亿元，并以迅雷不及掩耳之势冲出广东。2004 年，尽管企业不断扩大产能，但仍供不应求，订单如雪片般纷至沓来，全年销量突破 10 亿元，并在以后几年中保持了高速增长，到 2008 年其销量已突破 100 亿元大关。具体见表 13-2 所示。

表 13-2　2002—2008 年王老吉饮料历年销量

年份	销量
2002	1.8 亿元
2003	6.0 亿元
2004	4.3 亿元
2005	25 亿元(含盒装)
2006	近 40 亿元(含盒装)
2007	近 90 亿元(含盒装)
2008	近 120 亿元(含盒装)

本章小结

随着分众化趋势的加剧,越来越多的载体被开发出来成为一种媒体,那些能够为广告传递信息的载体,我们都将其划归为广告媒体的行列,其中每种广告媒体都有自身的特色和适用的不同情境。

本章主要介绍了一些当前主要媒体的广告形式及其特点。其中,主要包括报纸媒体、杂志媒体、广播媒体、电视媒体、互联网媒体以及手机媒体、户外媒体等多种媒体的广告形式和特点。针对这些不同的媒体特点,本章详细介绍了在选择媒体时的一些具体标准,包括量化的指标如到达率、到达频次、有效频次等,以及非量化的指标如关联性等。

时下,任何一种媒体都不可能覆盖广告的全部目标市场,媒体组合成为企业常用的媒体策略。所谓媒体选择就是根据广告的目标市场策略、诉求策略的要求,对可供选择的媒体进行评估,从而选择出最符合要求的媒体。媒体的选择不是单一的,需要进行多种媒体的组合,在进行广告媒体的选择时可以遵循以下原则,即目标第一原则、优化媒体比例原则、注重效益原则。

媒体投放过程中,媒体策划人员还需要解决媒体排期问题,即决定何时发布广告和以何种方式来发布广告。根据排期的持续性来分类,媒体排期主要有四种形式:连续式、集中式、起伏式和脉冲式。

一、思考题

1. 想想你身边有哪些媒体形式,除了以上提到的广告媒体,还有哪些载体也同样能够承载广告信息的传播?试举例说明。

2. 很多人说新媒体广告(如互联网、手机等媒体的广告)对电视媒体广告产生了很大的冲击,你是怎么想的?结合实例谈谈自己的看法。

3. 媒体策划是广告策划中的重要环节,测评媒体的标准有很多量化的指标,现在能复述一下它们之间的区别和作用吗?

二、课外资源

1. [美]唐·舒尔茨著:《论品牌》,人民邮电出版社2005年版

2. 丁俊杰、黄升民、刘英华主编:《中国广告图史》,南方日报出版社2006年版

3. 群邑中国官网报告:《中国媒体行业预测2009年下半年》

4. 央视－索福瑞官方网站:http://www.csm.com.cn/

5.《媒介》杂志

6.《经济观察报》

CHAPTER 14

第十四章

广告预算管理

条条大路通罗马，广告策划的任务就是帮助企业找到去“罗马”的最近道路，也就是说，以尽可能少的费用制造最佳的广告效果，其中广告预算就是寻找此捷径的最佳手段。

广告预算是指在一定时期内，广告策划者为实现企业的战略目标而对广告主投入广告活动所需经费的总额及其使用范围、分配方法等进行的预先估算和筹划。可以说，广告预算不仅涉及广告经费的使用问题，还通过货币的形式来说明广告计划和执行广告活动的进程，是广告策划中策略行为的重要体现。对于现代企业来说，如何科学合理地规划经费使用，确保广告活动达到预期的经济与社会效果，成为广告预算的主要研究课题。

第一节　广告预算和预算编制原理

一、广告预算的内容

（一）广告预算的种类

广告预算的种类与广告活动的类别紧密相连，要确定广告活动的预算，首先要判断广告活动的类别，明确要完成的广告任务及广告费用的主要使用方向，进而拟定广告预算。根据不同的活动类型，预算可分为以下几个种类：

1. 长期广告预算和短期广告预算

根据广告预算计划期限的长短，广告预算可分为长期广告预算和短期广告预算。一般来说，一年以上的被称为长期广告预算，针对不足一年的短期广告活动开展的广告预算被称为短期广告预算。

2. 不同生命周期的产品广告预算

产品所处的生命周期不同，广告预算也会有所不同。根据产品的生命周期，广告预算可细分为导入期新产品广告预算、成长期产品广告预算、成熟期产品广告预算和衰退期产品广告预算。

3. 不同地区的广告预算

按照广告策划活动开展的区域不同，广告预算分为全国性广告预算和区域性广告预算。

4. 不同媒介的广告预算

广告活动所侧重的媒介不同，其设定预算的结果也会大不相同。

（二）广告费用的划分

1. 国内广告界对广告费用的划分

广告费用是指在广告活动开展过程中所花费的各项费用的总和，在国内广告界，通常将广告费用分为以下几种：

- 市场调查费用：包括广告调查、咨询费用，购买统计部门和调查机构的资料所支付的费用，广告效果检测费用等。
- 广告设计制作费用：主要包括广告策划与设计人员的报酬、广告设计制作的材料费用、工艺费用、运输费用等。
- 媒介购买费用：主要指购买媒体时段和版面的费用。
- 广告部门行政费用：包括广告人员的工资、办公费用、广告活动业务费、公关费用等。
- 机动费用：指在广告预算中为应付广告活动中的临时需要而预留的费用。
- 其他费用：指除上述费用之外开展广告活动所需的费用，如与其他营销活动的协调费用，广告公司的利润、税金等。

2. 国际广告界对广告费用的划分

目前国际上公认的广告费用划分表，是由美国最权威的广告刊物之一《印刷品》于 1960 年刊出，该杂志提供了区分广告活动各种费用的方法，它将广告费用的支出划分为三大类，分别将其列入白、灰、黑三种颜色的表格中。其中，列入白表的费用可以作为广告费用支出；列入灰表的费用可以作为广告费用的支出，也可以不作为广告费用的支出；列入黑表的费用不能作为广告费用的支出。见表 14-1 所示。

表 14-1　美国广告预算费用白灰黑表

分类	主要项目	具体内容
白表	媒介购买费用	电视、广播、报纸、杂志等媒体费用、户外广告费用、POP 广告费用、直邮广告费用、商品目录及宣传册费用、交通广告费用等
	广告管理费用	广告部门人员工资、办公费用、支付广告代理商和其他广告服务机构的手续费、佣金、广告部门人员的差旅费等
	广告设计制作费用	美术设计、文案、印刷制版、摄影、广播电视广告的录制拍摄费用、包装设计费用等
	其他费用	广告材料的运送费（包括邮寄费）、陈列橱窗的安装维护费用、涉及白表的各项杂费等

（续）

分类	主要项目	具体内容
	灰表	样品费、推销表演费、商品展览费、入户推销费、客户访问费、广告主广告部门的水电费与电话费等杂费、研究及调查费用等
	黑表	免费赠品费、邀请浏览费、推销会议费、新闻宣传员酬金、给慈善机构的捐助、包装费、工作人员的生活福利费、娱乐费用等

二、影响广告预算的主要因素

广告预算是确保广告活动顺利开展的基础，对于广告主来说，广告费用投入过多，就会造成资金的不必要浪费；广告费用投入过少，则会无法实现预期效果。因此，在编制广告预算时，除了要确定广告费用的范围，明确广告预算的内容外，还要考虑以下几个因素：

（一）企业的因素

企业的经济状况及其广告目标是影响广告预算的关键因素。一般来说，经营状况良好、财务负担能力较强的企业可以承担较高的广告预算；而经营状况不好、财务负担能力较差的企业则只能负担较低的广告费用。当然，企业的广告目标也会影响广告预算，如果企业以广告作为主要营销手段，即使财务状况较差，企业也会做赌博式投入，此时广告预算会较大。

（二）产品的因素

产品是新产品还是已有产品？产品处于哪一生命周期？产品的可替代性如何？……以上问题都是在进行广告预算时所必须考虑的因素。比如，相比新产品，已有产品所需的广告预算要低很多，一般只需要维持连续性的广告发布即可。同样，就产品的生命周期因素而论，处于导入期的产品为了提高品牌知名度，树立品牌形象，必须投入大量的广告费用，充分利用各种媒介进行广告宣传，以增加产品的暴露度，使受众对产品形成初步印象；进入成长期之后，产品在目标市场上已有一定的知名度，一些消费者也建立了初步的品牌认知，但这一阶段市场上的竞争对手开始增多，因此往往也需要较多的广告投入；产品进入成熟期之后，企业的利润达到最大化，市场竞争也达到白热化的程度，因此企业的广告费用又开始增加，在成熟期的后期，广告费用随着销量的减少而逐渐下降；进入衰退期的产品销售额大幅下降，竞争对手纷纷转型，这时企业应开发新产品，将受众对原有品牌的认知过渡到新产品上，因此这一时期广告投入虽逐渐减少，但并非完全没有。如图 14-1 所示。

除此之外，在产品的可替代性方面，如果产品在市场上没有其他产品可以替代，则就可以投入较少的广告费用；而如果产品在市场上面临激烈的竞争，随时可能被竞争对手或新出现的产品所取代，企业则需要较高的广告预算来维持或改善现有的地位。

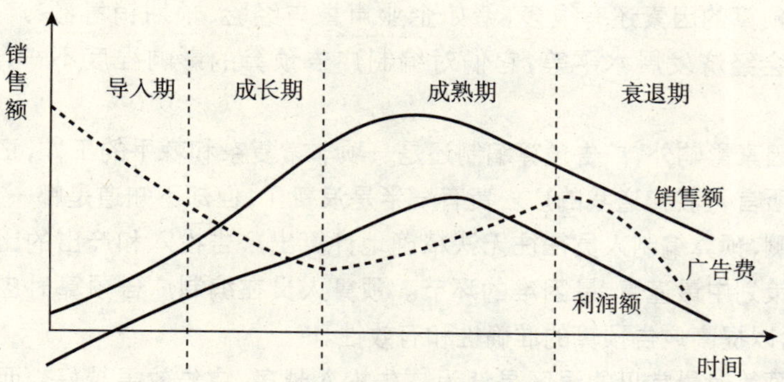

图 14-1　产品生命周期与广告费用支出的关系

(三) 竞争的因素

市场上竞争对手的数量、实力以及与竞争对手抗衡的方式都会直接影响到企业的广告预算。一般来说,竞争越是激烈的市场,需要投入的广告预算就越多。如果竞争品牌较多,且竞争对手的实力又比较强,则需要投入比平时更多的费用来获取消费者的注意。同时,如果企业直接与竞争对手进行广告对抗,则需要足够的广告预算做保障来击败对手。

此外,针对企业所占的市场份额与竞争对手的媒介投放份额的不同情况,亦需采取不同的广告预算方式。当企业的市场份额较低而竞争对手的媒介投放份额较高时,可减少广告开支,寻找其他竞争对手不易进入的市场;当企业的市场份额较低,竞争对手的媒介投放份额也较低时,可以通过采取增加广告投放的方式来攻击对手;当企业的市场份额较高而竞争对手的媒介投放份额也较高时,企业可以增加广告开支,保持现有的市场份额;当企业的市场份额较高而竞争对手的媒介投放份额较低时,企业只需投入略高于对手的广告费用即可保持市场份额。

(四) 消费者的因素

对于一个品牌来说,其在消费者心目中的知名度和忠诚度的强弱到广告预算的高低。如果产品已经拥有一定的市场占有率,且在消费者心中的知名度和忠诚度较高,那么需要的广告费用就少,反之广告费用就多。此外,消费者的总量也会对广告费用的安排产生较大影响,如果消费者总量较大,则送达广告信息的媒体千人成本就低,这比总量小的消费者群体要节省成本。

(五) 广告媒介及发布频率的因素

广告媒介购买是广告预算的主体因素,通常媒介购买费用能占到广告总费用的一半以上。不同的广告媒介在受众、购买价格和广告效果方面大不相同,一般电子媒介如电视、网络的广告费用要高于报纸、杂志等平面媒介。除受媒介种类的影响外,广告预算也受到媒介发布周期和频率的影响,一般情况下,媒介的发布周期越长,发布频率越高,广告的预算也就越高。

影响广告预算的因素还有很多，诸如企业声誉与经验、预期销售额、产品的市场区域及其特点和社会经济发展水平等，它们对编制广告预算的影响程度不一，这里不再详细论述。

除受上述因素影响外，广告预算编制还是一项非常复杂和棘手的工作，正如广告大师约翰·沃纳梅克所言，“我知道我的广告费有一半是浪费了，但却不知道是哪一半”，因为结果的未知和不可测，预算编制人员往往无法精确地计算出广告投入和产出的比值，因此，预算环节成为广告策划中最谨慎、最困难的环节。预算人员在编制广告预算时应尽量避免一些认识上的误区，以提高广告预算的准确性和有效性。

编制广告预算时最常见的误区是认为广告投入越多，广告效果越好。西方经济学中边际效用递减规律显示，最后一个单位的广告投入所产生的效用小于前一个单位投入的广告效用，也就是说，当广告投入到达一个最高点后，即使投入更多的广告费用也只能使广告总效用下降。美国广告学家肯尼斯·朗曼（Kenneth Longman）也得出了类似的结论，并于1971年创立了一个广告投资模式，如图14-2所示。

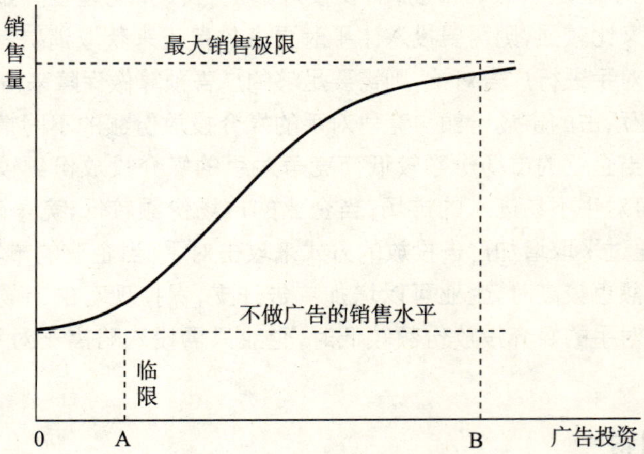

图14-2　朗曼的广告投资模式

朗曼认为，即使不做广告，产品也会有一个最低销售额，即临限，同时，即使做再多的广告，广告效果也不会超过一个最大销售极限，超过这个点之后销售就无法再上升，更多的广告投入只能是徒劳无功。也就是说，最佳广告效果就产生于临限和最大销售极限之间。因此，理想的广告预算应该是以最少的广告投入取得最高的销售额。此外，广告投入还如同一把双刃剑，既能打造一个强势品牌，也能拖垮一个原本实力雄厚的企业。如果企业只重视广告投入的短期效果，忽视企业长期发展中的品牌打造，或者只是期望通过广告的狂轰滥炸来打造品牌，就会造成广告资源的极大浪费。曾以6666万元和3.2亿元天价两度夺得标王的“秦池“就是一个典型的例子。

当然，广告投入也并非越少越好。在图14-2中，广告投入在A点之前几乎不能产生什么影响，这是因为广告力度较低，广告对销售产生的影响几乎可以忽略不计，从这个角度说，如果广告投入低于A点，则广告效果会很不理想。与此同时，当广告投入到达B点（曲线变平的点)之后,销售量也不会再增加,预算人员应尽可能准确地把握 A、B 两点,以取得最佳的广告效果。

第二节　广告预算的编制方法

如前所述,企业、产品、消费者、竞争对手的不同情况,以及企业管理者决策风格各异等因素,都会对广告预算产生影响。当然,编制广告预算不仅要分析影响因素,按一定的程序进行操作,还必须采取正确、科学的方法,以保证广告预算编制的科学性。目前,常用的广告预算编制方法有如下几种:

一、比率法

比率法一般是以企业一定时期的销售额或利润额为依据,从中抽取一定比例的金额作为广告费用支出的方法。根据不同的计算依据,可分为销售额百分比法、毛利百分比法和净收入百分比法三种类型。比率法的优缺点均非常明显,一方面使用简单、计算简便、广告投放清楚、作用直接;另一方面在实际应用中容易忽略市场和营销环境的变化,导致广告预算的机械、死板。

(一)销售额百分比法

这是最常用、最易被企业决策层接受的方法,其计算方法也非常简单——以上一年度或下一年度预计的销售额为计算依据,抽取一定比率作为广告预算支出。比如,某企业前一年销售额为 5000 万元,其中广告费用占销售额的比率为 4%,那么,企业今年的广告预算费用为:5000 万 ×4% =200 万元。

当然,不同企业所抽取的比率会有所不同,这要视企业所在的行业及其成熟程度来确定。一般来说,食品行业、保健品行业等快速消费品行业比率相对较高,而家电、汽车等耐用消费品行业则相对较低。销售额百分比的确定通常是按行业的平均数或企业的以往经验来决定的,这种确定方法随意性较大,而若以未来的销售作为参考依据,则效果要好许多。

此外,在确定了总体的费用比率后,有时还要根据各区域市场的战略定位、消费容量及竞争对手的对抗程度等情况,对各个区域、各个产品的广告费用进行二次分配。

以方太厨具为例,广东市场一直是方太厨具的优势市场,也是规模市场,在进行 2002 年广告预算编制时,经过调查和讨论,起初确定其比率稍低于全国平均比率。但最后讨论时公司认为:由于其销售规模大,按全国平均比率预算,广告费用绝对值很高,但考虑到广东市场是一个成熟市场,广告的作用已经开始下降,同时众多竞争对手一直在准备抢夺这块市场,确定比率时应考虑这些因素的影响而留一部分机动费用,因此适当地调高了其比率①。

---

① 该案例参考石章强:《广告应该怎么投》,《智囊》2002 年第 4 期。

(二)毛利百分比法

所谓毛利就是销售额减去产品成本的剩余值。毛利百分比法以企业或品牌的毛利百分比为依据来确定广告预算的费用,除计算基数不同外,这种方法与销售额百分比法基本相似。

(三)净收入百分比法

净收入是企业销售的纯利润,以净收入作为确定广告费用的依据,抽取其中的固定比率作为广告费用,这一方法也较多被企业采用,其计算方法与毛利百分比法相同,它的最突出优点是企业可以量入为出,尽量回避风险。

二、销售单位法

销售单位法是以一个或一套产品为销售基本单位,每个单位配以一定金额的广告费,以此与计划销售量相乘以后得出广告预算。销售单位法的计算公式为:广告预算费用 = 每件产品的广告费 × 产品计划销售数。如某产品每件的广告费用为 2 角,计划销售 500 万件,则其广告预算费用为:0.2 元/件 ×500 万件 =100 万元。

销售单位法实际上是销售百分比法的变形,其优点同样是计算简便,通过此方法可以了解产品广告的平均费用,有利于计算产品的销售成本,掌握各类商品的广告费用,以便于及时根据销量调整广告费用。同销售百分比法一样,销售单位法也存在会颠倒广告与销售的因果关系,不易适应市场变化的缺点。

三、竞争对比法

这种方法根据竞争对手的广告费用支出来确定本企业能与之对抗的广告预算费用,也就是说,企业在确定广告费用时,以与竞争对手持平或更超前为主要目标。以竞争对手的广告投入作为参照,其优点是有利于企业在短期内达到强有力的市场竞争地位,当然缺点也显而易见,一是以竞争对手为参照对象,盲目性大,如果所参照的竞争对手广告费用开支不合理,就会导致本企业广告开支也不科学,同时容易导致攀比乃至浪费;二是企业往往由于过于重视竞争对手的广告投放情况,而忽视了实际的营销环境,从而丧失了市场机会。

娃哈哈集团的“非常可乐”所做的广告费用预算就是一个典型范例,“非常可乐”在进行广告预算时,先确知了两大竞争对手可口可乐和百事可乐的年度销售目标和广告投入,再通过两者对比确定其比率,然后根据企业自身的销售目标,在前期初步预算的基础上适当增加一定的预算比率。与此同时,在全国的个别市场区域和个别时期,适当地避开竞争对手的锋芒,避实就虚,使得广告投入非常有针对性和打击力。

这也就是说,企业要想采取竞争对比法,需要满足两个前提条件:一是确保竞争对手的广告预算是科学合理的,能够代表所在行业的智慧;二是必须保证所获悉的竞争对手广告预算信息是准确和可靠的。当然,此方法把广告作为市场竞争的主要武器,因而需要企业雄厚的实力作后盾。

四、目标达成法

目标达成法是先根据企业的营销目标确定广告目标，然后再依据广告目标确定广告媒介策略、广告表现策略、广告发布的时间和频次等，接着逐项计算实施上述广告计划所需的费用，最后累加计算出广告预算总额。此方法的最大优点是基于预定的目标而非依据过去或未来的效果进行预算，也就是说，不必考虑前一年度预算情况，只需考虑当前的每一项任务及其预算即可，因此预算方法更加灵活和科学，也更易被广告主所接受。

目标达成法一般分为以下三个执行步骤：

第一，确立营销目标，然后根据营销目标建立具体的广告目标和任务。广告目标应为达到营销目标而设立，且具有可测量性。

第二，对完成广告目标的各项广告策略和广告计划进行逐项费用计算。

第三，汇总并累加上述各项预算，制定广告预算总额。

目标达成法针对具体任务进行费用分配，可以有效避免预算上的失误与不可预测，并保障广告费用既不浪费又不会不足，因此被称为是最合理、最系统的预算制定方法。然而，在具体实施中，也不可避免地存在很多问题，比如该方法以广告目标为前提，但广告目标往往难以量化，因此很难提供准确的数据，同时，由于没有从成本角度出发，这种方法并不能保证广告目标一定值得去追求。

五、淡旺季区隔法①

这种方法依据产品淡旺季的划分来确定广告预算总额。不过对于淡旺季的广告投入，目前业界的看法并不一致。一种观点认为：应该在旺季多投入，加大投入的力度和广度，以求大量走货；而在淡季时做好基础的工作，比如服务、回访、调查、新品研发和储备等。另一种观点则认为：在旺季投入过多广告会导致传播效果的相互抵消，因此没有必要多投入，只要保持一定力度即可；而在淡季时应加大投入，以便抢占广告空档，吸引旺季同等投入情况下抢不到的消费者的眼球。这两种观点各有其合理之处，关键在于根据企业自身的状况和销售额的周期性变动，作有针对性地广告投放，以此吸引消费者。当然，这种方法仅适用于季节性较明显的产品。

运用淡旺季区隔法较为成功的是空调企业，如国内的海尔、格力和美的都先后采用过此方法，他们在旺季以及旺季来临之前加大广告投入，短时期内便吸引了大量消费者。与海尔等不同的是，格兰仕在进军空调领域时，选择了在旺季之后的淡季加大广告预算，也取得了不错的效果。这与两者在市场中的地位及企业的自身资源有关，在空调领域，格兰仕是新品牌，且产品线不丰富，需要淡季这段时间来完成过渡。

六、量力而为法

这是我国国内不少企业所采用的广告预算编制方法，它以企业在财政上可能支付的余

① 该方法参考石章强：《广告应该怎么投》，《智囊》2002 年第 4 期。

额为依据来设定广告预算总额。也就是说，在其他营销活动优先分配到经费后，企业剩余多少经费，就拿出多少经费做广告。这种方法能够保证资金在“量入为出”的前提下进行适度的调整，不会给企业带来资金的风险，但由于不重视广告在营销中的地位，再加上缺乏科学根据，制定出的广告费用预算很难适应实际的市场条件，而且很难确定花费是否有效。因此，这种方法适合于新进入市场的企业，或者一些必须进行广告宣传，却又没有必要进行长期宣传的小企业。

七、经验判断法

又叫任意支出法或武断法，即企业的广告费用决策人员凭借以往的经验，根据对市场变化的主观判断决定广告费用的预算方法。经验判断法以前一时期的广告费用为基础，在考虑市场动向、竞争情况、企业财务能力等综合因素的前提下，根据以往经验将广告预算总额适当增加或减少。此法从企业实际出发，灵活主动，有时也可以制定出有效的预算方案，在保健品行业和一些小企业中经常被采用，如脑白金、哈药集团就是通过对市场的敏感把握和分析，然后通过集中资源、密集投放的方式，取得了不错的广告效果。当然，此法的缺陷亦十分明显，由于过分依赖以往经验和主观判断，导致广告预算缺乏科学依据，并由此造成资金的不足或浪费。

经验判断法虽不够科学，但计算简单，因而仍为一些国内企业所采用。在运用这种方法时，要求广告费用决策人员具有丰富的经验和较强的判断力。

总之，上述七种预算编制方法各有优劣，没有任何一种方法是完美周全、适用于任何企业的预算方法。企业在实际的广告预算中，应根据习惯倾向的不同及企业自身的条件，运用多重标准，选择适合自身的编制方法。

第三节　广告预算分配与控制

一、广告预算的分配

在管理学中，管理主要有四大功能，即计划、组织、领导、控制，广告预算管理也不例外。广告预算编制方法解决了企业广告投入总费用是多少的问题，可以列入广告预算管理的计划功能，而预算管理的组织功能则主要是通过对广告预算的分配来体现。广告预算分配着重解决的是广告经费如何使用的问题，即通过制定合理的预算分配方案，使广告费用的使用更加有效。依据侧重点的不同，广告预算分配大致可分为以下几种：

（一）按广告活动的项目分配

广告活动的具体项目费用主要包括市场调查费用、广告设计制作费用、媒介购买费用、广告部门行政费用、机动费用及其他费用等，具体内容在本章第一节已有详细论述，这里仅讨论不同项目所占的广告预算比例问题，见表14-2。

表 14-2 广告活动各项目的预算分配

项目	项目内容	所占比例
市场调查费	调查、咨询、购买统计、调查机构资料、效果检测费用	5%
设计制作费	设计人员报酬、制作材料、工艺、运输费用等	5% - 15%
媒介购买费	购买媒介时间、空间的费用	80% - 85%
广告部门行政费、机动费用及其他费用	人员工资、办公、公关、营销协调费、机动费用、税金等	2% - 7%

表 14-2 所列举的各项目所占广告费用的比例只是一般情况下的比例，在实际的预算分配中，企业可根据自身状况进行广告费用的划分和分配。

(二)按产品分配

按产品分配是指将企业经营的所有产品进行分类，然后确定主打产品，在进行预算分配时，首先保证对主打产品的广告投入，以便集中宣传主打产品的分配方法。这种分配方法适用于企业产品种类较少而分配地区又较多的情况下。按产品分配的关键之处在于确定哪类产品是企业的主打产品，一般通过对产品的生命周期、市场占有率、竞争状况、利润水平、发展潜力及消费者的接受状况等多个因素的综合考察来确定。

(三)按广告媒介分配

广告媒介费用一般占广告预算费用总额的80%左右，成为广告投入的绝对主体，再加上广告的传播效果主要是通过广告媒介的传播效果来实现，因此，根据不同的媒介进行广告预算分配成为企业常用的分配方法。广告媒介预算分配法的主要步骤是：

第一，确定购买媒体的费用。

第二，根据目标市场的具体情况，确定地方性媒体和全国性媒体的投入比例。

第三，确定媒体的类别，做好媒体计划。

第四，将费用分配至各具体媒体如报纸、杂志、电视、网络、户外媒体等。

当然，广告媒介预算分配不仅包括不同媒体间的预算分配，还包括同一类媒体内部的预算分配。根据不同时期、不同区域的需求状况，对同一类型媒介的广告经费分配也会有所不同。需要注意的是，广告媒介预算分配最忌讳的是平均分配，企业在开展广告活动时一般会进行多媒介的集中与整合，以突出重点媒介，这个重点媒介就是广告预算分配的主打媒介。通过对重点媒介的集中广告投入，既能有的放矢，达到最好的传播效果，又能避免媒介费用的浪费。

(四)按区域分配

即根据广告活动实施区域的不同将广告费用进行分配，这种分配方法简单易行，适用于产品种类较多且销售地区较集中的企业。值得注意的是，按区域分配并不意味着将广告经费对各个区域予以平均分配，一般情况下，企业在进行区域广告经费分配时，会根据各地区的市场销售状况、市场细分、目标市场的分布以及市场竞争状况等因素进行合理分配，如产品的重点销售地区和重点使用地区应分配较多的广告经费，人口密度高的地区要比人口密度低的地区多分配，市场竞争激烈的地区要比竞争不激烈的地区多分配等。

在实际执行过程中，企业常常无法兼顾到各个区域的实际情况，为此，很多企业采取由区域经营机构重新分配的方法，即企业将某几个区域的广告经费拨给某一特定区域的经营机构，由其进行广告经费的再分配。比如某国外企业在中国开展广告宣传活动时，为便于分配广告经费而将中国划分为东北、西北、西南、中南、华北五个地理区域，并将五个区域的广告经费拨给该企业设在上海的代表处，由代表处根据五个区域的具体情况进行最优分配。

(五)按时间分配

即按照广告活动开展的时间来有计划、有重点地分配广告预算。广告活动的开展时间分为两种情况：一种是按广告活动的期限长短进行分配，可分为长期性广告预算分配和短期性广告预算分配，或年度广告预算分配、季度广告预算分配和月广告预算分配；另一种按广告宣传的时机进行分配，可分为均衡性广告预算、突击性广告预算和阶段性广告预算等，如对于一些季节性、节日性和消费时间较为集中的产品以及新上市的产品，一般可采取集中式、突击式的广告预算分配，通过重点投入迅速抢占市场；而对于一些季节性不明显的产品，则可以采取均衡性广告预算。此外，在广告活动中企业一般将活动周期细分为若干时间段，然后分别采取阶段性广告预算，这个时间段可以是一周，也可以是一个月，这完全由企业根据需要和各时间段具体情况来自行确定，同时再在此基础上挑出重点时间段，进而有计划地进行广告预算经费的分配。

二、广告预算的控制

广告预算编制和预算分配任务的相继完成意味着广告预算方案进入尾声，接下来就是广告主对广告预算方案的审核和批准，在此之后，广告预算进入实际执行阶段。广告预算执行中最忌讳的就是预算超支，因此，预算管理的主要目标就是使广告实际支出与先前的广告预算严格保持一致，也就是要对广告预算进行严格控制。广告预算控制是广告预算管理的最后一个环节，也是最重要的环节之一，它通过监督广告预算的执行，保障广告活动的正常进行。具体来说，广告预算控制一般分为会计控制和时间控制两种方式。

广告预算中的会计控制就是通过使用广告预算报表(见表14-3)，对预算开支和实际开支进行比较、监督和约束，以确保各项费用在预算范围内，从而保障广告预算目标的顺利实现。

表 14-3　广告预算报表①

产品：　　　　　　　　　　　　　　　　　　　　　　　　日期：

项目	年总额	1月	2月	3月	4月	5月	6月	7月	8月	9月	10月	11月	12月
媒介费用	B/A	B/A	B/A	B/A	B/A	B/A	B/A	B/A	B/A	B/A	B/A	B/A	B/A
制作费用													
印刷品													
直邮													
展销会													
影像制作													
公关成本													
辅助推销													
网络费用													
其他													
合计													

在表 14-3 中，B 代表预算，A 代表实际开支，这样，广告预算各项费用的预算与实际开支情况的对比就一目了然，这有利于对广告预算的各项开支进行实时监督和控制。当然，进行监督的前提是要求企业和广告公司共同做好票据登记管理工作，每月对实际开支进行统计，财务或会计部门每月向主管提供当月的开支明细，这样既可以对预算进行控制，也能减少双方合作期间的误解和矛盾。

除会计控制外，对时间进程的控制也是广告预算控制的一个核心问题。如果广告主能够科学、合理地安排各项工作的时间进程，就能有效地控制成本，避免因超时而带来的超支。时间控制一般通过制定时间表或甘特图等方式来促使所有活动严格按照时间来进行。

本章小结

广告预算是指在一定时期内，广告策划者为实现企业的战略目标而对广告主投入广告活动所需的经费总额及其使用范围、分配方法等进行的预先估算和筹划。在国内广告界，通常将广告费用分为市场调查费用、广告设计制作费用、媒介购买费用、广告部门行政费用、机动费用、其他费用六种。

在编制广告预算时，除了要确定广告费用的范围，明确广告预算的内容外，还要考虑影响预算的几个因素：企业的因素、产品的因素、竞争的因素、消费者的因素、广告媒介及发布频率的因素。

此外，编制广告预算必须采用正确、科学的方法，以保证广告预算编制的科学性。常用

① 该报表参考纪华强主编：《广告策划》，高等教育出版社 2006 年版，第 249 页。

的广告预算编制方法包括:比率法、销售单位法、竞争对比法、目标达成法、淡旺季区隔法、量力而为法、经验判断法。

除对广告预算进行编制外,还要进行广告预算的分配与控制。依据侧重点的不同,广告预算分配可以从广告活动的项目、产品、广告媒介、区域和时间等方面进行。广告预算控制是广告预算管理的最后一个环节,也是最重要的一个环节,它通过监督广告预算的执行,从而保障广告活动的正常进行。广告预算控制一般分为会计控制和时间控制两种方式。

一、思考题

1. 如何对广告预算的费用进行分类?
2. 试列举影响广告预算的若干因素。
3. 广告预算常用的方法有哪些?这些方法各有什么优缺点?
4. 如何对广告预算进行合理分配?
5. 通过何种手段可以对广告预算的执行进行有效监督?

二、课外资源

1. 徐智明著:《广告策划》,中国物价出版社 1997 年版
2. 纪华强主编:《广告策划》,高等教育出版社 2006 年版
3. 金力编著:《广告营销策划经典案例分析》,北京大学出版社 2009 年版
4. 《大市场·广告导报》杂志
5. 中华传媒网(http://info.mediachina.net)

第十五章 广告效果评估

CHAPTER 15

广告到底能影响什么？广告效果如何评估？这个问题一直困扰着广告业界的研究人员、各种媒体、广告代理公司、广告主以及学术界，虽然这些年来关于广告的研究工具和数据有了充分的发展，但是人们却一直没有彻底解决这个问题。

第一节 广告效果评估

广告效果评估是广告活动的重要一环，起着承前启后的重要作用，是评估广告是否成功的标尺。只有对整个广告活动进行有效的监控，广告计划才能被正确执行，广告目标才能得以顺利实现。而"有效控制工作的前提是要有客观、准确、适当的工作评价标准和确切的工作评价方法"。运用这些标准和方法，企业的广告管理人员就能够找出广告活动进展的偏差，从而及时采取纠正措施，确保广告目标的最终实现。因此，广告效果评估不仅能对企业前期的广告作出客观的评价，而且还能对企业后期的广告活动，如广告的目标管理、广告策略创新以及媒体组合策略等具有有效的指导意义。同时，对于提高企业的广告效益，也具有十分重要的意义。因此，对广告效果评估的研究十分重要。

一、广告效果定义

广告效果有狭义和广义之分。狭义的广告效果是指广告所获得的经济效益，即广告传播促进产品销售增加的程度，即广告带来的销售效果。广义的广告效果则是指广告活动目的的实现程度，是广告信息在传播过程中所引起的直接或间接变化的总和，它包括广告的经济效益、心理效益和社会效益。

二、广告效果特性

广告效果是一个投入产出的过程，是广告目标的结果。从广告作品的创作到媒介发布以及消费者视听，广告流程中的每一个环节都存在着广告效果，其形成是一个错综复杂的系统工程。广告效果的取得受到多方面因素的影响和制约，这就决定了广告效果具有与其他活动所不同的复杂特性，主要表现在以下五个方面，如图 15-1 所示。

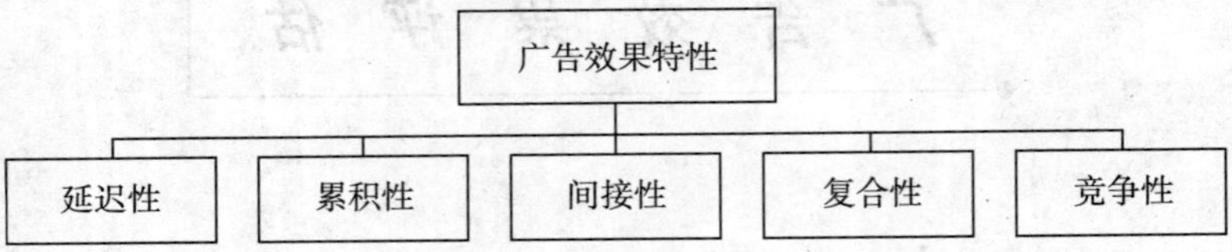

图 15-1　广告效果特性

(一)效果延迟性

广告信息的呈现和传播具有统一性，由于不同商品、不同类型的消费者及其所呈现出的千差万别的购买形态，导致一则广告在发布之后，其影响效果千差万别。有的广告效果的产生是连贯的、即效的；而有的广告产生效果则可能是不连贯的、迟效的。但从总的趋势看，随着时间的推移，广告效果都在逐渐减弱，这就是广告效果的延迟性。

一般情况下，除了极少数 POP 广告对现场销售会产生直接的促销效果外，大多数广告需要在一段时间后才能产生效果。因此，在进行广告效果评估时，不能仅仅从广告发布后短期的销售效果上去评判广告好坏。

(二)效果累积性

广告是一种综合的、复杂的信息传播活动，它既可以通过各种表现形式来体现，又可以通过多种媒体来传播，同时又要受到企业的其他营销活动、同行业竞争广告及有关新闻宣传的影响。因此，广告能作用于消费者，促成其购买行为并产生促销效果，大多数情况下并不是一次、一时或一种信息和媒体作用的结果，而是广告信息的多次重复、累积效果的呈现。

消费者在尚未发生购买行为之前，都可看成是广告效果的累积时期。消费者可能在第五次接触某则广告后有了购买行动，而这实际上是前四次接触广告的累积结果。例如，点击了网络广告后又收听了广播的广告，并在 POP 销售卖点受到销售人员的促销激励，从而形成最终的购买行为，这应是三次广告活动复合积累起来的结果。因此，广告效果往往是多种广告活动的综合效果，很难测定单独的某一次广告的效果。

(三)效果间接性

广告既可以对那些接触过广告的消费者产生心理和行为上的直接作用，也可以通过消费者购买商品(服务)体验后的口碑传播，这会对未接触过广告的消费者产生间接影响，即广告效果的间接性。

一般情况下，消费者中会存在商品使用者的意见领袖，他们主动接触或乐于接受商品的相关信息，在对某些商品(服务)体验比较满意后，倾向于向身边或亲近的人推荐，激起他们的购买和使用欲望，进而产生连锁消费的反应。显而易见，这种由广告所产生的效果是间接形成的。

(四)效果复合性

由于广告效果受到各种因素的影响和制约,其对消费者所产生的影响和发生的作用往往呈现出复合的状况。从内容上看,广告不仅会促进销售,产生经济效益,同时还会对消费者产生心理效果,会影响大众生活方式和社会文化,因此,需要全面综合地理解和评估广告效果。从信息传递方式上看,广告是企业整合营销传播中信息沟通的有效手段之一,传播效果往往是广告与其他传播方式相互配合的结果,因此,对广告效果的评估也需综合考量公共关系等其他活动的作用和影响。

(五)效果竞争性

现代市场竞争日趋激烈,广告既是市场竞争的产物,也是市场竞争的手段。商品大战最直接和生动的体现往往就是形式多样的广告大战。广告既要为各种商品的竞争战奋不顾身,同时也要努力保证自身在五彩斑斓的广告竞争中立于不败之地,广告效果如何必然会受到其他竞争广告的影响,甚至会被抵消。因此,广告效果的评估还要加入竞争广告的影响这一变量。

广告效果的特性决定了进行广告效果评估的错综复杂性,同时,认识广告效果的特性有助于客观准确地了解广告效果,科学合理地把握评估方法,相对准确和科学地设计广告效果评估的指标。

三、广告效果评估的原则

鉴于广告效果的综合特性,在进行广告效果评估的实施过程中还需遵循以下一些基本原则:

(一)目标性原则

目标性原则要求每次广告效果评估都要有明确而具体的目标,而非空泛之谈。例如,广告效果评估的内容是经济效果、心理效果还是社会效果;抑或是长期效果还是短期效果等。只有明确界定了广告效果的评估目标,才能选择科学合理的方法,制订有序的评估步骤,并取得预期的评估效果。

(二)综合性原则

无论广告效果评估活动的目标是经济效果、心理效果还是社会效果,都需综合考虑各种相关因素的影响,例如商品种类、消费者类型、竞品广告的发布以及其他营销活动的配合等。只有这样,才能选择合适的评估方法,构建相对全面和科学的指标体系,准确反映真实情况,进而得到比较客观的评估结果。

(三)科学性原则

广告效果评估是一项需要成本投入的系统工程,其结果本身并无科学合理的评价标准可供遵循,这就要求评估实施过程本身要严格遵循科学原理,否则结果就不会真实可靠,既浪费了时间和金钱,又会起到错误的指导作用。这对于企业而言,无异于竹篮打水。科学性原则要求效果评估实施具有可操作性,结果具有可靠性和稳定性。例如,对于样本的选取,要体现典型性;样本容量的确定,要掌握精确性和经济性的原则。此外,评估指标要有明确含义,重点突出,可操作性强。

(四)经济性原则

在不影响评估要求和准确度的前提下,要尽可能使评估方案简便易行。例如,进行广告效果经济评估时所选取的广告样本的测量范围、地点、对象、方法以及评估指标等,既要考虑满足精准和可靠的要求,同时也要充分考虑企业在经济上的承受能力,尽可能做到用较少的费用支出取得尽可能客观的评估结果。

四、广告效果评估的重要性

伴随着经济市场化程度的提高,广告业迅速发展,人们对于广告效果评估工作的重要性也被逐渐重视起来。具体而言,广告效果评估工作对广告主企业的营销活动、广告公司的经营发展和广告水平的不断提高,都具有重要的意义和作用。

(一)加强目标管理

广告效果评估是实现对广告活动进行目标管理的必要条件。广告主投入大量的物力、人力和财力,就是希望实现既定的广告目标,而这就需要加强目标管理。通过对广告活动的各个过程、各个阶段的实际效果进行评估,同时与广告方案中的目标进行对照比较,就能衡量其是否达到了子目标,进而全面而准确地掌握广告活动的发展方向,及时发现问题、总结经验,确保广告活动始终围绕目标开展。

(二)增强广告意识

广告效果评估能够为企业提供科学的参考依据,一方面能够摒弃主观判断、单凭经验运作广告的局限,使广告活动更加规范、严密、精细;另一方面通过翔实的数据资料,为企业提供相对明晰可见的广告效益,增强企业广告意识,并进一步增强其运用广告传播手段促进企业发展的信心。

(三)制定广告策略

广告策划是一个循环的系统,广告活动的前期评估有利于制定科学的广告策略,明确广告目标,选择合适的广告媒体,安排广告发布时间和频率等,从而保证企业做出正确的广告决策;广告活动的中期评估有利于时时监控广告活动的进程,扬长避短、及时修正不足,从而避免广告活动的失误,使广告活动获得更大的收益;终点又是起点,广告活动结束后,正确地评估广告活动给消费者、企业营销和整体市场带来的影响和变化,将有利于企业全面掌握广告活动的成功与不足,找出问题点和机会点,为以后的广告活动提供依据和借鉴。

(四)提高经济效益

企业的广告投入通常是营销预算中的最大一笔开支,通过广告效果评估能够帮助企业明确广告效果及其所带来的经济效益,例如消费者的态度改变,销售量的增加等,这样有利于企业合理安排和控制广告预算,从而取得最佳的广告投资效益。

第二节　广告效果评估的研究历史

广告效果评估的发展最早可以追溯到 19 世纪末,伴随着市场化程度不断提高,企业间竞争加剧,管理水平逐步提高,企业的广告活动也日益频繁起来,由于其传播范围不断扩大,广告效果评估逐渐引起了人们的重视,从 20 世纪 50 年代的美国开始,广告效果评估获得了真正广泛的应用。此外,在新的科学理论以及现代科学技术的发展背景下,广告效果评估分别从实践和理论两个层面获得了发展。有关广告效果评估的发展史,大体可分为以下三个阶段。

一、心理学研究阶段(1895—1960 年)

19 世纪末,科学心理学诞生,它推动了广告效果研究的出现和发展,并使这一时期的效果评估也主要集中在心理效果的研究上,且多以实验心理学的方式评估广告效果。

1895 年,美国明尼苏达大学心理实验室的 H. 盖尔(H. S. Gale),采用问卷调查的方法,率先把心理学原理引入"消费者从看广告到购买过程"的研究中,调查研究消费者对广告以及广告商品的态度与看法,开启了广告效果心理研究,并于 1900 年出版了《广告心理学》一书。1903 年,美国西北大学心理学家瓦尔特·狄尔·斯科特(W. D. Scott)编著了《广告原理》一书,第一次把广告当做一种学术理论来探讨,该书的问世标志着广告心理学的诞生。此后的 30 年间,相继出现了一系列的代表性研究成果:如 H. L. Holingworth 的《广告销售》(1913 年),丹尼尔·斯塔奇(Daniel Starch)的《广告原理》(1914 年)等,这些著作都较偏重于广告文案的评估。1932 年,丹尼尔·斯塔奇(Daniel Starch)首先开发了印刷媒体的阅读率调查,对印刷广告的记忆效果进行了评估。此后,尼尔森(Nielsen)、普利兹(Poliz)和雪林(Schwerin)等公司开始从事电波媒体的效果评估。到了 20 世纪 50 年代,较有代表性的研究成果有:栗屋义纯的《广告效果测定》和日本广告会的《广告效果分析》等。

在模式研究上,1898 年,美国的艾尔莫·里维斯首次提出了 AIDA 模式。1925 年,斯特朗将这一模式引入广告效果评估中,成为第一个广告效果测量模式。此模式在学术界和广告行业内的影响都比较大,成为最经典的广告心理效果模式。

二、广告传播效果研究阶段(1961—1969 年)

这一阶段被称为广告传播效果时代,即以评估传播效果作为广告效果的评估模式。1961 年,美国广告学家罗素·科利(Russell H. Colley)提出了著名的 DAGMAR 模式。此外，该阶段的标志性成果还有：罗伯特·J. 勒韦兹（R. J. Lavidge）和加里·A. 斯坦纳（G. A. Steiner）提出了广告作业的六阶梯说，即 L&S 模式（1963 年）；鲁卡斯和布力特（Lucas & Brit）及马克格鲁西尔（Mc Graw Hill）等出版了《广告效果评估》（*Measurement of Advertising*）一书（1963 年）；日本五家民营广播公司评估研究会编纂了《广播广告效果》（1968 年），以及坎贝尔（R. H. Compbell）所著的《广告对贩卖及收益的效果评估》（*Measurement the Sale and Profit of Advertising*）等。这一阶段广告效果评估实践在各媒体公司、广告公司也是开展得如火如荼，大量发表关于广告效果研究的报告。NBC、NHK 等也开始从事视听率的预测，博报堂、电通、万年社等还设置了广告效果评估实验室。1960 年尼尔森在日本开展了电视视听率评估业务，1965 年 ASI（Audiece Studies Inc）开始专门从事电视广告效果评估工作。

三、系统研究阶段（1970 年以后）

1970 年以后，广告效果评估研究进入到系统研究阶段，广告效果评估的实践不再仅仅局限于单项评估如阅读率、视听率等的指标，而是上升为对整个广告活动的销售效果、瞬时效果与长远效果的综合评估，大量的广告效果评估方法被广告公司、广告代理公司、学术研究机构等运用于实践。对广告效果评估系统的研究文献也越来越多，如日本学者伊藤从广告管理视角出发进行广告效果研究，此外有日本八卷俊雄、松田义幸所著的《广告的系统研究》，以及日经广告研究所编著的《AR 广告效果测定》等。

在该阶段，计算机技术及应用的飞速发展极大地推动了广告效果评估的程序表、数据库的建立和各种效果评估模式的发展，例如日本电通广告公司提出了第三代广告预测模式——Dmp（Dentsu msdia planning）模式，奥美提出了四项广告程序效果评估模式。

此外，该阶段广告效果的事后评估愈来愈准确，事前预测也发展得愈来愈迅速，尤其是广告效果的事前预测已成为一个比较活跃的研究领域，例如国际市场研究集团（RI）提出的广告事前测试的新方法——Public Test With CRA 等。

纵观广告效果评估的发展历史可以看出，目前针对广告效果的评估方法较为多样化和科学化，并且开始注重不同层面、类型和内容的交叉性研究，但由于还缺乏系统化和标准化，有关广告效果评估的研究还存在一些不足，例如广告效果评估的研究还停留在单指标评估阶段，未能将各种评估指标加以全面考虑和综合；方法和理论纷繁复杂，相互重叠，且不宜被掌握和操作。因此，广告效果评估的研究发展尚待完善，还缺少一个通用和可操作的系统化的评价体系和模式。

第三节　广告效果评估模式及方法

科学的广告效果评估要建立一套对广告活动进行测评的标准和方法体系。其科学性体现在遵循现代广告活动的客观规律，建立具有可操作性的评估模式，采用科学的管理技术和调查研究方法上。

一、广告效果评估分类

广告研究学者们对广告效果所涵盖的内容及分类方法说法不一。根据对国内外有关广告效果评估分类的梳理,目前有关广告效果评估体系建立的分类主要可以从两个角度入手:一是从广告策划活动流程的的角度来看,包括对广告事前、事中和事后的效果评估;另一个是从广告活动的内容角度来看,包括广告表现、广告传播、消费者心理、销售效果以及社会效果等五个方面,他们都是研究广告活动所产生的一系列影响以及由人际传播所形成的综合效果。

按照广告策划活动开展的时间顺序,广告效果评估的"三部曲"分别为:

(一)事前测试评估

事前研究是在广告活动实施之前,对广告的策划方案、表现效果及媒体效果进行预评,估计广告活动可能产生的实施效果。事先测试以阶段性来区分,比较常用的广告事前测试评估调查主要有:

- 产品概念测试:找出产品所适合的消费者群以及产品概念,从而协助广告策略的发展。
- 创意概念测试:协助广告创意人员寻找接近消费者的语言,从而找到合适的表现方式。
- 平面及立体广告作品测试:事先测试预知广告未来刊播的结果,作为修正参考。

(二)事中跟踪评估

又称事中测试,是指在广告活动实施期间,随时跟踪广告信息的传播状况、广告媒体的实施质量,研究广告对象对广告信息的反应即接受效果,验证广告策略是否符合预定的计划,这是调整和监控广告活动的必要手段。目前广告市场上比较成熟的广告效果监测活动,如到达率调查、收视率调查等,都是集中在广告的事中效果研究环节上。

(三)事后效果评估

事后研究是指在一个时期的广告活动结束后,使用访问、统计、试验等手段和方法综合性地研究全部广告效果,全面测定和评估广告活动对营销等方面所产生的效果,为今后改进广告活动、提升广告效果提供依据。

事后效果评估按时间划分又可以分成三个层面,即瞬时效果、近期效果和远期效果。瞬时效果指受众在接触广告的瞬间所产生的效果,它属于广告表现效果;近期效果是广告刊播后的广告周期内所产生的效果,其又包括传播效果、心理效果和销售效果等;远期效果是广告刊播周期后的相当长一段时间内所产生的效果,其影响更深远,例如广告的社会效果等。

相对于广告主的整个营销活动而言,广告效果的事前、事中、事后测评多是从局部、单项运作的角度展开评估的,即使事后的效果测评也不能全面、客观地与广告活动的成果建立直接的联系。广告主以及广告代理商在实际的广告运作和管理工作中,还应从整体、宏观的角度，对不同产品的不同广告项目从各自不同的广告内容上进行综合的效果评估。本书第四节内容将就广告效果评估进行详细介绍。

二、广告效果评估模式

广告活动传播目标的实现是广告成功的关键，通常广告效果的发生并不是让消费者立即产生购买行为，而是需要经过几个阶段逐步实现。广告效果评估模式是进行广告效果评估的基本依据，对广告效果模式的研究经历了不同的发展阶段，其中比较有代表性且对广告效果评估研究有影响力的主要有以下一些模式，见表 15-1 所示。

表 15-1　广告效果评估模式

模式名称	模式内容
AIDA 模式（1925 年）	注意→兴趣→欲望→行动
霍夫兰（Hover land）模式（1953 年）	注意→理解→接受
科利（Colley）的 DAGMAR 模式（1961 年）	未知→知晓→了解→信服→行动
勒韦兹（R. J. Lavidge）和斯坦纳（G. A. Steiner）模式（1961 年）	知晓→了解→喜欢→偏好→信服→购买
广告调查基金会 ARF（Advertising Research Foundation）的媒介评价模式（1961 年）	媒介普及→媒介接触→广告接触→广告知觉→广告沟通→销售反应
罗杰斯（Rogers）模式（1962 年）	知晓→兴趣→评价→试用→采用
门德尔松（Mendelsohn）模式（1962 年）	初步反应（忆起）→情绪反应（爱好）→行动反应
沃尔夫（Wolf）等人的模式（1962 年）	知晓→接受→偏好→兴趣→购买
饱户模式（日本）（1963 年）	传达可能性→注意率→知识结构→行为化→固定
阿斯平沃尔（Aspinwall）模式（1968 年）	接受→偏好→坚持
M. S. I 模式（1968 年）	知晓→了解→喜欢→偏好→信服→购买
日本电通 CSP 模式（1968 年）	未知→知晓→理解→好感→欲求→行动
施瓦茨（Schiwartz）模式（1969 年）	暴露→注意→记忆→态度改变→购买
霍华德（Howard）与谢思（Sheth）模式（1969 年）	注意→了解→态度→意向→购买
Sheth 模式（1970 年）	事实（暴露、译码）→态度→意向→购买
默菲（Murphy）模式（1971 年）	态度→了解→重要→差异→催化作用
泰勒（Taylor）与彼得森（Peterson）模式（1972 年）	注意→兴趣→欲望→信服→行动
杨（Young）模式（1972 年）	注意→传播→信服
霍尔布鲁克（Holbrook）模式（1975 年）	注意→认知→记忆→态度→意向
ELM 模式（1983 年）	中枢说服和边缘说服
李奥·贝纳公司 CAPP 模式	未知→已知→接受→偏好→新近购买品牌→品牌满足
通用汽车公司模式	认知→购买种类→考虑种类→第一选择

在上述纷繁复杂的广告效果评估模式中，最早的 AIDA 模式在学术界和广告界的影响都较大，可以算作是最为经典的从受众角度出发的广告效果模式；DAGMAR 模式由于与著名

的“广告目标测定效果法”相关联而著名;ARF 模式将 DAGMAR 理论未知与认知之间的媒介运作进一步细化,因此也具有一定的影响力;电通模式和 DAGMAR 模式大同小异,李奥·贝纳公司的 CAPP 模式则加入了品牌的观念。本章重点介绍其中几种模式。

(一) AIDA 模式

1. AIDA 广告效果模式

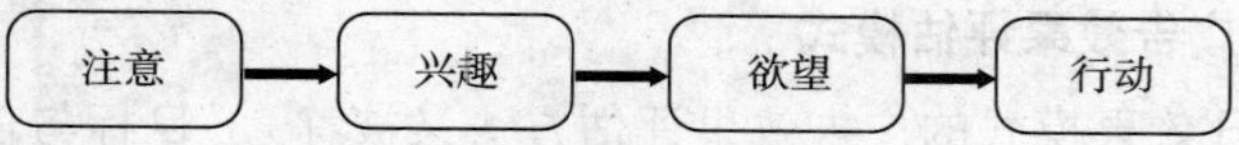

图 15-2　AIDA 广告效果模式

美国的艾尔莫·里维斯(Elmo Lewis)首次提出了 AIDA 模式,即广告效果的四阶段模式,该模式认为受众购买产品的过程会相继经历注意(Attention)、兴趣(Interest)、欲望(Desire)和购买产品(Action)四个阶段,其中广告的作用表现为首先要引起目标受众的注意,其次要引起消费者的兴趣,再次要激起目标消费者尝试产品的愿望,进而最终促使消费者采取购买行动。这一模式奠定了广告阶段性效果评估的基础,即认为广告从播出到消费者产生购买行为之间要经历一系列过程和阶段,过程中的每一个环节都可能对购买行动产生影响,因此各个环节的效果都可以并且应该进行评估。AIDA 模式在学术界和广告行业内的影响都比较大,是最经典的广告心理效果模式。

这种线性的阶层模式能简单有效地描述广告引起的消费者心理变化过程,但却忽略了人对此反应的主动性,没有很好地考虑到消费者自发的需求所起的作用。

2. AIDA 广告效果评估模式

里维斯认为,AIDA 模式既是消费者接受广告的心理过程,也是广告创作应遵循的法则。后来,人们注意到广告效果的累积性,特别是迟效性和延续性的特点,消费者的购买行为在许多情况下不是在广告暴露后立即产生,而是在之后的某个情境中,受一定刺激才发生的。在此过程中,消费者对广告的记忆是产生迟效和延续的心理基础。

斯特朗(Edward. K. Strong)在 AIDA 模式的基础上提出了 AIDMA 模式,即广告效果的五阶段模式。该模式在欲望和行动之间增加了记忆(Memory)阶段,认为在广告激起目标消费者尝试产品的愿望后,还需对广告商品及品牌特征产生记忆,这样才可能最终形成购买行为。这一模式成为了第一个广告效果评估模式。

(二) DAGMAR 模式

1. DAGMAR 广告效果模式

图 15-3　DAGMAR 广告效果模式

在众多纷繁的广告效果模式中，DAGMAR 模式的影响较大。1961 年，美国罗素·科利（Russell. H. Colley）在题为《测定广告效果所规定的广告目标》（*Defining Advertising Goal for Measured Advertising Result*）的论文中，将广告作用的心理历程描述成如下四个层次：未知（Unknown）（某产品、商标或企业）到知晓（Awareness）到了解（Comprehension）（了解某产品功能及特色）到信服（Conviction）（引起购买某商品的心理意向或愿望）再到行动（Action），即购买。这一模式又被称为效果层次模式。

2. DAGMAR 广告效果评估模式

基于 DAGMAR 效果模式的广告效果评估方法又被称为"目标与任务法"（Objective and task），它在广告心理效果的指标测定上具有代表意义。该方法在广告活动尚未开展前，先测定市场状况，对消费者就"认知"、"了解"、"信服"、"行动"方面进行调查，以所测定的值为"基点"，再明确需要达到的广告目标，最后按照所决定的目标展开活动。在广告活动期间和结束之后，定期、反复地进行同样的市场调查，并与"基点"进行比较，进而判断是否达到了预期目标。

DAGMAR 评估模式在评价广告传播效果、测定消费者心理变化因素方面非常有效，同时由于该理论是围绕广告传播目标提出的，因此在实施目标管理上具有明显的优势。它不仅是测定广告传播效果的基本模式和有效方法，而且是一种管理理念，至今仍有广泛的影响。DAGMAR 评估模式的不足在于难以确定达到广告目标的具体费用，以及媒体到达率和暴露频次。同时，这几个阶段的效果并不都是广告效果，它往往是广告、发布讯息、销售促进、促销活动等的综合效果，而消费者也并非都是通过这几个阶段来最终达成购买行为的。

（三）ARF 模式

前面两个模式主要是关于广告活动的沟通效果模式，1961 年 ARF（广告调查基金会）发表了对媒介评价的广告效果模式，如图 15-4 所示。

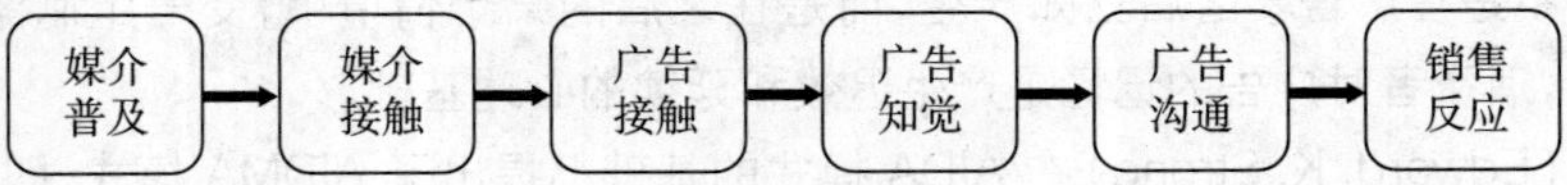

图 15-4　ARF 效果模式

"媒介普及"，在电子媒介中指广播和电视总的普及台数，或者拥有收音机和电视机的总家庭户数，在印刷媒介中指报纸、杂志发行份数或者实际售出份数。

"媒介接触"是对于广告载体的接触程度测量。对于电波媒体来说，主要是视听率调查，对于报纸或杂志等印刷媒介而言，则是经过公证的发行量，须加上传阅率作为乘数。对于户外媒体或是新媒体而言，则是通过专门的定期调查来取得数据。

"广告接触"是指广告所接触的听众、观众总数，以及观众接触广告的频次总数。在电子媒介中是指正在收看播放广告的总人数。而在印刷媒介中则是包括报纸和杂志两个媒介，报纸方面是指读者总数乘以特定版面的广告注目率的积数；杂志方面是指特定期的广告读者总数。

在ARF模式中，纯粹体现媒介广告效果的有三个方面，即“媒介普及”、“媒介接触”和“广告接触”，比这个更高一个层次的效果指标是“广告知觉”、“广告沟通”及“销售反应”，它们不仅是广告媒介的效果，而且也是广告媒介和广告表现综合作用的效果。此外，ARF模式中的广告沟通，是指提高消费者对广告商品的理解，让消费者形成好的印象并滋生决定购买的意识，这点和DAGMAR模式并不完全一样，相比而言，ARF模式的范围更广。

（四）ELM模式

研究说服效果的学者佩蒂（Petty）和卡西涡波（Cacioppo）从信息传播与信息处理角度出发，提出了说服可能性的ELM模式（The Elaboration Likelihood Mode），如图15-5所示。

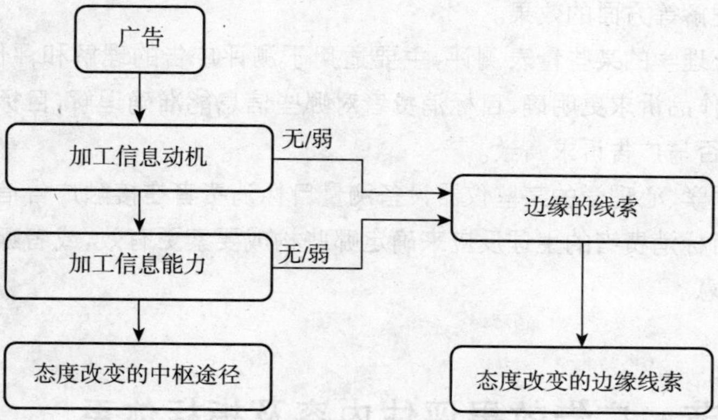

图15-5　ELM模式

从该模式看出，广告引起受众的态度改变可归结为中枢说服和边缘说服两条路径。精细加工可能性（Elaboration Likelihood）水平高低决定了两路径的相对强度，所谓精细加工可能性是指受众对所得信息进行加工的动机强度和能力水平。其中边缘说服路径发生于精细加工可能性低（受众不具备加工能力或动机弱）的情况下，受众态度的改变不是源于个体对广告的精细认知加工，而是根据诸如广告信息源的可靠性或权威性、广告诉求引发的各种联想、所激发的不同情绪情感体验等边缘线索直接对刺激做出反应，更多地依赖于情感迁移（Affect Transfer）、直观推断（Heuristics）或其他自动的信息加工过程。这一路径被认为是情感诉求影响受众品牌态度变化的内部机制。

总之，以上各种模式各有千秋，但较多强调的只是某一个方面，而较少综合其他的因素，故目前有许多学者期望能够综合众多模式之长，进而建立比较完整的广告效果评估新模式。

三、广告效果评估方法

广告是否有效，取决于消费者对广告所传达的信息的接受和理解程度以及在态度、偏好、行动上发生的改变。由于广告效果有延时性和累积性等特点，广告效果可分为瞬间、近期效果和远期效果，因此对于广告效果的评估应选择相适合的测定方法。

在实践中，对广告效果进行测定和评估，通常可采用两种方法——广告问卷调查法和实验室测评法。广告问卷调查法，即采用问卷的形式进行调查，然后对调查结果进行测定和评价，例如“语义差异量表”、“联想法”、“意见测试”等。实验室测评法，是指在广告的设计阶段，因为还没有正式发布广告，此时的测评主要在实验室完成。有时为了避免实验室的非正常状态的干扰，也会采用实际刊播或模拟购买的方式测量不同广告作品可能产生的效果差异。

实验室测评的具体方法非常多，例如有“瞳孔测试”、“皮肤电反应测试”、“瞬间显露测试”等。此外，实验室中常采用的作品测评方法可以分为三大类：

第一，模仿实际刊播情景，测试目标消费者接触广告后可能产生的效果，包括广告记忆、广告认知、广告理解等方面的效果。

第二，利用心理学的某些量表测评，主要适用于测评广告的理解和评价效果，通过这样的测评确定哪个作品诉求更明确、目标消费者对哪些信息能准确理解，目标消费者对广告构成要素的评价是否与广告诉求一致。

第三，借用医学、心理学的某些仪器设备测量目标消费者在接触广告信息时产生的不同生理反应，通过目标消费者的生理反应来确定哪些构成要素更有效，或者哪个作品更能引起目标消费者的注意。

第四节 广告效果评估内容及指标体系

广告对广告对象的影响和作用是一个综合、复杂和长期的过程，因此有关广告效果的评估内容就会复杂多样，目前有关广告效果的评估内容及指标体系的建立已经有许多理论和实践研究成果，效果评估的分类、内容、指标以及方法千差万别，本书按照时间进行分类，将广告效果的评估内容分为以下几个方面，具体详见图 15-6 所示。

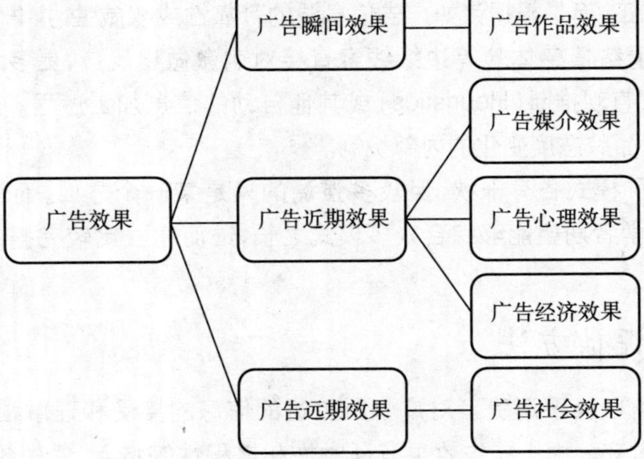

图 15-6 广告效果评估内容分类

一、广告作品效果评估

产生广告效果的起点是广告作品，广告作品是广告信息的载体，研究广告作品的效果是研究整体广告效果的基础。

（一）广告作品效果

广告作品效果，是指广告对象接触广告作品之后，在直觉、记忆、理解、需求、愿望、行为习惯等方面的变化，也有研究将广告作品的效果称为“广告传播效果”、“广告心理效果”或“广告接触效果”等，这些看法的内涵差异较大。本书将广告作品效果界定为广告对象在接触到广告作品信息后所产生的瞬间反应和感受。

（二）广告作品效果评估指标①

广告作品的画面内容、文字、色彩和布局等因素都会对目标对象产生影响，使其在瞬间产生一系列的反应和感受，从而达到一定的广告效果。

目前针对广告作品的瞬间效果评估，有一些具体的生理性指标。研究者通过各种精密仪器测定并记录广告对象接受广告信息之后的生理反应来判断广告作品的冲击力，包括眼动轨迹、瞳孔反应、皮肤电反应、脑电波图、视觉反应时间、瞬时记忆度等。

眼动轨迹图。利用眼动轨迹记录仪，画出眼动轨迹图，由此了解受众眼睛的注视次序和重点部分，从而为广告设计制作提供参考意见。

瞳孔反应。广告对象接受广告信息时，因情绪方面的变化，导致瞳孔出现不同程度的放大或者缩小，一般情况下，瞳孔放大是积极的情绪反应，瞳孔缩小是消极的情绪反应，利用瞳孔的变化可以判断广告作品对广告对象的心理影响效果。

皮肤电反应。人们接受广告信息时会出现情绪方面的变化，大脑兴奋导致皮肤汗腺活跃，进而影响皮肤电阻的变化，通过响应的仪器可以记录到皮肤电阻的变化，作为判断情绪反应的可靠指标。

脑电波图。人们在观看广告时，大脑会自发地产生许多电活动，这些活动可以借由脑电波图反映出来。研究者认为，广告画面非常吸引人的时候，出现 14—25 赫兹的低幅快波；广告令人不感兴趣时，则出现 8—13 赫兹的高幅慢波。

视觉反应时间。通过瞬间显示仪记录广告对象观察或看清广告作品所需的时间长短，作为衡量广告视觉传达效果的评估指标。

瞬时记忆度。利用速示器，在短时间内呈现一幅广告画面，而后询问受众，得出他的瞬时记忆度。

从实践的角度来看，上述生理指标的应用范围不大，应用前景也不会太广，原因是研究这些生理指标需要使用昂贵的仪器或设备，对研究人员的要求也很高，应用不太方便。

---

① 邱长波、熊文：《广告信息传播效果测定指标分析》，《情报科学》，1998 年 7 月，第 322 页。

二、广告媒介效果评估

(一)广告媒介效果

广告媒介效果,是指广告作品在媒介传播期间,传播指标变化等方面的效果,包括广告到达的范围,广告到达的人群,受众对广告的注意程度等,如电视广告的收视率、平面广告的到达率、网络广告的点击率等。

媒介效果是广告效果评估的关键内容,这是由于广告的媒介传播效果最先产生、最好量化,而且对于大多数广告而言,良好的广告到达或接触效果也是其最直接的广告目的。测评广告的媒介效果可以得到广告在社会上传播的广度、深度以及消费者的接受情况,可以获得改进广告表现及媒介策略的依据,为获得更好的经济效果奠定良好的基础,因此具有很强的应用价值。

(二)广告媒介效果评估指标

依照广告的媒介类型,可将广告媒介效果研究分为印刷媒介广告效果研究、影视媒介广告效果研究、户外媒介广告效果研究以及互联网广告效果研究等。这些分类媒介广告效果研究主要集中在各类媒介的到达率、收视率和阅读率上。

广告传播效果的评估指标,分为量化指标和质化指标两大类。量化指标体系建立的时间较早,指标体系也相对完善,例如电视消费量、收视率、占有率、总到达率、边际到达率、累积到达率、平均到达率、目标观众能见度、接触度、接触度分布、累计接触度、毛评点、千人成本、集中度、忠实度、平均忠实度等,在这些指标中,有些侧重解释宏观的传播效果,有些侧重于解释微观的传播效果,同时,这些指标之间相互交叉渗透,读者如果有兴趣可以阅读相关的研究资料。

质化指标是指在量化基础之上,综合考虑媒介的影响力、广告对象的质量因素而形成的媒介效果研究指标。其中媒介的影响力包括:媒介的节目内容、节目数量、节目质量、资本规模、技术水平、人才、社会关系、频道政策、节目政策、经营政策、受众数量、受众质量等多项指标。质化指标的提法是近年来传播效果研究中的一大突破。

在广告媒介效果研究中,报纸、广播、电视、户外广告以及互联网等媒介都是研究的重点,其中以电视媒介效果研究所占的比重最大,国内及发达国家都有相对成熟的研究方法和研究机构。

三、广告心理效果评估

广告在到达受众之后,会进一步影响受众的大脑和心理,这种影响可能在有意识或无意识的情况下发生。通常广告并不能直接导致预期行为,而是在传播信息、建立品牌关联、引导需求等方面的作用更大。在通过引发受众情感,形成对广告及品牌的认知和态度,引起购买意愿等影响受众心理的过程中,直接或间接导致预期行为的发生。有关广告心理效果的评估非常重要,通常人们只注意到广告的"经济效果",而忽略了这一种潜在效果。

(一)广告心理效果

广告的心理效果指广告对社会公众的各种心理活动的影响程度，它是广告活动对消费者内心世界的影响，反映在消费者对广告的注意度、记忆度、兴趣及购买习惯等方面。

(二)广告心理效果评估指标

消费者购买某一类产品首先应该知道产品或品牌的名称，进一步才能理解产品或品牌，然后才能对该产品或品牌产生好感，从而进一步产生购买意愿，最后到实际购买。广告心理效果评估正是基于消费者接触广告后产生的一系列心理和态度变化而进行的测评。

根据目前公认的广告心理效果作用模式，结合广告对象在接触广告之后所产生的大致心理变化，即认知（Awareness）→理解（Comprehension）→确信（Conviction）→行动（Action），心理效果评估指标可以大致分为认知过程、情绪过程、意志过程三个部分。在这些不同过程中，受众的行为直接地反映出受众个体的心理特征。具体而言，广告心理效果评估指标包括以下部分：

1. 认知与记忆

接触广告是评估广告沟通效果的前提，而广告的认知与记忆则是广告同消费者进行有效沟通的第一步。认知与记忆主要考察消费者是否知晓广告商品与品牌，是否注意到了广告的信息内容，这里包含了知名度和记忆率指标。

知名度，该指标主要测定某商品或品牌在广告受众心目中的知名程度，是检验广告心理效果最常用的指标之一，包括未提示知名度和提示知名度。未提示知名度是广告对象未经提示对商品或品牌的回忆率；提示知名度是经提示后对品牌的回忆率。

记忆率，该指标主要是指对广告重点诉求的保持记忆或内容回忆的能力与水平。包括在提及或未提及广告内容的情况下，广告受众是否能回忆起接触过的广告及其对广告内容的记忆程度。

2. 理解

该指标主要测定广告受众对广告的理解程度及信任程度，其中包含品牌联想和联想使用者指标。

品牌联想，广告对象接受广告信息之后，由该品牌联想到的内容，一般使用语词表示，这个指标是深入了解广告对象接受广告信息之后可能出现的心理反映。由于联想内容比较丰富，广告效果研究一般采用前三个联想到的语词，为了细分研究内容，可能再分出广告产生的档次联想、商品品质联想、商品功能联想等具体内容。

联想使用者，是广告对象认为该商品或者品牌最合适的使用者，这也是广告效果联想的内容之一，这些联想内容对于判断广告是否选择了正确的广告形象具有重要参考价值。

3. 态度

态度变化即广告对象接受广告信息之前和之后的态度变化。态度变化反映在广告对象接受广告信息之后的情绪、认知与价值评价等方面的变化，是一个综合性的指标。这里包含有美誉度、忠诚度、价值评价指标。

美誉度，一般使用等级量表的方式来测量，比如 5 分制或 10 分制。见表 15-2 所示。

表 15-2　美誉度等级量表测量举例

某产品喜好程度				
1	2	3	4	5
非常喜欢	喜欢	一般	不喜欢	非常不喜欢

忠诚度，即广告对象接受广告信息后，在较长的时间内，继续重复购买该品牌的习惯与比率。忠诚度指标反映了广告作品对广告对象的持续影响力，这个指标在广告经济效果研究中也会用到。

价值评价，就是指广告对象做出“是否物有所值”、“是否值得购买”等类似的判断与评价。

4. 意愿

该指标是指测定广告受众对于产品的行动意愿，具体包括购买意向和推荐率指标。

购买意向指标，即广告对象接受广告信息之后，主观上的购买意向及理由。这个指标对于预测广告对象的行为趋势以及广告作品真正的感染力，具有重要的参考价值。

推荐率指标，即广告对象接受广告信息之后，向其他广告对象推荐该品牌的可能性及推荐行为。推荐率是忠诚度的内在体现，有时比“忠诚度”更能反映消费者的态度和意愿。

广告心理效果的研究对象是已经看过广告的人，鉴于消费者心理变化的多样性和复杂性，并非每一个消费者都经历了上述各个阶段的心理变化过程，有的仅仅是在第一阶段就停止了。通过广告他们虽然不能立即产生购买，但会影响以后的购买行为。

广告心理效果评估应建立在合理设计目标受众的分析调查问卷上，通过大量的实地调查了解消费者对广告的心理认知效果，从而获得科学有效的心理效果评估数据。

四、广告经济效果评估

（一）广告经济效果

广告的经济效果，又称广告销售效果，是广告效果中的关键问题，主要是指广告主从广告中获得的经济收益或损失，即因为广告活动而引发广告主的产品、销售、利润方面的变化，广告主产品的形象变化，以及由此引发的市场状况、竞争态势、行业走向等方面的变化。

（二）广告经济效果评估指标

促进产品的销售效果的因素可能是多方面的，一方面有广告持续的传播效果的累积效应，另一方面也有营销策略中各个因素的综合效应。因此，评价广告的经济效果，要在确定广告是唯一影响销售的因素，其他因素暂属于不变量的条件下进行。

归纳起来，研究广告经济效果评估的方法，大致可分为：历史比较法、广告费效用法、广告对象行为测定法三大类。①

1. 历史比较法

以广告投放前后的企业销售成绩或利润作为衡量广告效果的参考指标。常用的办法有销售额比较、利润额比较、区域比较、媒体比较等。

(1) 销售额比较

即比较广告投放前后，以广告主销售额的变化作为衡量广告效果的指标。如果广告投放后销售额增加了，说明广告获得了效益；如果销售额没有增加甚至于减少了，则说明广告效益很小或没有广告效益。其公式：$E = S2 - S1$，其中，E 指广告效益，S1 指广告投放前的销售额，S2 指广告投放后的销售额。E 值越大，说明广告效果越好。

(2) 利润额比较

即比较广告投放前后，以广告主利润额的变化作为衡量广告效果的指标，如果广告投放后利润额增加了，说明广告获得了效益；如果利润额没有增加甚至于减少了，说明广告效益很小或没有广告效益。其公式：$E = P2 - P1$。其中，E 表示广告效益，P1 表示广告投放前利润额，P2 表示广告投放后利润额。E 值越大，说明广告效果越好。

(3) 区域比较

选择相同或相近市场背景的两个区域，区域 1（试验市场）投放广告，区域 2（对比市场）不投放广告或广告投放量很少，然后比较两个区域在销售额、利润等方面的变化，如果区域 1 的销售额或利润额增加了或增加很大，而区域 2 的销售额或利润额增加较小或没有增加，说明广告产生了较好的经济效果。其公式：E = 区域 1（S2 − S1）− 区域 2（S2 − S1）。

(4) 媒体比较

在相同或相近市场背景的不同区域广告投放于不同的媒体，比较不同区域在销售额、利润额等方面的变化，如果不同区域之间的销售额或利润额有较大的差异，则显示出因不同的媒体而产生了不同的经济效果。其公式：ES = 指定区域（S2 − S1）/全部区域销售额增加平均值。

2. 广告费效用法

即分析每单位广告费所产生的效果，可分为广告费比率法和广告费效用比率法两种。

(1) 广告费比率法

这是一种将广告费占销售额的比率作为评估广告投放效果的指标，一般所占比率越低，显示广告投资效率越高，因为广告费占企业经营成本，从经营投资的角度来评估广告是否值得投资，这种思路易于被投资者理解。当然这种思路有时容易产生歧义，如果广告投资量很低而销售效果很好，可能暗示广告所起的作用不大，反而会降低投资者对广告的信赖度。另外，这种思路没有考虑广告效果的时间滞后性的特点。其公式：$E = \frac{A}{S} \times 100\%$。其中，E 表

① 李惠文所写《通信产品广告效果评估体系研究》，2008 年硕士学位论文。

示广告效益，S 表示本期销售额，A 表示本期广告费。E 值越小，说明广告效果越好。

(2)广告费效用比率法

该法比广告费比率法稍复杂一些，是将特定时期销售额增加的比率除以广告费增加的比率，所得到的值即广告费效用比率，这个指标需要取至少两个时期的前后六个数据，因时间跨度长，可以减少广告效果的时间滞后性这个因素的负作用，但在实际操作过程中，取得这些数据的难度也是比较大的。其公式：$E=\frac{\Delta S}{\Delta A}=\frac{(S2-S1)/(S1-S0)}{(A2-A1)/(A1-A0)}$。其中，E 表示广告费效用比率，S0 表示评估前销售额，S1 表示第一期广告投放后销售额，S2 表示第二期广告投放后销售额，A0 表示评估前广告费，A1 表示第一期广告费，A2 表示第二期广告费。E 值越大，说明广告效果越好。

3. 广告对象行为测定法

研究广告对象接受广告信息之后在行为方面出现的变化，是广告效果研究的新趋势。目前针对广告对象行为的经济测量指标，主要就是前面提到的广告心理效果的内容，例如品牌占有率、动机强度、购买趋势、忠诚度等。

五、广告社会效果评估

广告的社会效果，是指广告构思、广告语言及广告表现所反映出的道德、艺术、美、尊严等方面对社会的经济、教育、环境等的影响程度。其集中表现为能否促进社会的物质文明与精神文明的建设，特别是能否起到传播知识、促进社会道德教育发展、推广最新技术成就等作用，它是广告作品的高层次追求，反映了一个社会的文明程度。

以“脑白金”广告为例，广告将产品定位为送礼佳品，其新颖诉求点的确吸引了不少消费者眼球，广告所引起的销售效果非常好。然而众人批判该广告，认为它可能会助长社会不良习气，因此只有综合考量广告的社会效果才能更加全面地评估广告。

由于广告的社会效果是广告运作的长期效果，受到社会制度和意识形态，包括：政治观点、法律规范、伦理道德以及文化艺术等标准的影响，这方面的研究更多属于人文科学范畴。因此社会效果不是以简单的指标或数字来标示衡量，通过一些已经确定的或约定俗成的基本法则来进行测定和评价，同时结合其他的社会因素来综合考评。

此外，针对广告的社会效果测量还需要运用较为宏观的、综合的、长期跟踪的调查方法来进行。

具体来说，广告社会效果评估指标包括法规政策指标、伦理道德指标、民族文化艺术指标以及社会公信力指标等，其中社会公信力指标是广告社会效果评价的核心指标之一，即受众对广告信息的信赖程度。

总的说来，广告效果研究是一项复杂的工作。当前的广告效果评估指标体系还不统一，基本概念与评估技术纷繁复杂，本书介绍的只是容易理解的广告效果评估研究的方法和指标体系。真正在广告效果评估的实践中还应结合广告活动的具体内容，客观分析企业的社会环境和行业地位等因素，明确广告主开展广告活动的目标，选择客观、科学、可操作性强以及节省成本的评估方法和评价内容及指标，设计合理的调查问卷，进而获得有效的数据并进行认真分析，从而及时调整广告活动的各项策略，为下一个周期的广告活动提供有效的指导意见。

本章小结

广告效果评估是广告活动的重要一环，起着承前启下的重要作用，是评估广告是否成功的标尺。

广告效果有狭义和广义之分。狭义的广告效果是指广告所获得的经济效益，即广告传播促进产品销售的增加程度，也就是广告带来的销售效果。广义的广告效果则是指广告活动目的的实现程度，是广告信息在传播过程中所引起的直接或间接变化的总和，它包括广告的经济效益、心理效益和社会效益。

广告效果的取得受到多方面因素的影响和制约，这就决定了广告效果具有与其他活动所不同的复杂特性，主要表现为：时间延迟性、效果累积性、间接效果性、效果复合性、广告竞争性。鉴于广告效果的综合特性，在进行广告效果评估的实施过程中需遵循目标性原则、综合性原则、科学性原则以及经济性原则。

广告效果评估的发展最早可以追溯到19世纪末，从20世纪50年代的美国开始，广告效果评估获得了真正广泛地应用，并且在新的科学理论以及现代科学技术的发展背景下，广告效果评估分别从实践和理论两个层面获得了发展。广告效果评估的发展大致经历了心理学研究（1895—1960年）、广告传播效果研究（1961—1969年）、系统研究（1969年至今）三个阶段。

广告研究学者们对广告效果所涵盖的内容及分类方法说法不一。根据对国内外有关广告效果评估分类的梳理，目前有关广告效果评估体系建立的分类主要可以从两个角度入手：一是从广告策划活动流程的角度来看，包括对广告事前、事中和事后的效果评估；另一个是从广告活动的内容角度来看，包括广告表现、广告传播、消费者心理、销售效果以及社会效果的评估。

一、思考题

1. 根据广告策划内容，如何理解广告效果定义及其特性？
2. 广告效果评估的发展历史及各阶段特征？
3. 广告效果评估的方法有哪些？
4. 广告效果评估按照内容划分可以分为哪几类？
5. 试结合具体广告案例谈谈对广告效果评估的认识。

二、课外资源

1. 威廉·F. 阿伦斯著、丁俊杰等译：《当代广告学》，人民邮电出版社2006年版

2. 李霞、王蕾主编:《广告策划案例教程》,高等教育出版社 2008 年版
3. 陈萌婕所写《广告效果评估体系研究》,2008 年硕士学位论文
4. 李惠文所写《通信产品广告效果评估体系研究》,2008 年硕士学位论文
5.《中国广告》杂志
6.《现代广告》杂志
7.《国际广告》杂志
8. 中华广告网(http://www.a.com.cn)

第四篇

呈现篇

GUANGGAOCEHUA

CHAPTER 16

第十六章

广告策划书与广告提案

第一节　广告策划书的撰写

广告策划书是广告活动开展的依据与蓝本，它把策划运作的各环节通过文字形式展示出来，经广告客户审核和认可后，成为广告活动实施的纲领性文本。广告公司通过向客户提交策划书，来说服客户接受其拟定的策划方案，策划书的读者一般为企业负责人及市场部、广告部等相关部门的负责人等。

无论是对广告公司还是对广告客户，广告策划书都是必不可少的一环。对于广告公司而言，广告策划书是其显示实力与专业性的重要佐证，是向客户提案的主要来源，广告策划书水平的高低直接关系到广告公司对客户的争取与维护能力的强弱。对于广告客户来说，可以通过策划书了解广告策略和广告计划，并判定其市场策略和整体发展战略，同时还可以随时监控广告公司的策划工作。

一、广告策划书的类型

广告策划书的类型十分多样，依据不同的分类标准，可以有不同的种类。比如按照广告策划的范围划分，可以分为广告运动策划书和广告活动策划书；依据广告策划的时间划分，可分为长期广告策划书和短期广告策划书；依据广告策划的地域划分，又分为地区性广告策划书、全国性广告策划书以及国际性广告策划书。

当然，最常见的分类标准是根据策划活动的内容所进行的划分，将广告策划书分为两类：一类是通常意义上的广告策划书，即涉及广告策划所有环节的整体广告策划书；另一类是针对广告策划某个环节所撰写的单项广告策划书，如针对广告表现策略环节而写的广告表现策划书，针对媒体策略环节所写的媒体策划书，针对广告实施策略环节所写的活动策划书等。其中，整体广告策划书围绕多个相互关联的广告活动而写，包括了从市场分析，到提出广告策略，再到制定广告推广方案，直至进行广告效果的监控与评估等广告策划全环节的分析与决策，这是关于广告策划的一整套方案。因此，整体广告策划书往往涉及环节较多、内容复杂、撰写难度高。而单项广告策划书则是在市场和广告策略基本确定之后，依据某个单一目标，针对某一专门环节而提出的单项建议，与整体广告策划书相比，其内容较为简单集中，也更有针对性，难度相对较小。如不特别指出，本书中提及的广告策划书均指整体广告策划书。

二、广告策划书的一般编制模式

对于广告策划书的写作模式，不同的人有不同的看法。有人认为，广告策划书追求的是创意新鲜，写作可以天马行空，不必拘泥于特定的格式，有时甚至一页纸即可表达一套完整的策划方案；有人认为，广告策划书应该有一套固定的写作模式，只有按照标准程序制作出来的策划书，才能保证各个执行环节的质量。上述两种看法各有合理之处，我们认为，尽管广告策划是一项强调创造力的工作，但某些规范化程序对于广告策划书的撰写仍然是必要的，当然，那些虽形式完整但却一成不变、内容空洞的策划书也是我们所反对的。

以下所提广告策划书的一般写作模式，是按照广告策划的一般规律而确立的，在具体项目的广告策划文本写作中，应依据产品和客户的不同，调整策划书的内容和写作模式。此外，在具体的策划书撰写时，不必因严格按照下述条目而面面俱到，应依据实际情况，选择相关环节展开分析即可。

(一)封面

封面是读者阅读广告策划书时第一眼所注意到的元素，一个版式讲究、要素完备的封面往往能给读者带来良好的第一印象。具体来说，封面要提供以下信息：

- 广告策划书全称(可直接反映策划书的主要内容)；
- 广告主名称(最好使用客户的标准名称)；
- 策划书提交者(机构)名称；
- 广告策划书项目编号；
- 广告策划书提交日期。

(二)广告策划小组介绍

广告策划小组介绍一般放在封面之后或封底之前，主要包括广告策划小组的人员、职责、业绩及其所属部门介绍等，这些内容一方面可以显示广告公司专业、负责的态度，另一方面会有可能影响到合作双方的下一步进展。

(三)目录

目录通常放在封面或策划小组名单之后，它列举了广告策划书各个部分的标题，有时也会把各部分之间的联系用图表显示出来，它是策划书的简要提纲。

(四)执行摘要

执行摘要是广告策划书内容要点的简明概括,其主要目的是通过对广告策划基本要点的概述,使广告主决策层能快速阅读和了解。因此,在执行摘要部分,应简要说明广告活动的时限、任务和目标,并指出策划中的最关键之处,比如广告目标、广告基本策略、广告运作周期、广告预算等。广告主决策层或执行人员如需对某一部分进行详细了解,可具体审阅该部分细节。执行摘要内容不宜过长,以数百字为佳。

(五)正文

正文是广告策划书的主体,也是策划内容与细节最集中显示的部分,下文将作出详细阐述,这里不再赘述。

(六)附录

为避免主体策划书内容过于臃肿庞大而不利于把握整体,有时会将为广告策划而查阅的相关资料和应用性文本编入附录,比如市场调查问卷、市场调查报告、媒介执行方案等。

三、广告策划书的正文

因广告策划书涉及的领域多种多样,依据客户的不同,策划内容与编制格式也应有所变化,这里我们根据广告策划的一般规律,将广告策划书的正文分为四大部分:市场分析部分、广告策略部分、广告计划部分、评估与总结部分。

(一)市场分析

广告策划在很大程度上受到地域等各种环境因素的影响,为保证广告策划的正确方向,有必要在制定广告策略前进行相关的市场分析。该部分涵盖了与广告沟通有关的所有调查与分析,包括与产品相关的营销环境分析、反映人们消费观念与行为的消费者分析、产品分析以及主要竞争对手分析四个部分,因此,该部分的关键之处在于"分析",通过对上述四方面的分析,为后续的广告策略提供依据。

(二)广告策略

经过第一部分的市场分析,企业和产品的SWOT(优势与劣势、机会与威胁)均已明确,本部分将在前述分析的基础上,进一步挖掘问题所在,并提出相应的解决策略,因此,广告策略部分可以说是广告策划书的精髓所在。具体来说,主要包括广告目标的设定、目标受众的确定、产品定位、广告诉求策略、广告表现策略、广告媒介策略及其他活动策略等。

(三)广告计划

本部分是广告策略的具体操作方案,它规定了广告运作的时间、地点和内容,并制订出详细的媒体计划及合理的广告预算。

(四)广告效果评估与总结

效果评估是广告策划实施前后进行监控和评价的结果，广告策划人员可以通过问卷调查、座谈会等方式进行广告效果的反馈与测定来随时修正广告策划方案。有时在广告策划书的策略制定或创意制作中已经实行了监控，所以这一部分内容也常被省略。

四、广告策划书的编制要点

广告策划书的完成预示着广告策划分析与规划阶段的工作马上要进入尾声了，其后续工作便是将广告策划书提交给客户，并进行广告提案，随后客户决定是否采用广告公司提交的广告策划方案。有时，客户经过反复思考会否决策划方案，当然，更常见的是策划书几经修改，方被客户认可。因此，对于广告赁划人员尤其是策划书的执笔人员来说，掌握广告策划书的编制要点，运用适当的写作技巧，则胜算的把握更大。具体来说，在撰写广告策划书时必须注意以下几个方面：

(一)结构清晰，逻辑性强

广告策划书撰写的目的是为了提交给客户审阅并获得其认同，因此策划书的说服力至关重要，而说服力的主要来源便是清晰的逻辑和结构。此外，广告策划人员在撰写策划书前要掌握大量信息与资料，这些资料涉及方方面面，如何在浩繁复杂的资料中理清逻辑并合理运用，也是撰写者首要注意的一点。全球知名广告公司智威汤逊公司的策略思考工具(图16-1)就给出了一个很好的解决之道。

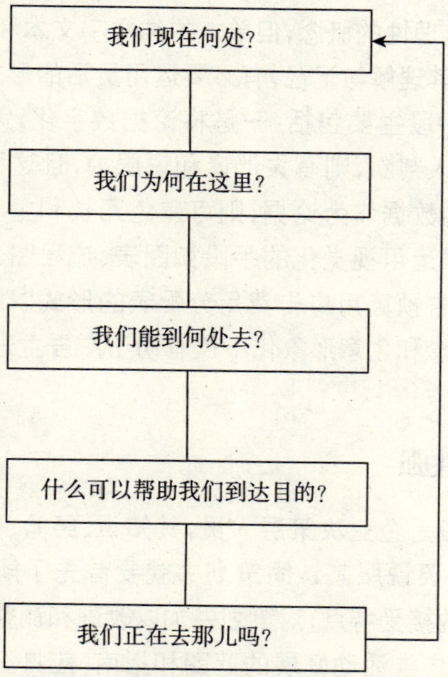

图 16-1　智威汤逊公司策略思考工具①

① 何海明著：《广告公司的经营与管理》，中国物价出版社 2002 年版，第 175 页。

在智威汤逊公司的策略思考工具中，最明显的思维规律便是提出问题（我们现在何处）——分析问题（我们为何在这里、我们能到何处去）——解决问题（什么可以帮助我们到达目的、我们正在去那儿吗）。在这一逻辑的指导下，任何复杂的难题都会迎刃而解。按照这一逻辑，广告策划人员可以先进行信息归类，然后由宏观到微观，由大到小地进行背景介绍（提出问题）、市场分析（分析问题）、策略制定（解决问题），这样层层推进可以给人循序渐进、结构清晰的感觉，客户也更容易接受。当然，在每个部分的写作中，也要依据层次分明、主次有序的原则来进行。

（二）文字简洁，言之有物

广告策划书既不同于广告文案，也不同于普通的应用文体，它有其自身独特的写作特点。从行文方面来看，策划书要注意以下三方面：一要标题层次清晰，策划书中的大小标题一定要明确，脉络清晰，这样才不会干扰阅读者的阅读逻辑；二要段落简短，大段的文字冗长沉闷，很难吸引人阅读，策划书中最好使用较小的段落，且一个段落只传达一个重点信息；三要语句简洁精炼，有话则长，无话则短，切忌用散文式语言卖弄才华，也不可洋洋洒洒长篇大论，同时尽量保持语言的大众化，不可过多运用专业术语，少用代名词。广告客户往往关心的是策划书是否言之有物，而非策划书的厚度，因此，策划人员应在一语中的、有的放矢上下功夫。

（三）形式灵活，直观形象

策划书的文字只能表达理性的概念，但单一的纯文字文本和抽象的概念未免单调乏味，为提起阅读者的兴趣，加深其理解与记忆，有必要运用灵活的形式和形象化手段表达广告策划中的概念与方法。这些手段主要包括：一是将论据数字化，策划结论往往需要大量的论据，如果仅凭策划人员的个人判断，则有失严谨和说服力，且这种判断通常会通过大段文字来体现，如果以科学、直观的数据作为论据，则可避免冗长和主观判断；二是将概念视觉化，广告策划中的许多内容可以运用视觉化的手段如图表、流程图、图案等来表现，比如媒介计划用媒介排期表的形式、广告预算用广告费用分配表的形式以及策划流程图、平面设计、电视广告分镜头脚本等，把概念和创意形象化不仅有助于广告主理解，还能显示出策划书的丰富性。

（四）接近读者，可操作性强

广告策划书的读者一般为企业决策层人员，其知识、经验、专业领域及思维方式可能会与策划人员存在很大差异，要说服其认同策划书就要首先了解其情况，包括人数、年龄、地位、思维方式等，根据他们的接受特点，对策划书加以改进和调整。

此外，广告策划书作为广告活动开展的蓝图和指南，应具有较强的执行力和可操作性，要达到这一要求，首先策划案就应该切实可行，能让执行人员充分理解方案的意图，同时在方案内容上要确保执行细节完备，以免在执行中因为方案的模糊而造成时间的拖延与人、财、物的浪费，进而影响整个策划进程。

第二节 广告提案的呈现

一、什么是广告提案

（一）从文本到提案

如前所述，广告策划书的完成并不意味着广告策划的结束，真正预示广告策划分析与策划阶段进入尾声的是广告提案的呈现。然而，广告提案的制作又是以广告策划书为前提的，也就是说，广告提案派生于广告策划书，其关键内容与广告策划书是一致的，只不过提案中的文本分量要比策划书少，它凝聚了策划书的重点和精华，是对策划书的再加工。

具体来说，广告提案就是借助视听媒体陈述广告主张，说明并解答广告策划方案中有关问题的过程，它是广告公司与客户面对面沟通的方式，也是广告公司展示实力的最佳手段，从这个角度说，广告提案是动词，它指的是广告提案的动态过程。同时，广告提案也是一个名词，是广告提案报告的简称，亦即提案会上演示的报告，它通常由策划方案转化而来，是具有强大说服力和可操作性的简洁报告，一般采用多媒体的表现形式。因此与广告策划书相比，广告提案更形象、具体，它往往通过一些视觉媒介和听觉媒介来吸引客户的注意。

广告公司向广告主提交广告提案，目的是为了更清晰地表述其广告策略与创意方案等，以说服广告主接受其方案，协助广告主完成相应的营销目标，所以，广告提案往往具有非常强的劝服力，美国广告奇才乔治·路易斯将这种劝服力称之为“推销”，“推销在于激起客户心中的期待心情，等待一个伟大的创意很快会从阿拉丁神灯中跑出来。”“对于创作人员而言，令人紧张和愤怒的来源之一，是他们深切地了解到自己所做的每一件事，到最后都必须由付钱的人，也就是客户来批准。”①

（二）广告提案的过程

1. 制作广告提案报告

在广告提案会议上，一般需要主讲人对广告提案进行现场演示，其所演示的文稿就是广告提案报告。如前所述，广告提案报告是广告策划书中关键信息的浓缩，一般采用多媒体的表现形式，将提案内容制作成幻灯片或 Powerpoint（PPT）文件，使文字、图片、影像等内容形象地表现出来，从而使客户对提案的内容有较为直观的了解。需要注意的是，为了保持客户在提案会议上的兴趣，广告提案在制作时要尽可能地形象和简洁。

2. 广告提案会议前的准备

广告提案会议有不同的规格，一般分为非正式微型提案会、半正规小型提案会、正规大

---

① ［美］乔治·路易斯著：《蔚蓝诡计》，海南出版社 1996 年版，第 91 页。

型提案会和正规一对一提案会四种。通常来说，越是正规的提案会，需要准备的时间就越长。对于广告公司来说，在提案会之前做好相关的准备工作就显得非常必要和关键。这一点将在后面做详细阐述。

3. 广告提案现场演讲

提案现场多以口头表达作为主线索，一般安排一名主讲，一至多名人员辅助，包括信息补充、材料演示等，用多媒体做配合，从而提供全方位的信息演示。

4. 提交书面的广告策划书

在提案会之前或之后，如果广告主或其他部门需要，则应提交书面的广告策划书，以留给相关人员进一步阅读，从而有利于相关人员对提案建议的细节进行记录和分析。

二、如何进行广告提案

（一）提案前的准备工作

广告提案的成功与否直接关系到广告公司能否获得该笔广告业务，因此，提案前的准备工作十分重要。如果提案人员没有认真准备就草草去做提案演讲，一方面会浪费参加提案会人员的时间，显示出对客户的不尊重；另一方面也无法从容应对提案过程中客户提出的问题，由此导致不好的结果。提案演讲一般控制在半小时左右，但前期的准备工作往往花费很长时间。

1. 提案主讲人的选择

提案会的主讲人可以由一个人来完成，也可以由几个人共同完成。一般来说，在第一种情况下，通常由策划主管担任主讲人，因为他熟悉全部作业流程。不过，如果客户出席提案会的人员级别很高，则提案主讲人要由广告公司的高层领导来担任，在演讲之前，策划主管要先向高层领导交代提案的全部要点。如果涉及大型策划提案，需要多人参与演讲，则要做好人员分工，控制好每个人的时间节奏，同时尽量保持表达风格的一致，且避免观点与资料的重复。

2. 形象准备

无论是提案人员还是相关支持人员，都应该拥有自信、专业的良好精神状态，并在外表形象和内在形象上进行适当的准备。此外，提案者的声音、表情、肢体语言等都会影响到现场的演讲效果，演讲之前应做好相应的准备，以期达到最佳效果。同时，提案者可以通过事先排练，以提前发现问题并及时纠正。

3. 对客户可能提出的问题的准备

在提案会议上，客户会提出形形色色的问题，以此对广告公司进行考察。提案人员要做好回答各种问题的准备，把可能出现的提问一一罗列出来，并想好解答方式。此外，提案人员还要提前做好调查工作，清楚要对谁演讲、他们喜欢提问哪一类问题、参会者之中谁是关键的决策人、决策人的性格如何等，这样才能有的放矢地准备资料。

4. 其他细节准备工作

提案过程如同一场舞台表演，只有确保每个细节不出现问题，才能使表演顺利进行。在提案会上，需要注意的细节问题有很多，比如：

- 在提案前，可曾检查电脑系统、电器插座、音响系统等的使用状况？
- 会场适合于图像或幻灯片展示吗？
- 提案要用的物品，如纸、笔、图钉、指示棒、广告稿以及实物展示空间是否准备妥当？
- 会议现场有没有讲台？需不需要麦克风？

……

这些看似微不足道的问题，一旦出现疏漏，就可能会导致提案的失败。广告公司应派专门人员准备这些细节工作，以保证提案的圆满完成。

（二）提案中的技巧

1. 将视线集中在关键人物身上

就客户方面来说，参加提案会的往往是一大群人，在这群人中会有一位关键人物，他掌握着一个广告公司提案成功与否的决策权。在现实中，这个关键人物通常是客户的高层领导者或者具有决策权的相关部门主管。为此，提案人员一定要在提案会前做好相关调查工作，比如说这个关键人物是谁，他有什么样的性格，他的行事风格和偏好是什么样的等，同时，还要在提案会上与这位关键人物进行充分的目光接触，将演讲的焦点集中在其身上。

2. 演讲内容重点突出、逻辑明确

无论是准备提案的演示信息，还是提案现场的演讲内容，要点必须明确，演讲时要开门见山，直接点明真正的问题所在。同时，掌握好提案的逻辑关系，要点之间衔接清晰，符合参会人员的理解与记忆习惯。

3. 与众不同的开始与结尾

一些大型的提案会一般会持续进行 1－2 天，参会人员会十分疲惫，沉闷、乏味的演讲往往不能提起参会人员的兴趣，因此，如何摆脱乏味的演讲，寻找一个与众不同的开头与结尾成为提案人员应该思考的问题。在提案开始时，可以尝试利用道具、故事、问题、令人震惊的事实或诙谐幽默的手段等来吸引受众的注意力；而在提案结束时，可以利用概述要点、发问互动、发放传单等方式来归纳提示，加深参会人员的印象。

4. 控制参会人员的注意力

长达一两天的大型提案会很容易使参会人员的注意力分散，提案人员可通过以下方法控制他们的注意力：

- 适当的沉默。在适当的时候停止演说可以缓和会议的气氛，也可以集中人们的注意力。
- 变换演说方式。可以通过发出敲击声或提高嗓门，来活跃听众困乏的神经。
- 改变演说姿势。比如变换演说的位置，通过适当走动活跃现场气氛。

- 提出问题。提出问题，但不用人回答，而是让问题悬在空中，这样可以很快调动大家的积极性和注意力。

【资料】 导致广告提案失败的 15 个常见问题

1. 提案的观点或分析不正确，缺乏说服力。
2. 对表达未加以有效组织，提案的表达没有逻辑性，没有方向性，没有主题思路。
3. 表达了过多的细节，使主题思路不够明确。
4. 堆砌事实和数据是费时和累赘的，尤其事实数据是由客户提供的时候。
5. 没有在提案会的开始对问题作一些必要的简明摘要，以说明研究方法、使用策略、承诺以及媒体等问题。
6. 广告提案以自我为中心，比如，观众不知道是该去阅读信息的“展示”，还是去听提案人在“说”什么。
7. 对所推荐的观点缺乏有效证实。
8. 过多地使用专业术语、缩略语或外语，导致受众疲劳、困窘。
9. 提案人缺乏风采，缺乏权威感、专业感、真诚感和亲和力。
10. 为自己而非观众准备了一个提案会，不了解观众需要什么。
11. 事先没有测试设备或准备替代方案。
12. 以非正式的方法或形象做提案。
13. 提案会时间控制失当，时间过长或过短，使受众难以进入状态或过于疲劳。
14. 多媒体制作和使用过于繁复或粗糙。
15. 未顾及提案中的主要观点或方案的可行性。

（资料来源：[美]唐·舒尔茨等著：《广告运动策略新论》，中国友谊出版公司 1993 年版）

三、广告提案书的制作要点

- 避免使用笼统和模棱两可的词汇。
- 多采用短句，言简意赅地阐述要点。
- 内容设计简洁大方，避免华而不实的形式。
- 多使用图表和图片等图形化语言。
- 尺寸、字号、标点、色彩等的使用要规范、统一、连贯。

【案例 16-1】 法国名酒 JEANJEAN 进入中国的广告策划案

“JEANJEAN”牌葡萄酒是由具有一百五十年历史的法国第二大酒厂（约翰酿造厂）生产的。该酒酒色金黄、透明、品质上乘，是行销全球的中高档葡萄酒，1993 年该酒销售额达 10 亿人民币元。为了打开中国内地市场，该酒厂拟首选厦门饮料厂为合作伙伴，在厦门建立“JEANJEAN”牌葡萄酒的生产基地，并以此辐射全国。

随着我国对外经济文化交流的增加与发展，越来越多的中国人愿意接受洋酒消费并适应它的口味，同时，洋酒所带来的独特的异域文化也在不断渗透。

一、市场分析

（一）营销环境分析

中国酒类消费已发生重大变化：白酒独霸市场的格局已被打破，啤酒、黄酒、葡萄酒增势迅猛；许多老牌白酒在市场上的领先地位受到了强劲的冲击；洋酒正不失时机地抢占中国市场，伴随其文化翩然而至。尽管目前洋酒消费大多还集中在高级饭店、酒吧、歌舞厅等场所，但由于其广告攻势的密集，加之一部分时尚人士的推波助澜，洋酒似乎正成为一种时尚，向中国广大市场逐步渗透。

（二）消费者分析

中国酒业市场具有巨大的潜力。可以乐观地预测中国有可能成为“JEANJEAN”的第一消费大国，其根据是：酒类市场调查表明，中国是世界上拥有酒类消费者最多的国家；随着入境外商、旅游者的增多，“三资”企业、高级宾馆、酒吧、歌舞厅的发展，洋酒的销售将呈繁盛势头；中国已有相当一部分人先富起来了，他们的消费水平不可低估。随着经济的发展，人们的消费观念、消费方式也会进一步转变。

（三）产品分析

该酒 11 度左右，适合中国人的饮酒口味，且符合国家发展低度酒的产业政策，有利于在各种媒体上开展广告宣传。

每瓶 20 元人民币，是目前消费者普遍可以接受的。从营销策略上考虑，可将价格再做提高，使消费者在心理上形成“JEANJEAN”葡萄酒的中高档形象。这样从中再抽取相当资金加强广告促销攻势，以达到良性循环。

（四）竞争对手分析

国内“王朝”、“长城”是葡萄酒中的老牌子，“龙威”作为新产品上市，虽咄咄逼人，但属于中档的国产葡萄酒。而“JEANJEAN”作为中高档的洋酒步入中国市场，在目前的市场背景下，迎合了相当一部分消费者追求时尚的心理。

二、广告策略

（一）广告目标

广告目的是树立“JEANJEAN”葡萄酒中高档次的良好形象，提高知名度，扩展销路，使其第一年在中国销售量达到 300 万瓶。

（二）目标市场策略

“JEANJEAN”的目标消费者是以追求洋酒文化为时尚的年轻人，其主要消费场所为高级宾馆、酒店、酒吧、歌舞厅，此外，还有城市中一般家庭的节假日消费。

（三）广告诉求策略

产品导入阶段以理性与情感相结合的方式来诉求，随着时间的推移，以情感诉求为主，努力塑造该酒“高档品位,中档消费”的良好形象。

(四)广告表现策略

1. 品牌策略

“JEANJEAN”应有个中国名称,这样才能让人好读、易记,因此拟采用“晶晶”作为产品名,一是考虑到与法国原牌名谐音;二是“晶晶”容易上口,暗含酒的品质和感觉,联想到酒的色泽,并有“津津”的谐意,令人回味无穷;三是有利于广告宣传中的联想与创意。

2. 广告创意策略

突出其具有一百五十年酿造历史的悠久品质,经过文化“包装”,塑造一种独特的洋酒文化,让消费者接受的不是纯粹的商业销售,而是物质与精神的结合、商品与文化的交融,强调高品味,让消费者在品尝“JEANJEAN”酒的同时,得到充分的文化享受。广告语可统一用“法国 JEANJEAN,‘晶晶’有味”,以迎合中国人喝洋酒的消费心理。

(五)促销活动的配合

1. 印刷或引进精美小册子,介绍该酒的悠久历史及独特的酿造工艺,说明该酒的品质与特点,有选择地在宾馆、酒店、展销会上散发。

2. 在厦门悦华酒店举行产品进入中国市场的新闻发布会,会场布置以“JEANJEAN”葡萄酒的“CI”为基调,显示其高贵典雅,并向贵宾赠送样酒及宣传册等。

3. 每年在厦门五省一市贸易洽谈会上布置展位,宣传并推销该产品,把影响扩大到上述省市。

4. 在大型歌舞厅举行葡萄酒酿造技术、品酒常识等有奖活动晚会(前期与有奖征答相结合,晚会上进行抽奖)。

5. 在五个目标地区与分销商联合举办展销活动,并在某一些重要的节假日举行让利酬宾活动。

6. 赞助五个目标地区的新春音乐会,结合欧洲古典音乐,打造出情意悠长的西欧文化气氛,用以传递促销信息。

7. 新闻报道、电视专题片(如介绍洋酒文化)等媒介的宣传和报道,将起到良好效果,且更具权威性和号召性。

8. 其他促销活动视经费安排情况而定。

三、广告计划

(一)广告目标地区

在向全国市场导入与推进中,不可全面开花,四处出击,这里不仅是考虑到产品的产量与销售渠道的问题,而且还考虑到广告费用的问题。因此,拟首选全国五个城市作为最有可能的销售地区,并集中展开广告宣传,以此辐射周边城市乃至全国。其策略是:集中力量,攻克重点,逐步波及全国市场。

这五个目标地区是:北京、上海、武汉、广州和厦门。在第二年、第三年的广告宣传中,可视情况扩大范围,如在南京、杭州、成都、福州、深圳、海南等地区进行推广宣传销售。

(二)媒体安排

1. 媒体选择

以全国五个目标地区的电视台为主要媒体,并结合广告宣传册、挂(台)历、招贴画和POP等,根据广告预算情况,有计划地安排(详细计划以后另定)。

2. 投放计划

根据本产品的销售特点,以每年8月至来年2月为重点传播期,并在节假日重点投放,其余时间保持均衡。

(三)广告预算

广告费用见下表16-1所示。

表16-1　广告费用表

费用	人民币(万元)
媒介宣传费	190
促销活动费	70
市场调查费	6
广告代理费	18
机动调节费	16
合计	300

四、广告效果评估

1. 对各地市场的销售效果分期作归纳总结,并以闽南地区为主进行市场抽样调查。
2. 以抽样调查的方式开展市场调查,以评估该产品在市场上的知名度。
3. 委托各地分销商反馈该产品的销售情况及消费者的反映,以及时改进促销方法。

(资料来源:《知名企业营销与广告经典实战案例》,中国致公出版社2001年版,第1392－1395页)

本章小结

广告策划书是广告活动开展的依据与蓝本,它把策划运作的各环节通过文字形式展示出来,经广告客户审核和认可后,成为广告活动实施的纲领性文本。

广告策划书的类型十分多样,最常见的分类标准是根据策划活动的内容所进行的划分,将广告策划书分为两类:整体广告策划书和单项广告策划书。

广告策划书通常包括封面、广告策划小组介绍、目录、执行摘要、正文和附录几个部分,其中,正文可分为市场分析、广告策略、广告计划、评估与总结四大部分。上述所提广告策划书的一般写作模式,是按照广告策划的一般规律而来,在具体项目的广告策划文本写作中,应依据产品和客户的不同,调整策划书的内容和写作模式。

在策划书编制中，要掌握以下几个要点：结构清晰，逻辑性强；文字简洁，言之有物；形式灵活，直观形象；接近读者，可操作性强。

广告策划书的完成并不意味着广告策划的结束，真正预示广告策划分析与策划阶段进入尾声的是广告提案的呈现。广告提案派生于策划书，其关键内容是与策划书一致的，只不过提案中的文本分量要比策划书少，它凝聚了策划书的重点和精华，是对策划书的再加工。

广告提案的成功与否直接关系到广告公司能否获得该笔广告业务，因此，提案前的准备工作十分重要。这些工作主要包括：提案主讲人的选择、提案人的形象准备、对客户可能提出的问题的准备、其他细节准备工作等。当然，提案过程中掌握一些技巧同样十分重要，如将视线集中在关键人物身上、演讲内容重点突出、逻辑明确、与众不同的开始与结尾、控制参会人员的注意力等方式都可以提高现场人员的注意力。

一、思考题

1. 整体广告策划书与单项广告策划书有何不同之处？
2. 广告策划书的一般写作规律是怎样的？
3. 广告策划书编制中应注意哪些要点？
4. 提案人员在提案会前应做哪些相关准备工作？
5. 试结合具体案例，谈谈策划书撰写中创意性与程序性的结合。

二、课外资源

1. 陈培爱编著：《广告策划与策划书撰写》，厦门大学出版社 2007 年版
2. 李霞、王蕾主编：《广告策划案例教程》，高等教育出版社 2008 年版
3. 朱海松著：《国际 4A 广告公司基本操作流程》，广东经济出版社 2004 年版
4.《中国广告》杂志
5.《现代广告》杂志
6.《国际广告》杂志
7. 中华广告网(http://www.a.com.cn)

参考文献

1. 丁俊杰、康瑾著:《现代广告通论》,中国传媒大学出版社 2007 年版。
2. 黄升民、段晶晶著:《广告策划》,中国传媒大学出版社 2006 年版。
3. 官承波著:《传播学纲要》,中国广播电视出版社 2007 年版。
4. 柯惠新、丁立宏主编:《市场调查》,高等教育出版社 2008 年版。
5. 李霞、王蕾主编:《广告策划案例教程》,高等教育出版社 2008 年版。
6. 朱海松著:《国际 4A 广告公司基本操作流程》,广东经济出版社 2004 年版。
7. 余小梅著:《广告心理学》,北京广播学院出版社 2003 年版。
8. 张翔、罗洪程编著:《广告策划》,中南大学出版社 2003 年版。
9. 蔡嘉清著:《广告学教程》,北京大学出版社 2004 年版。
10. 李书成、江华编著:《广告策划学》,知识产权出版社 2000 年版。
11. 张金海、龚轶白、吴俐萍编著:《广告运动策划教程》,北京大学出版社 2006 年版。
12. 卫军英著:《现代广告策划》,首都经济贸易大学出版社 2006 年版。
13. 饶德江著:《广告策划》,武汉大学出版社 2002 年版。
14. 徐凤兰编著:《广告策划学》,浙江大学出版社 2003 年版。
15. 余明阳、陈先红主编:《广告策划创意学》,复旦大学出版社 2007 年版。
16. 林升栋著:《中国近现代经典广告创意评析》,东南大学出版社 2005 年版。
17. 丁俊杰、黄升民、刘英华主编:《中国广告图史》,南方日报出版社 2006 年版。
18. 徐智明著:《广告策划》,中国物价出版社 1997 年版。
19. 纪华强主编:《广告策划》,高等教育出版社 2006 年版。
20. 金力编著:《广告营销策划经典案例分析》,北京大学出版社 2009 年版。
21. 陈培爱编著:《广告策划与策划书撰写》,厦门大学出版社 2007 年版。
22. 陈萌婕所写《广告效果评估体系研究》,2008 年硕士学位论文。
23. 李惠文所写《通信产品广告效果评估体系研究》,2008 年硕士学位论文。
24. [美]唐·E. 舒尔茨等著,何西军等译:《整合营销传播》,中国财经出版社 2005 年版。
25. [美]唐·E. 舒尔茨等著:《广告运动策略新论》,中国友谊出版公司 1993 年版。
26. [美]迈克尔·波特著,陈小悦译:《竞争优势》,华夏出版社 2001 年版。
27. 宋联可、杨婕著:《较量》,中国言实出版社 2004 年版。

28. [美]利昂·G. 希夫曼著,江林译:《消费者行为学》(第8版),中国人民大学出版社2007年版。

29. [美]马克斯·萨瑟兰著,瞿秀芳等译:《广告与消费心理》,世界知识出版社2002年版。

30. [美]凯文·莱恩·凯勒著:《战略品牌管理》,中国人民大学出版社2008年版。

31. [美]沃纳·赛佛林等著,郭镇之等译:《传播理论:起源、方法与应用》,华夏出版社2000年版。

32. [美]威廉·F. 阿伦斯著,丁俊杰等译:《当代广告学》,人民邮电出版社2006年版。

33. [美]科特勒等著,郭国庆等译:《市场营销原理》(第11版),清华大学出版社2007年版。

34. 王献锋、吴萍:《谈广告市场调查报告的写作类型及其特点》,《中国科教创新导刊》,2008年第7期。

35. [美] 丹尼尔·J. 布尔斯廷著:《美国人:民主的历程》,上海译文出版社2009年版。

36. [美]巴茨等著:《广告管理》,清华大学出版社1999年版。

37. [美]詹姆斯·B. 特威切尔著,傅新营、蔚然译:《震撼世界的20例广告:最具创意和冲击力的广告策划是如何改变了我们生活中的一切》,上海人民美术出版社2002年版。

38. [美]唐·舒尔茨著:《论品牌》,人民邮电出版社2005年版。

39. 群邑中国官网报告:《中国媒体行业预测2009年下半年》。

40. 中国企业家(http://www.iceo.com.cn)

41. 中国营销传播网(http://www.emkt.com.cn)

42. 传媒学术网(http://academic.mediachina.net)

43. 中华传播学会(http://ccs.nccu.edu.tw)

44. 中华广告网(http://www.a.com.cn)

45. 中华传媒网-资讯网(http://info.mediachina.net)

46. 央视-索福瑞官方网站(http://www.csm.com.cn/)

47. Yeshin, Tony. SalesPromotion[M]. London: Thomson Learning, 2006.

48. Mela, Carl F, Kamel Jedidi and Douglas Bowman. The Long Term Impact of Promotions on Consumer StockpilingBehavior[J]. Journal of Marketing Research, 1998, 35(2):250-262.

49. Ailawadi, Kusum L, Scott A Neslin and Karen Gedenk. Pursuing the Value-Conscious Consumer: Store Brands versus National BrandPromotions[J]. Journal of Marketing, 2001, 65(1):71-89.

50. Bartels, Robert: "The History of Marketing Thought" (1976).

后 记

本书是在作者讲义基础上整理而成的,是为中国传媒大学媒体创意专业讲授“广告策划”课的结晶和收获。

编写过程中,在参考了大量文献和书籍后,笔者发现业界、学界均已有丰富的有关广告策划方面的知识和资料,因此为了保证教材的系统性和内容的完整性,本书参考和吸收了大量专家和学者的相关著述,虽已尽量在参考文献中列出,但难免还有缺漏,在此表示真诚的歉意和由衷的感谢。

本书是在两位编著者共同讨论的基础上分头执笔完成的,具体分工如下:田卉执笔第四、八、十、十一、十二、十三、十四、十五章,齐立稳执笔第一、二、三、五、六、七、九、十六章。

在此,真诚地感谢媒体创意专业主任官承波教授,没有他的耐心指导及热情和努力的工作示范,这本教材是不可能完成的。另外,还要感谢听过作者课的学生们,是他们给予了我们大量的灵感和启发。

虽然已经尽力,但由于作者才疏学浅,加之时间仓促,缺点和错误不可避免,恳请专家读者们不吝赐教。

作 者

2010 年 10 月 20 日

图书在版编目（CIP）数据

广告策划／田卉，齐立稳编著．—北京：中国广播电视出版社，2011.3
媒体创意专业核心课程系列教材／宫承波主编
ISBN 978-7-5043-6362-6

Ⅰ.①广… Ⅱ.①田…②齐… Ⅲ.①广告学—高等学校—教材 Ⅳ.①F713.81

中国版本图书馆 CIP 数据核字（2010）第 259213 号

广 告 策 划
田卉 齐立稳 编著

责任编辑 刘 媛
封面设计 丁 琳
责任校对 张莲芳

出版发行 中国广播电视出版社
电　　话 010-86093580 010-86093583
社　　址 北京市西城区真武庙二条 9 号
邮　　编 100045
网　　址 www.crtp.com.cn
电子信箱 crtp8@sina.com

经　　销 全国各地新华书店
印　　刷 涿州市京南印刷厂

开　　本 787 毫米×1092 毫米 1/16
字　　数 396（千）字
印　　张 17.75
版　　次 2011 年 3 月第 1 版 2011 年 3 月第 1 次印刷
印　　数 4000 册

书　　号 ISBN 978-7-5043-6362-6
定　　价 35.00 元
